U0920743

# 2022
# 上海调查年鉴
# SHANGHAI SURVEY YEARBOOK

中国统计出版社
China Statistics Press

图书在版编目（CIP）数据

上海调查年鉴. 2022 = Shanghai Survey Yearbook 2022 : 汉英对照 / 国家统计局上海调查总队，上海市统计局编. -- 北京 : 中国统计出版社，2022.9
ISBN 978-7-5037-9916-7

I. ①上… II. ①国… ②上… III. ①统计资料－上海－2022－年鉴－汉、英 IV. ①C832.51-54

中国版本图书馆CIP数据核字(2022)第148180号

**上海调查年鉴 2022**

作　　者 / 国家统计局上海调查总队　上海市统计局
责任编辑 / 高媛媛
执行编辑 / 戴伟慧
装帧设计 / 张元元
出版发行 / 中国统计出版社有限公司
地　　址 / 北京市丰台区西三环南路甲6号　邮政编码 / 100073
电　　话 / 邮购（010）63376909　书店（010）68783171
网　　址 / http://www.zgtjcbs.com
印　　刷 / 上海万卷印刷股份有限公司
经　　销 / 新华书店
开　　本 / 890mm × 1240mm　1/16
字　　数 / 280千字
印　　张 / 13.5　　彩页 0.75
印　　数 / 500册
版　　别 / 2022年9月第1版
版　　次 / 2022年9月第1次印刷
定　　价 / 280.00元

本书附同版本CD-ROM一张，光盘内容以书面文字为准。
如有印装差错，由本社发行部调换。

# 总体经济 Overall Economy

## 上海市生产总值
Gross Domestic Product

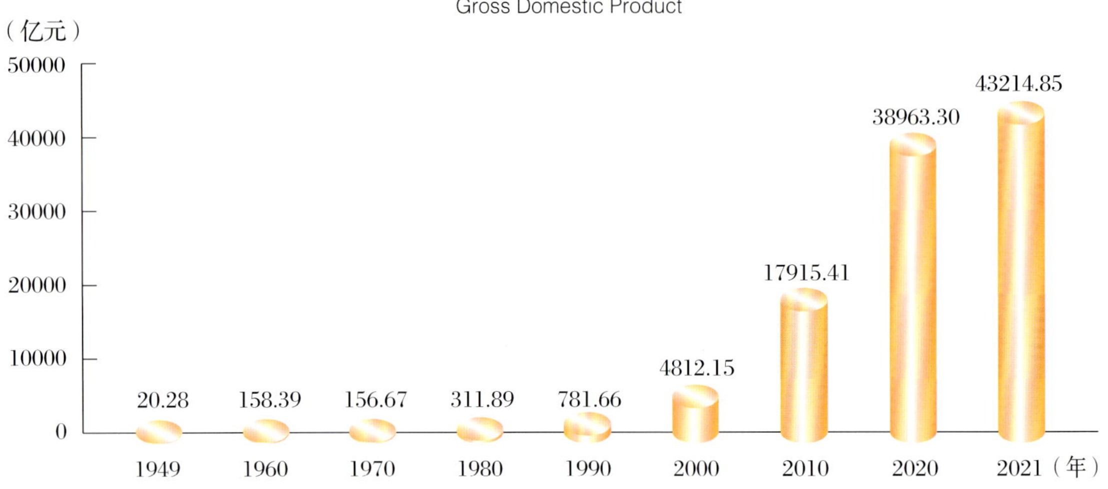


## 上海市人均生产总值
Per Capita Gross Domestic Product

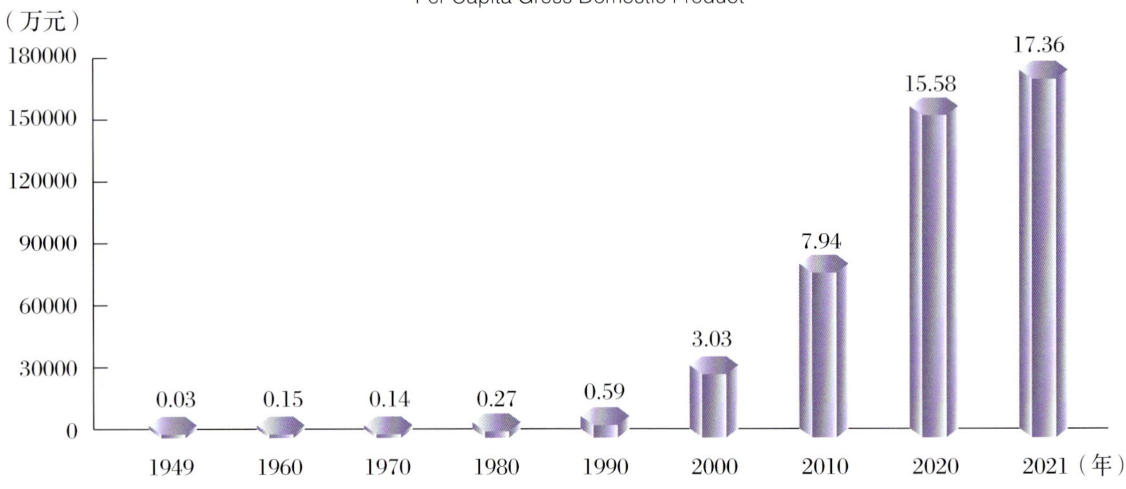


## 上海市生产总值结构
Composition of Gross Domestic Product

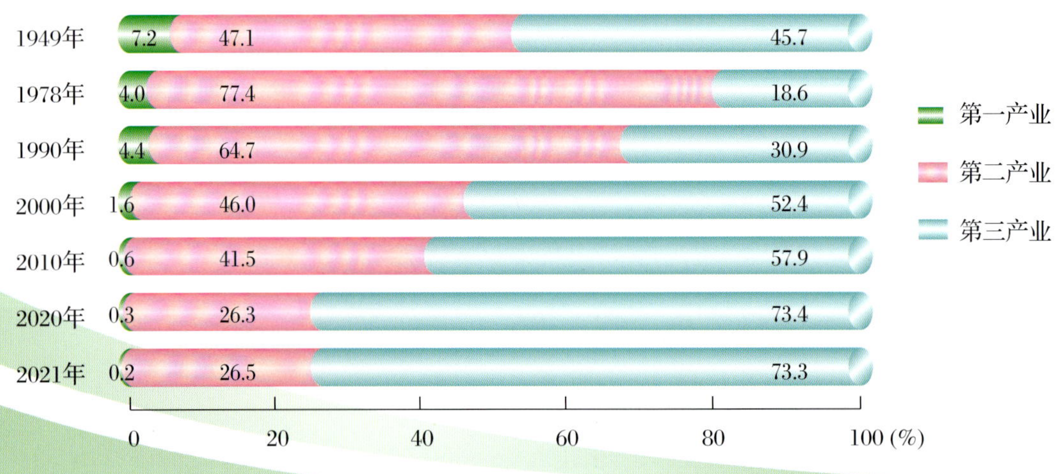

## 上海市地方一般公共预算收入
General Budgetary Revenue of The Local Governmentt

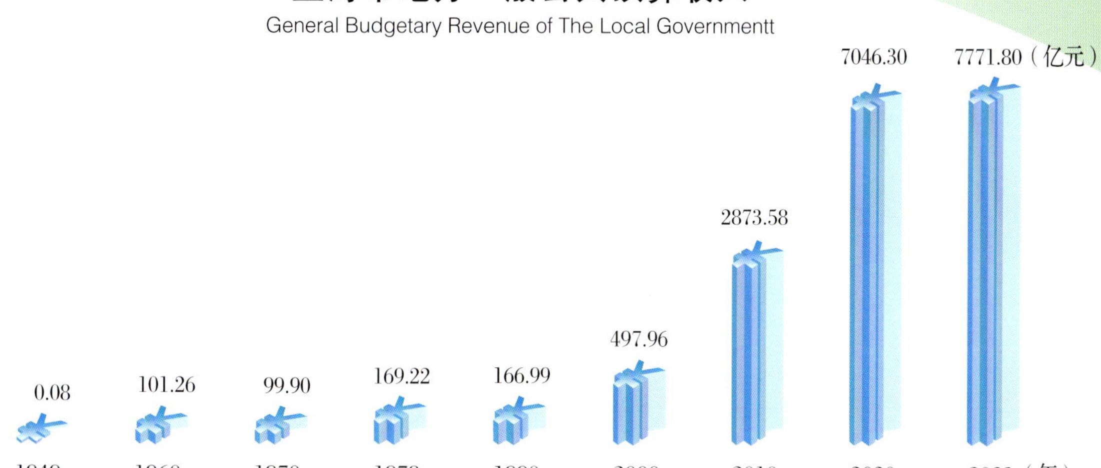


## 上海市税收总收入
Tax Revenue

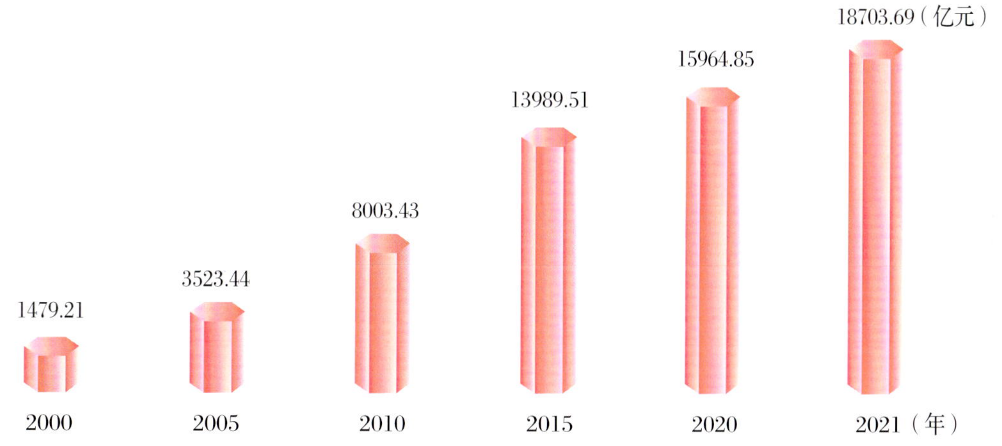


## 上海市金融市场成交总额
Turnover of Fanancial Market

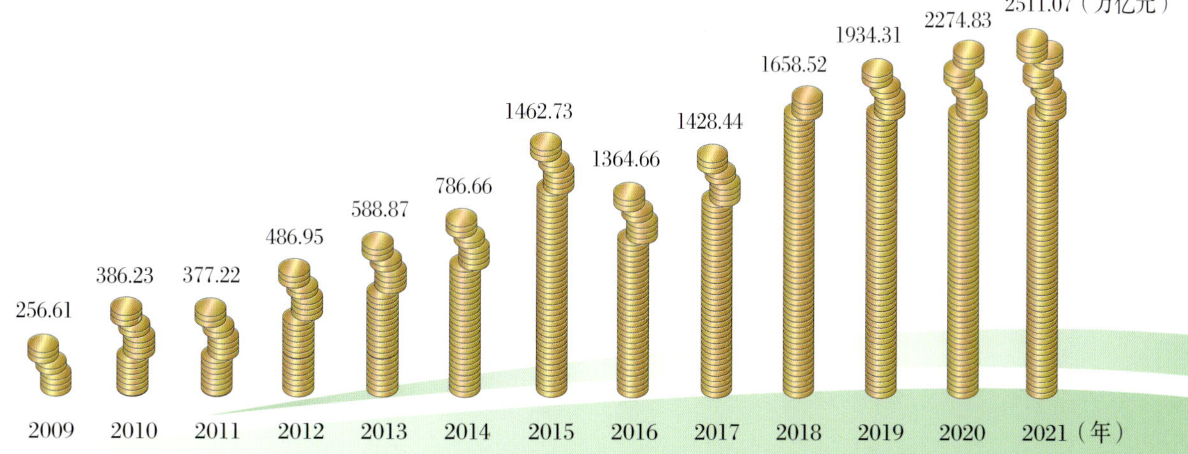

## 上海市常住人口

Resident Population at Year-end

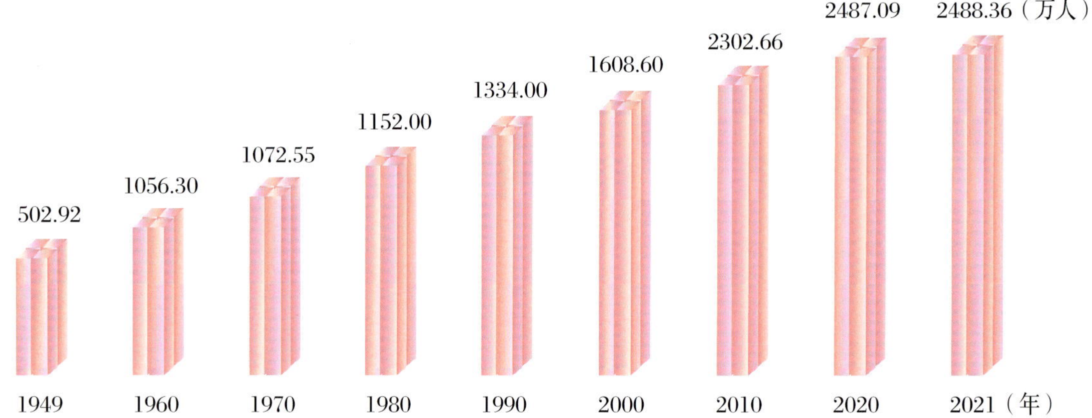


注：2020年为第7次全国人口普查初步汇总数；2010年为第六次全国人口普查数。

## 2021年上海市各区年末常住人口

Year-end Resident Population in Districts

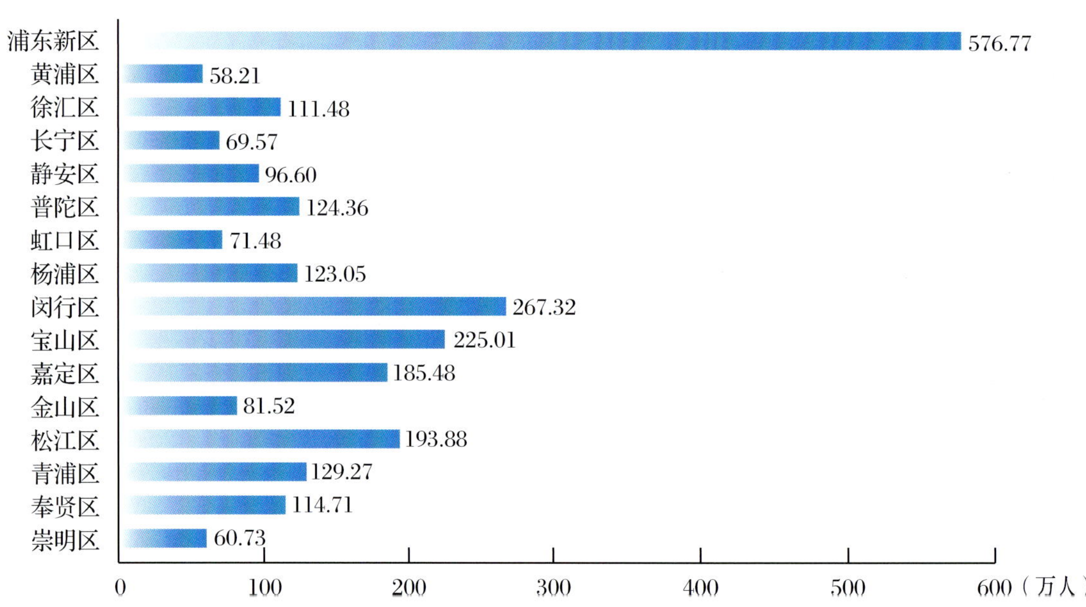


## 上海市户籍人口平均期望寿命

Average Life Expectancy of Registered Population in Shanghai

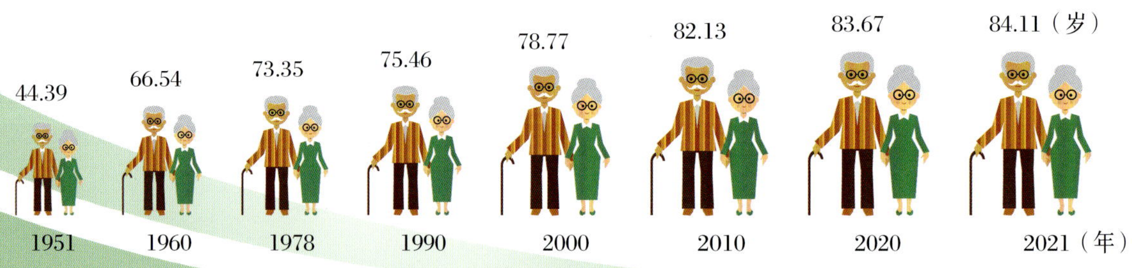

## 上海市职工工资最低标准
Minimum Standard of Wages of Staff and Workers

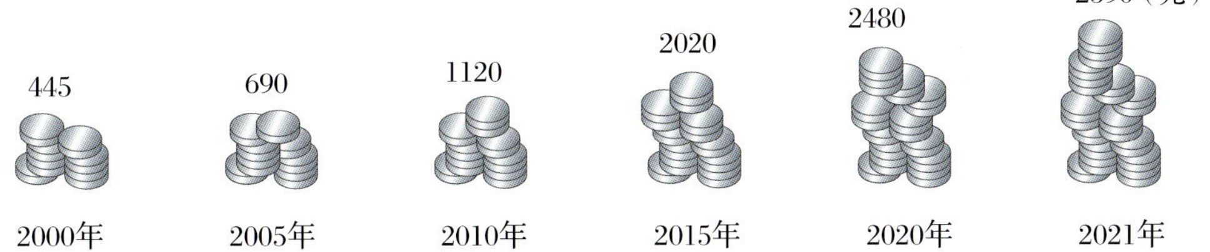


## 上海市城镇居民生活保障最低标准
Minimum Standard of Urban Living Security

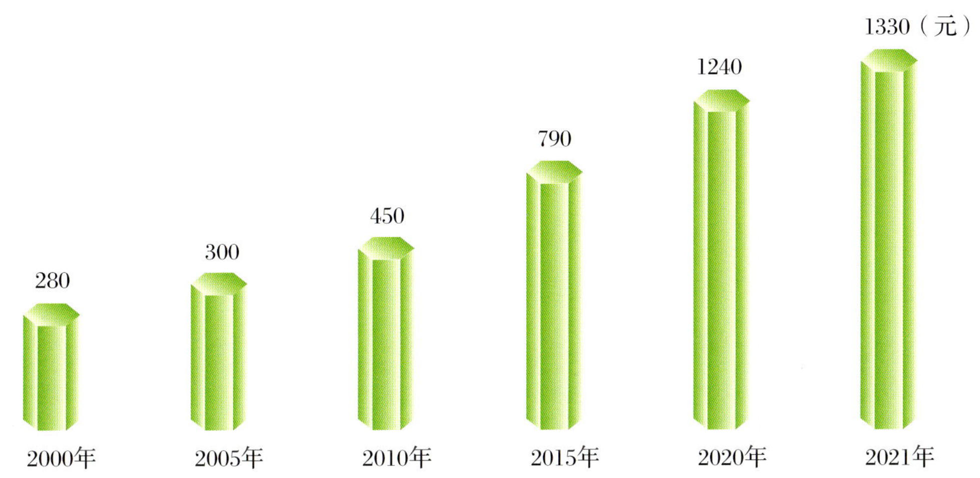


## 上海市城镇职工基本养老保险及城镇职工基本医疗保险参保人数
Urban Employee Basic Pension Insurance and Urban Employee Basic Medical Care Insurance Contributors

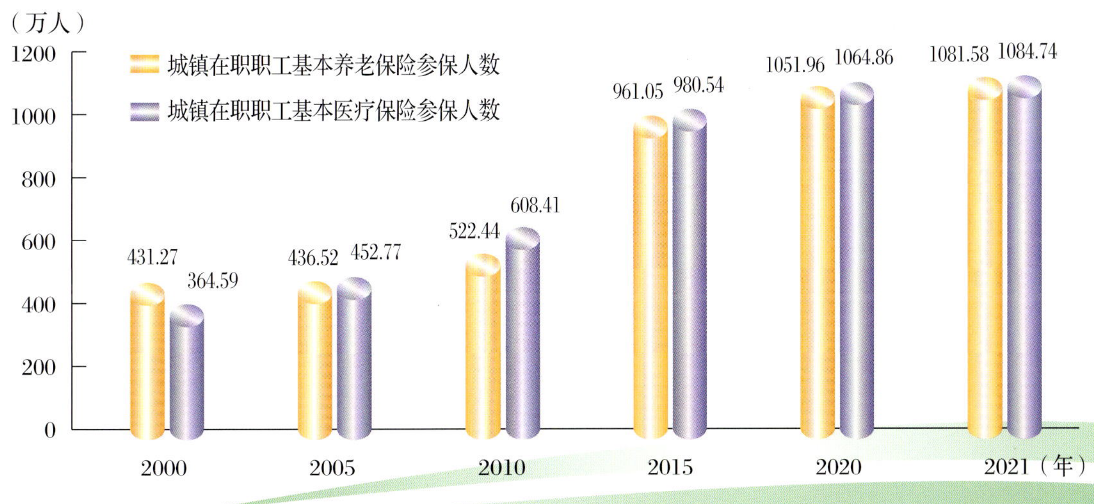

# 价格指数 Price Index

## 上海市居民消费价格指数（上年价格=100）
Consumer Price Indices (preceding year=100)

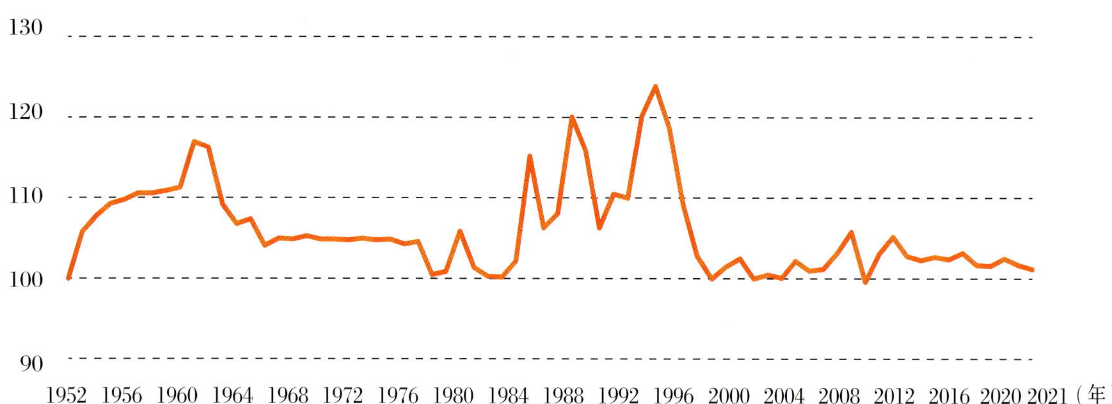


## 上海市工业生产者出厂价格及购进价格指数（上年价格=100）
Producer Price Indices for Industrial Products and Purchasing Price Indices for Industrial Producers (preceding year=100)

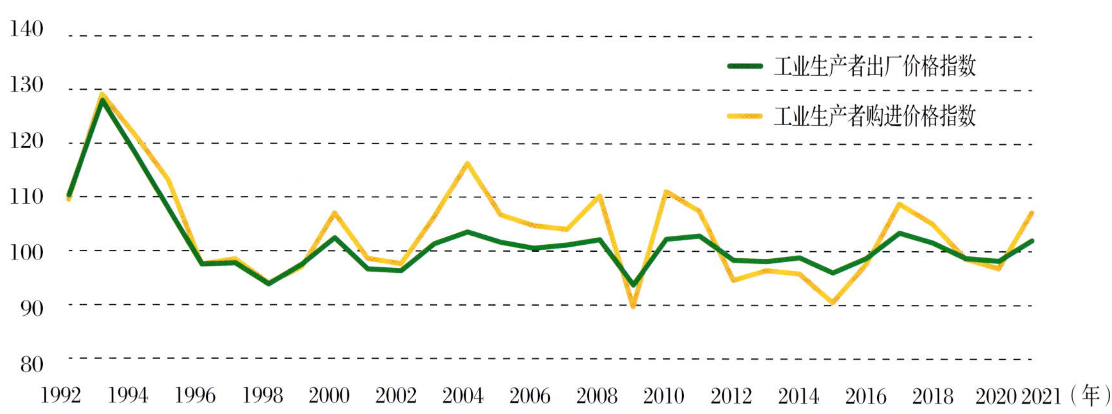


## 上海市新建商品住宅及二手住宅价格指数（上年价格=100）
Newly Built Commodity Residential Housing and Existing Residential Housing Price Indices (preceding year=100)

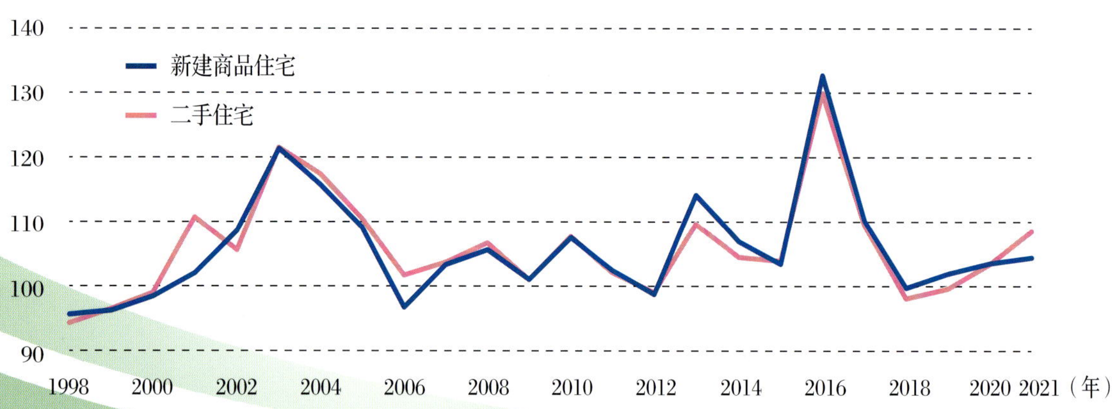

## 上海市城镇居民和农村居民人均可支配收入
Per Capita Disposable Income of Urban And Rural Households

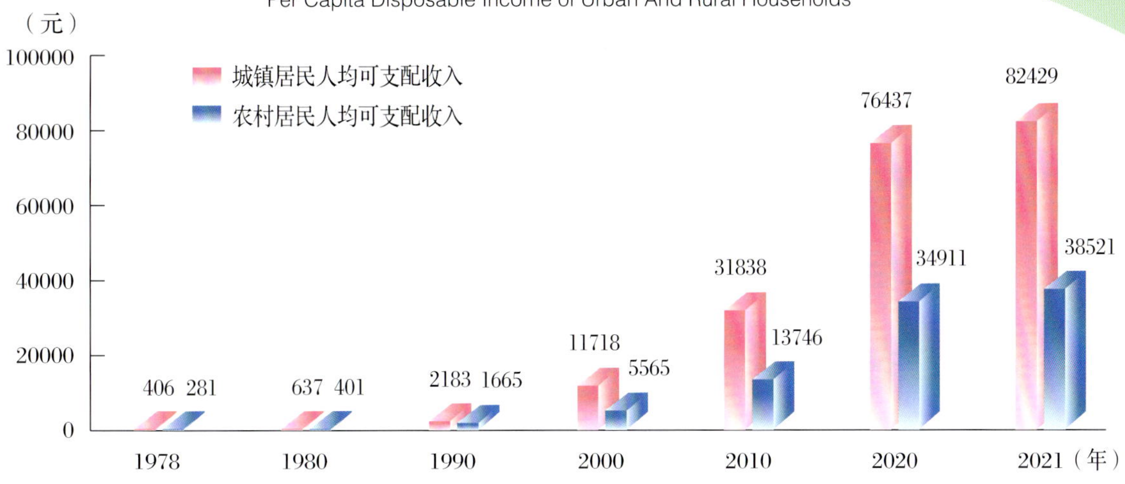


## 上海市城镇居民和农村居民人均消费支出
Per Capita Consumption Expenditure of Urban and Rural Households

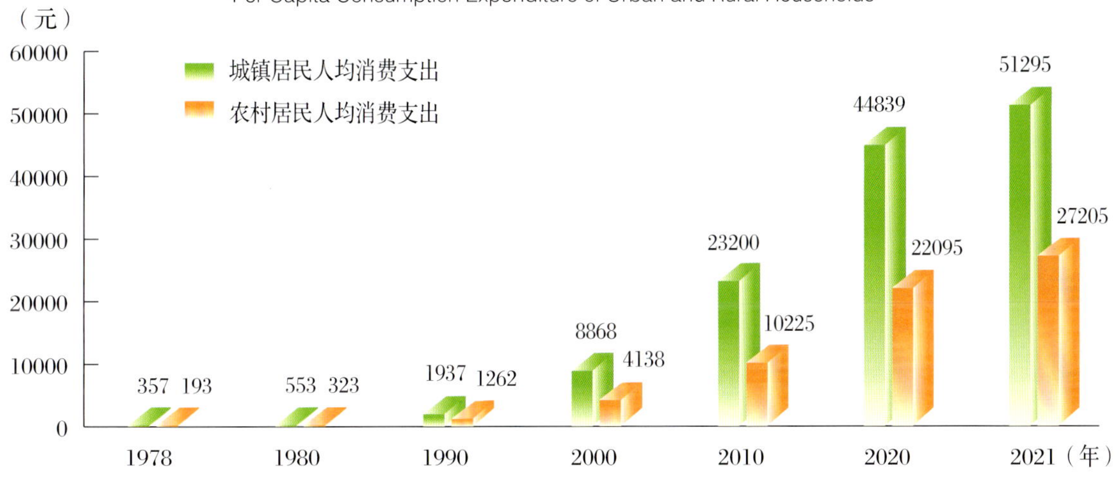


## 上海市1980年和2021年城镇居民消费结构
Composition of Per Capita Consumption Expenditure of Urban Households in 1980 and 2021

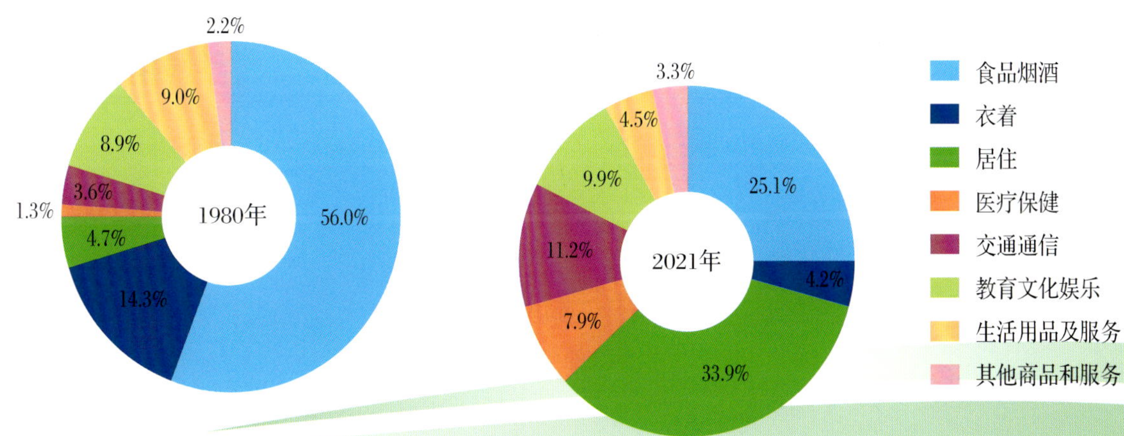

# 城市建设 Urban Construction

## 上海市轨道运营线路长度

Length of Operation Lines of Urban Metro

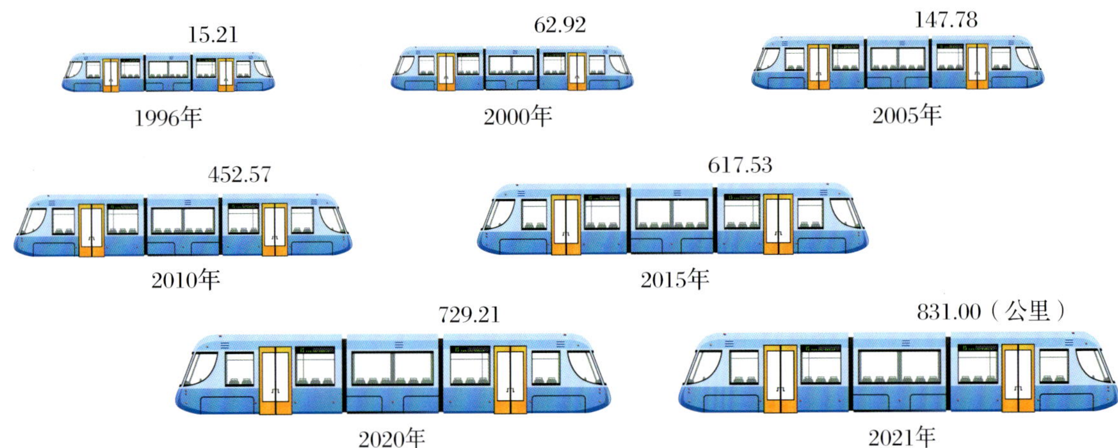


## 上海市森林覆盖率

Coverage Rate of Forest

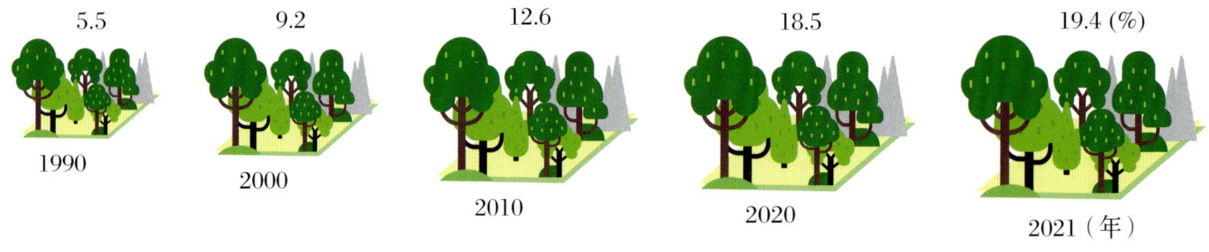


## 上海市城镇人均居住面积和城镇居民人均住房建筑面积

Per Capita Net Floor Space and Construction Area Per Capita of Urban Residents

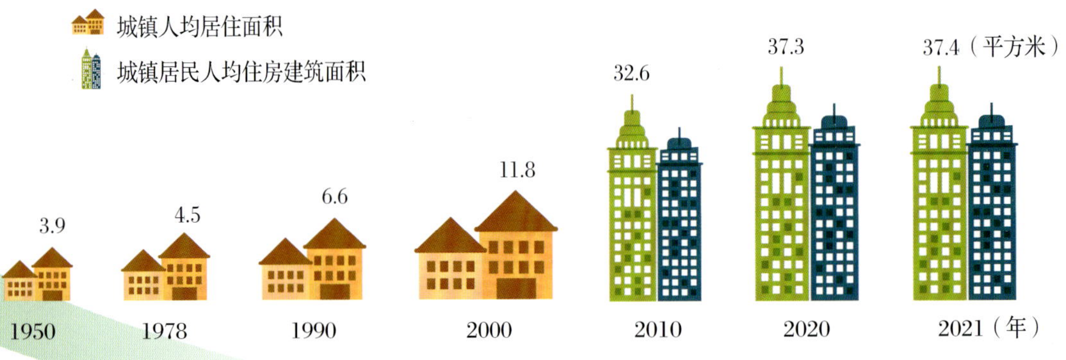

## 上海市医院床位数

Number of Hospital Beds

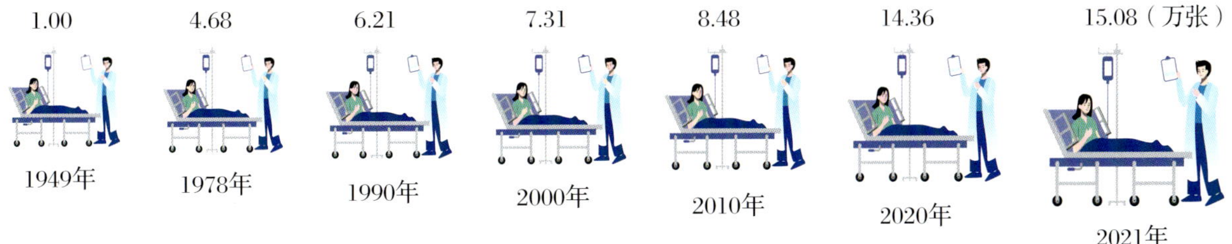


## 上海市孕产妇死亡率及婴儿死亡率

Death Rate of Pregnant and Lying-in Women and Mortality Rate Of Infant

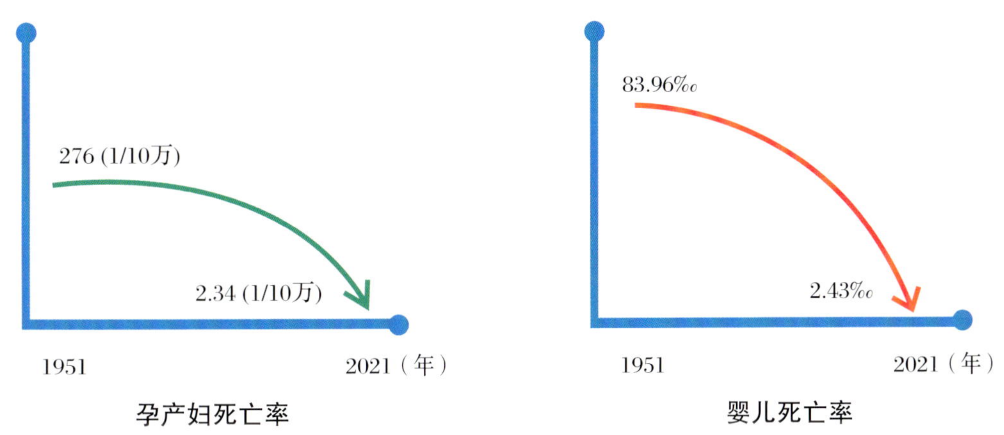


## 上海市各级学校在校学生数

Number of Enrolments of Formal Education

# 编者说明

一、《上海调查年鉴2022》是一本记录上海城乡居民生活质量、物价变动和农业生产等内容的资料工具书。本年鉴收录了历年上海城乡居民家庭收支，生产、流通、消费与房地产领域的价格变化和农业的统计调查数据，以及上述领域改革开放以来历年的主要统计调查数据；同时包括全国各省(自治区、直辖市)和主要城市价格统计比较数据资料。

二、年鉴共分六个部分：第一部分，综述；第二部分，城乡居民家庭收支；第三部分，价格指数；第四部分，农业；第五部分，全国及主要城市比较资料；第六部分，长三角主要经济发展指标特篇。为便于读者使用资料，各篇章前设有简要说明，对本篇章的主要内容、资料来源、统计范围和统计方法予以简要概述；篇末附有主要统计指标解释。

三、城乡居民家庭收支、价格和部分农业调查数据资料，是由国家统计局上海调查总队依据国家统计局统一制定的抽样调查方案实施抽样调查的结果。

四、年鉴中有关经济发展、城市居民生活质量与环境及部分农业调查数据资料等数据来源于上海市统计局。

五、年鉴中第五部分“全国及主要城市比较资料数据”来源于国家统计局城市司提供的统计资料。

六、年鉴中涉及到的历史数据，均以最新出版的本年鉴数据为准；年鉴中部分数据合计数或相对数由于单位取舍不同而产生的计算误差，未做调整。年鉴中2021年部分指标采用快报数口径。

七、年鉴符号使用说明：“空格”表示该项统计数据不详或无该项数据；“#”表示其中主要项；“…”表示数据不足本表最小计量单位数。

# EDITOR'S NOTES

I. *SHANGHAI SURVEY YEARBOOK 2022* is an annual statistical publication, which reflects comprehensively the urban and rural residents' living conditions, price changes of production, circulation, consumption and real estate, and development of agriculture industry in Shanghai. It covers historical data and provides key statistics of the years since China adopted the reform and opening policy. It also lists price indices of the nation, other provinces (autonomous regions and municipalities) and major cities.

II. The yearbook contains six chapters. 1.General Survey; 2.Income and Expenditure of Urban and Rural Households; 3.Price Index; 4.Agriculture; 5.Comparative Information of the Nation and Major Cities; 6.Special chapter on economic development indicators in three Provinces and one City of the Yangtze River Delta. To facilitate readers, the Brief Introduction at the beginning of each chapter provides a summary of the main contents, data sources, statistical scope, statistical methods. At the end of each chapter, Explanatory Notes on Main Statistical Indicators are included.

III. The data information of urban and rural households' income and expenditures, prices and part of the agriculture data are collected through sample surveys carried out by the Survey Office of the National Bureau of Statistics in Shanghai, in accordance with the uniform sample survey scheme stipulated by the National Bureau of Statistics.

IV. Aggregated data about the economic development, city's resources, environment, urban residents' living quality, and part of the agriculture data are provided by Shanghai Municipal Statistics Bureau.

V. The data of Chapter 5 (Comparative Information of the Nation and Major Cities) are provided by the Department of Urban Surveys of the National Bureau of Statistics.

VI. Please refer to the newly published version of the yearbook for updated historical data. Statistical discrepancies on totals and relative figures due to rounding are not adjusted in the yearbook. Part of the 2021 indices in the yearbook takes the measure of quick estimation.

VII. Notations used in the yearbook: "blank space" indicates that the data are either unclear or not available; "#" indicates a major breakdown of the total; "..." indicates a figure not big enough to be rounded into the least unit of measurement in the chart.

# 目　录
# CONTENTS

## 第一篇　综　述　CHAPTER 1 STATISTICAL COMMUNIQUE



## 第二篇　城乡居民家庭收支
## CHAPTER 2 INCOME AND EXPENDITURE OF URBAN AND RURAL HOUSEHOLDS

## 第三篇　价格指数
## CHAPTER　3　PRICE INDEX

## 第四篇 农 业 CHAPTER 4 AGRICULTURE

## 第五篇 全国及主要城市比较资料
## CHAPTER 5 COMPARATIVE INFORMATION OF THE NATION AND MAJOR CITIES



## 第六篇 长三角主要经济发展指标特篇
## CHAPTER 6 SPECIAL CHAPTER ON ECONOMIC DEVELOPMENT INDICATORS IN THREE PROVINCES AND ONE CITY OF THE YANGTZE RIVER DELTA

# Chapter 1

# 第一篇



# 综 述

## STATISTICAL COMMUNIQUE

# 2021年上海市国民经济和社会发展统计公报

2021年，全市在以习近平同志为核心的党中央坚强领导下，坚持以习近平新时代中国特色社会主义思想为指导，把深入贯彻落实习近平总书记考察上海重要讲话精神和对上海工作的重要指示要求作为全部工作的鲜明主题和贯穿始终的突出主线，坚决贯彻落实党中央、国务院和中共上海市委、市政府的决策部署，科学把握新发展阶段，坚决贯彻新发展理念，服务融入新发展格局，推动高质量发展、创造高品质生活、实现高效能治理，巩固拓展疫情防控和经济社会发展成果，全市经济社会平稳健康发展，呈现稳中加固、稳中有进、稳中向好态势，实现了“十四五”良好开局。

## 一、综 合

初步核算，全年实现地区生产总值（GDP）43214.85亿元，比上年增长8.1%（见图1），两年平均增长4.8%。其中，第一产业增加值99.97亿元，下降6.5%；第二产业增加值11449.32亿元，增长9.4%；第三产业增加值31665.56亿元，增长7.6%。第三产业增加值占地区生产总值的比重为73.3%。

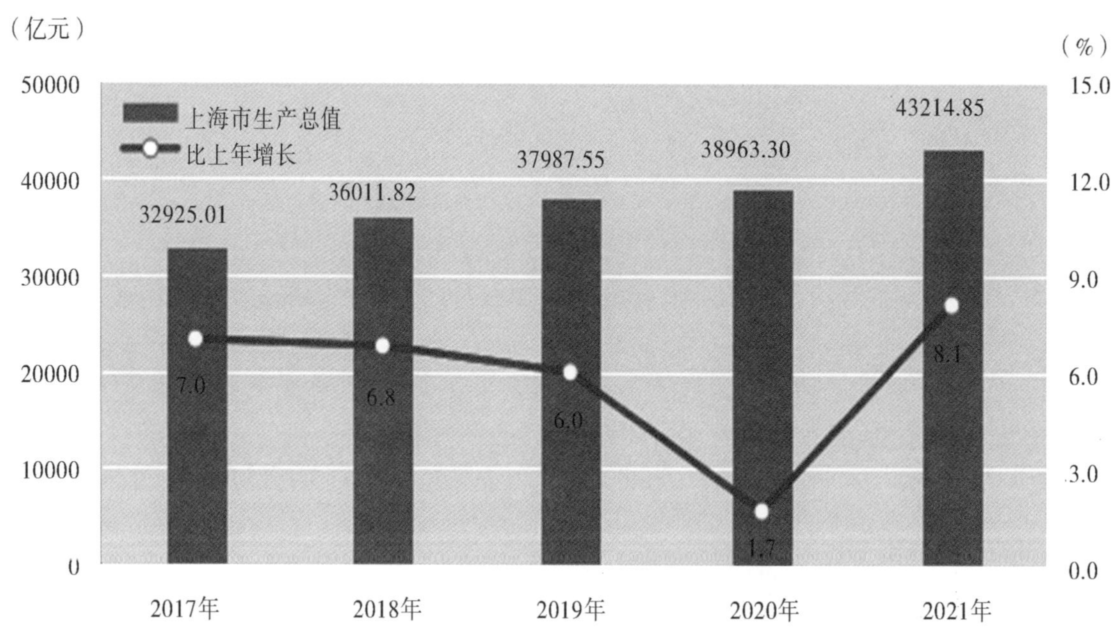


**图1 2017~2021年上海市生产总值及其增长速度**

在地区生产总值中，公有制经济增加值19440.52亿元，比上年增长7.4%；非公有制经济增加值23774.33亿元，增长8.6%。非公有制经济增加值占地区生产总值的比重为55.0%。

全年战略性新兴产业增加值8794.52亿元，比上年增长15.2%。其中，工业战略性新兴产业增加值3651.43亿元，增长19.2%；服务业战略性新兴产业增加值5143.09亿元，增长12.5%（见表1）。

**表 1　2021 年战略性新兴产业增加值及其增长速度**

| 指　标 | 绝对值(亿元) | 比上年增长(%) |
|---|---|---|
| 战略性新兴产业增加值 | 8 794.52 | 15.2 |
| 工业战略性新兴产业增加值 | 3 651.43 | 19.2 |
| 服务业战略性新兴产业增加值 | 5 143.09 | 12.5 |

2021 年,全市新设市场主体 52.73 万户,比上年增长 10.5%,新设市场主体注册资本(金)总量 27494.07 亿元,减少 0.7%。其中,新设企业 47.15 万户,增长 12.8%;新设个体工商户 5.56 万户,减少 5.9%;新设农民专业合作社 323 户,增长 4.2%。截至 2021 年 12 月 31 日,全市共有各类市场主体 319.54 万户,比上年增长 9.1%,市场主体注册资本(金)总量 38.92 万亿元,增长 36.1%。其中,企业 267.72 万户,增长 10.7%;个体工商户 50.79 万户,增长 1.7%;农民专业合作社 1.05 万户,减少 1.2%。

全年地方一般公共预算收入 7771.80 亿元,比上年增长 10.3%;非税收入占全市地方一般公共预算收入比重为 15.0%。地方一般公共预算支出 8430.86 亿元,增长 4.1%(见表 2)。全年税务部门组织的税收收入完成 15318.35 亿元(不含关税及海关代征税),增长 17.4%。

**表 2　2021 年地方一般公共预算收支及其增长速度**

| 指　标 | 绝对值(亿元) | 比上年增长(%) |
|---|---|---|
| **地方一般公共预算收入** | **7 771.80** | **10.3** |
| #增值税 | 2 485.91 | 8.8 |
| 个人所得税 | 860.78 | 28.4 |
| 企业所得税 | 1 694.40 | 21.5 |
| 契　税 | 410.45 | 8.0 |
| **地方一般公共预算支出** | **8 430.86** | **4.1** |
| #一般公共服务支出 | 382.42 | 3.1 |
| 公共安全支出 | 453.72 | 2.9 |
| 教育支出 | 1 039.46 | 3.9 |
| 科学技术支出 | 422.70 | 4.1 |
| 社会保障和就业支出 | 1 023.97 | 4.4 |
| 卫生与健康支出 | 633.13 | 16.3 |
| 节能环保支出 | 159.30 | -12.4 |
| 城乡社区支出 | 1 431.04 | 0.8 |

全年全社会固定资产投资总额比上年增长 8.1%。其中,第二产业投资增长 8.2%;非国有经济投资增长 8.0%(见表 3)。

**表 3　2021 年全社会固定资产投资增长速度**

| 指　标 | 比上年增长(%) |
| --- | --- |
| **全社会固定资产投资总额** | **8.1** |
| **按经济类型分** | |
| 国有经济 | 8.3 |
| 非国有经济 | 8.0 |
| #私营经济 | 19.3 |
| 股份制经济 | 4.9 |
| 外商及港澳台经济 | 5.6 |
| **按产业分** | |
| 第一产业 | 30.9 |
| 第二产业 | 8.2 |
| 第三产业 | 8.0 |
| **按行业分** | |
| #工　业 | 8.2 |
| 交通运输、仓储和邮政业 | 20.0 |
| 信息传输、软件和信息技术服务业 | 31.0 |
| 金融业 | -63.5 |
| 教　育 | 59.9 |
| 卫生和社会工作 | 51.2 |
| 文化、体育和娱乐业 | 8.0 |

以上年价格为 100,全年居民消费价格指数为 101.2。其中,食品烟酒类价格指数为 100.5,居住类价格指数为 101.1,医疗保健类价格指数为 98.9(见表 4);工业生产者出厂价格指数为 102.1,工业生产者购进价格指数为 107.3。

以上年 12 月价格为 100,全年新建商品住宅销售价格指数为 104.2,二手住宅销售价格指数为 106.5;以上年价格为 100,全年新建商品住宅销售价格指数为 104.5,二手住宅销售价格指数为 108.6。

**表 4　2021 年居民消费价格指数**

| 指　标 | 指数(以上年价格为 100) |
| --- | --- |
| **居民消费价格指数** | **101.2** |
| 食品烟酒 | 100.5 |
| 衣　着 | 99.5 |
| 居　住 | 101.1 |
| 生活用品及服务 | 100.7 |
| 交通和通信 | 104.0 |
| 教育文化和娱乐 | 102.7 |
| 医疗保健 | 98.9 |
| 其他用品和服务 | 100.9 |

## 二、农　业

全年全市实现农业总产值 257.21 亿元，比上年下降 8.0%。其中，种植业 139.78 亿元，下降 4.3%；林业 7.29 亿元，下降 40.9%；牧业 45.26 亿元，下降 2.1%；渔业 46.23 亿元，下降 13.5%；农林牧渔专业及辅助性活动 18.65 亿元，增长 4.3%。

全年全市农作物播种面积 26.68 万公顷，比上年增长 3.5%。其中，粮食播种面积 11.74 万公顷，增长 2.7%；蔬菜播种面积 8.52 万公顷，增长 1.2%。全年全市粮食产量 93.96 万吨，比上年增长 2.8%；蔬菜产量 244.66 万吨，增长 0.1%；生猪出栏 90.29 万头，下降 7.6%；生牛奶产量 29.36 万吨，增长 0.9%；水产品产量 25.91 万吨，下降 8.4%（见表 5）。

至年末，全市有效期内绿色食品企业数共 943 家，产品 1769 个，全年获证产量 123.73 万吨；地产农产品绿色食品认证率达 27%；农产品地理标志 16 个。

至年末，全市累计建成高标准农田面积 11.50 万公顷；纳入统计范围的农民专业合作社 2538 家，其中市级农民合作社示范社 240 家，国家级农民合作社示范社 97 家；各类农业产业化重点龙头企业 201 家，其中市级以上龙头企业 113 家，国家级龙头企业 26 家；经农业农村部门认定的家庭农场 3813 家，其中市级示范家庭农场 115 家。

**表 5　2021 年主要农副产品产量**

| 产品名称 | 单　位 | 全市产量 | 比上年增长（%） |
|---|---|---|---|
| 粮　食 | 万吨 | 93.96 | 2.8 |
| 蔬　菜 | 万吨 | 244.66 | 0.1 |
| 生猪出栏 | 万头 | 90.29 | -7.6 |
| 生牛奶 | 万吨 | 29.36 | 0.9 |
| 家禽出栏 | 万只 | 606.23 | -23.1 |
| 水产品 | 万吨 | 25.91 | -8.4 |

## 三、工业和建筑业

全年实现工业增加值 10738.80 亿元，比上年增长 9.5%。全年完成工业总产值 42013.99 亿元，增长 10.2%。其中，规模以上工业总产值 39498.54 亿元，增长 10.3%。在规模以上工业总产值中，国有控股企业总产值 12707.55 亿元，增长 6.6%。

全年新能源、高端装备、生物、新一代信息技术、新材料、新能源汽车、节能环保、数字创意等工业战略性新兴产业完成规模以上工业总产值 16055.82 亿元，比上年增长 14.6 %（见表 6），占全市规模以上工业总产值比重达到 40.6%。

**表 6 2021 年规模以上工业战略性新兴产业总产值及其增长速度**

| 指 标 | 绝对值(亿元) | 比上年增长(%) |
|---|---|---|
| **工业战略性新兴产业总产值** | **16 055. 82** | **14. 6** |
| #新能源 | 582. 19 | 16. 1 |
| 高端装备 | 2 596. 69 | 10. 3 |
| 生 物 | 1 618. 53 | 12. 1 |
| 新一代信息技术 | 5 422. 21 | 0. 9 |
| 新材料 | 3 246. 64 | 6. 6 |
| 新能源汽车 | 1 772. 56 | 1. 9 倍 |
| 节能环保 | 940. 31 | 8. 8 |
| 数字创意 | 144. 90 | 11. 5 |

全年规模以上工业产品销售率为 99. 4%。规模以上工业企业主要产品中,新能源汽车产量 63. 19 万辆,增长 1. 6 倍;金属集装箱产量 2337. 15 万立方米,增长 2. 2 倍;集成电路产量 364. 95 亿块,增长 19. 8%(见表 7)。

**表 7 2021 年规模以上工业企业主要产品产量及其增长速度**

| 产品名称 | 单 位 | 产 量 | 比上年增长(%) |
|---|---|---|---|
| 钢 材 | 万吨 | 1 941. 43 | -0. 2 |
| 工业机器人 | 万套 | 7. 17 | 34. 6 |
| 汽 车 | 万辆 | 283. 32 | 7. 0 |
| #新能源汽车 | 万辆 | 63. 19 | 1. 6 倍 |
| #运动型多用途乘用车(SUV) | 万辆 | 111. 37 | 15. 0 |
| 金属集装箱 | 万立方米 | 2 337. 15 | 2. 2 倍 |
| 集成电路 | 亿块 | 364. 95 | 19. 8 |
| 集成电路圆片 | 万片 | 1 117. 30 | 23. 2 |
| 笔记本计算机 | 万台 | 1 949. 96 | 31. 9 |
| 智能手机 | 万台 | 2 892. 24 | -24. 1 |
| 服务器 | 万台 | 34. 99 | 27. 7 |
| 智能电视 | 万台 | 153. 50 | 0. 1 |

全年规模以上工业企业实现利润总额 3052. 33 亿元,比上年增长 6. 3%;实现税金总额 1820. 80 亿元,增长 3. 3%。规模以上工业企业亏损面为 19. 3%。

全年实现建筑业总产值 9236. 42 亿元,比上年增长 11. 6%;房屋建筑施工面积 54802. 86 万平方米,增长 1. 9%;竣工面积 9232. 42 万平方米,增长 13. 3%。

## 四、批发和零售业

全年实现批发和零售业增加值 5554. 03 亿元,比上年增长 8. 4%。

全年实现商品销售总额 16.28 万亿元,比上年增长 16.5%。其中,批发销售额 14.62 万亿元,增长 16.9%。

全年实现社会消费品零售总额 18079.25 亿元,比上年增长 13.5%(见表 8)。其中,无店铺零售额 3738.79 亿元,增长 18.0%。网上商店零售额 3365.78 亿元,增长 20.8%,占社会消费品零售总额的比重为 18.6%。

**表 8　2021 年社会消费品零售总额及其增长速度**

| 指　标 | 绝对值(亿元) | 比上年增长(%) |
|---|---|---|
| **社会消费品零售总额** | **18 079.25** | **13.5** |
| #批发和零售业 | 16 623.32 | 12.7 |
| 住宿和餐饮业 | 1 455.93 | 22.7 |
| #国　有 | 66.99 | 13.1 |
| 私　营 | 3 770.50 | 6.6 |
| 股份有限公司 | 413.17 | 9.1 |
| 港澳台商投资 | 4 486.13 | 21.9 |
| 外商投资 | 4 769.41 | 21.4 |
| #无店铺零售额 | 3 738.79 | 18.0 |
| #网上商店零售额 | 3 365.78 | 20.8 |

全年完成电子商务交易额 32403.6 亿元,比上年增长 10.2%。其中,B2B 交易额 19240.6 亿元,增长 8.7%;网络购物交易额 13163.0 亿元,增长 12.3%。网络购物交易额中,商品类网络购物交易额 7829.7 亿元,增长 13.8%;服务类网络购物交易额 5333.3 亿元,增长 10.1%。

## 五、交通和邮电

全年实现交通运输、仓储和邮政业增加值 1843.46 亿元,比上年增长 13.5%。

全年各种运输方式完成货物运输量 155211.94 万吨,比上年增长 11.5%。旅客发送量 14035.33 万人次,增长 17.2%(见表 9)。

**表 9　2021 年货物运输量与旅客发送量及其增长速度**

| 产品名称 | 单　位 | 绝对值 | 比上年增长(%) |
|---|---|---|---|
| **货物运输量** | **万吨** | **155 211.94** | **11.5** |
| 铁　路 | 万吨 | 496.12 | 3.8 |
| 水　运 | 万吨 | 101 379.81 | 9.8 |
| 公　路 | 万吨 | 52 899.40 | 14.9 |
| 机　场 | 万吨 | 436.60 | 8.5 |
| **旅客发送量** | **万人次** | **14 035.33** | **17.2** |
| 铁　路 | 万人次 | 9 284.13 | 22.1 |
| 港　口 | 万人次 | 10.10 | -34.2 |
| 公　路 | 万人次 | 1 467.70 | 10.2 |
| 机　场 | 万人次 | 3 273.40 | 8.4 |

全年完成港口货物吞吐量 77635.43 万吨,比上年增长 8.3%;集装箱吞吐量 4703.33 万国际标准箱,增长

8.1%。集装箱水水中转比例达49.6%,国际中转比例13.0%,分别比上年减少2.0和提高0.7个百分点。上海浦东、虹桥两大国际机场全年共起降航班57.47万架次,增长5.4%;实现进出港旅客6541.41万人次,增长6.1%。其中,国内航线进出港旅客6373.62万人次,增长12.9%;国际及地区航线进出港旅客167.79万人次,下降67.7%。

轨道交通14号线、18号线(御桥站-长江南路站)建成试运行,S7公路(月罗-宝钱段)、北横通道西段、江浦路越江等项目建成通车。至年末,全市轨道交通运营线路20条,长度达到831公里,运营车站508个。至年末,地面公交运营车辆达1.76万辆。其中,国V及以上和零排放公交车1.67万辆,占全部公交运营车辆的94.4%。公交运营线路达1596条,线网长度9243公里;运营出租车3.53万辆,全年载客车次2.02亿次。全年公共交通客运总量51.06亿人次,日均1398.79万人次,比上年增长20.6%。其中,轨道交通客运量35.72亿人次,增长26.1%;公共汽电车客运量14.95亿人次,增长9.5%;轮渡客运量3889.49万人次,增长3.1%。

全年完成邮政业务总量1691.92亿元,比上年增长20.4%;电信业务总量557.74亿元,增长18.8%。邮政业全年完成快递业务37.41亿件,快递业务收入1715.82亿元。

## 六、金融业

全年实现金融业增加值7973.25亿元,比上年增长7.5%。

至年末,全市中外资金融机构本外币各项存款余额175831.08亿元,比年初增加19966.51亿元;贷款余额96032.13亿元,比年初增加11390.73亿元(见表10)。

**表10 2021年中外资金融机构本外币存贷款情况**

| 指 标 | 绝对值(亿元) | 比年初增减额(亿元) |
|---|---|---|
| **各项存款余额** | **175 831.08** | **19 966.51** |
| #住户存款 | 42 652.55 | 4 342.68 |
| 非金融企业存款 | 68 894.07 | 6 056.15 |
| 财政性存款 | 4 737.36 | 802.77 |
| 机关团体存款 | 16 702.86 | 1 521.80 |
| 非银行业金融机构存款 | 33 755.90 | 5 975.35 |
| **各项贷款余额** | **96 032.13** | **11 390.73** |
| #住户贷款 | 28 557.72 | 2 958.69 |
| 企(事业)单位贷款 | 62 031.76 | 7 730.61 |
| 非银行业金融机构贷款 | 389.72 | 14.39 |
| #人民币个人消费贷款 | 24 100.29 | 1 953.09 |
| #住房贷款 | 16 672.74 | 1 295.70 |
| 汽车消费贷款 | 3 399.33 | 323.44 |

全年金融市场交易总额达到2511.07万亿元,比上年增长10.4%(见图2)。上海证券交易所总成交额461.13万亿元,增长25.7%。其中,股票成交额114.00万亿元,增长35.7%;债券成交额16.91万亿元,增长47.7%。全年通过上海证券市场股票筹资8335.93亿元,比上年下降8.9%;发行公司债和资产支持证券共50239.17亿元,增长4.2%。至年末,上海证券市场上市证券26989只,比上年末增加4067只。其中,股票2079只,增加236只。

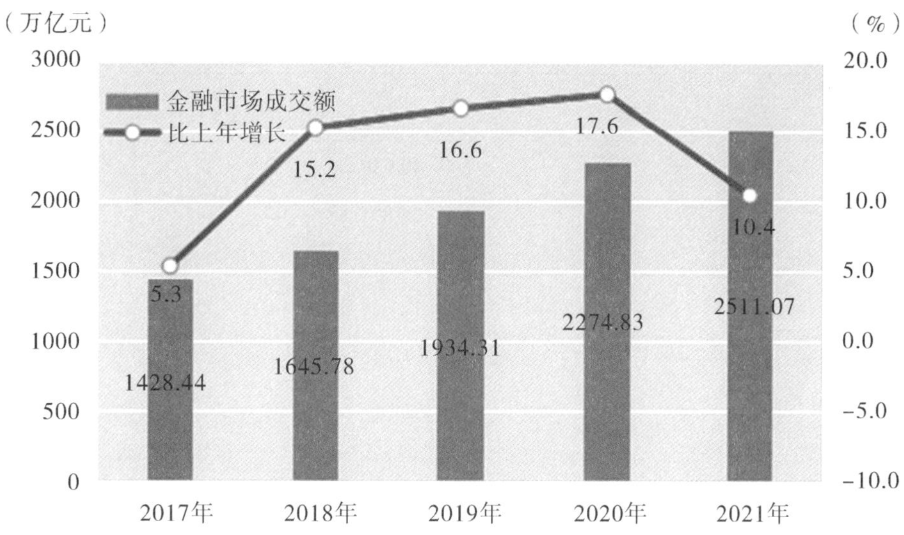


**图 2　2017~2021 年金融市场交易总额及其增长速度**

全年上海期货交易所总成交金额 214.58 万亿元，比上年增长 40.4%。中国金融期货交易所总成交金额 118.17 万亿元，增长 2.4%。银行间市场总成交金额 1706.93 万亿元，增长 5.4%。上海黄金交易所总成交金额 10.26 万亿元，下降 52.6%。

全年保险公司原保险保费收入 1970.90 亿元，比上年增长 10.3%。其中，财产险公司原保险保费收入 632.41 亿元，增长 7.1%；人身险公司原保险保费收入 1338.49 亿元，增长 11.9%。全年原保险赔付支出 737.95 亿元，增长 18.5%。

## 七、对外经济

全年上海关区货物进出口总额 75742.70 亿元，比上年增长 17.3%。其中，进口 32059.73 亿元，增长 18.6%；出口 43682.96 亿元，增长 16.3%。

全年上海市货物进出口总额 40610.35 亿元，比上年增长 16.5%。其中，进口 24891.68 亿元，增长 17.7%；出口 15718.67 亿元，增长 14.6%（见图 3、表 11）。高新技术产品出口占全市比重为 38.5%。按市场分，对欧盟进口 5463.64 亿元，增长 11.8%；出口 2605.66 亿元，增长 25.2%；对美国进口 1993.27 亿元，增长 8.5%；出口 3087.89 亿元，增长 3.6%；对东盟进口 3484.21 亿元，增长 10.3%；出口 1896.55 亿元，增长 12.2%；对日本进口 2807.71 亿元，增长 9.9%；出口 1307.91 亿元，增长 4.2%（见表 12）。

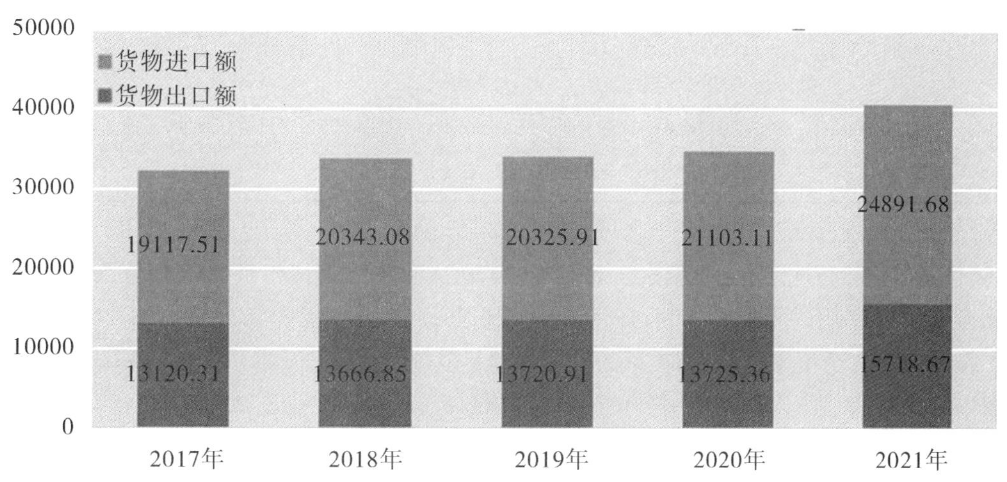


**图 3　2017~2021 年上海市货物进出口总额**

### 表 11 2021 年上海市货物进出口总额及其增长速度

| 指 标 | 绝对值(亿元) | 比上年增长(%) |
|---|---|---|
| **上海市货物进出口总额** | **40 610. 35** | **16. 5** |
| **上海市货物进口总额** | **24 891. 68** | **17. 7** |
| #国有企业 | 2 813. 38 | 19. 5 |
| 外商投资企业 | 15 922. 46 | 11. 7 |
| 私营企业 | 6 089. 03 | 36. 0 |
| #一般贸易 | 15 368. 92 | 24. 3 |
| 加工贸易 | 2 416. 27 | 3. 4 |
| #机电产品 | 11 210. 37 | 7. 3 |
| #高新技术产品 | 7 434. 12 | 7. 3 |
| **上海市货物出口总额** | **15 718. 67** | **14. 6** |
| #国有企业 | 1 691. 87 | 3. 7 |
| 外商投资企业 | 9 111. 30 | 10. 4 |
| 私营企业 | 4 784. 94 | 29. 4 |
| #一般贸易 | 7 904. 81 | 23. 7 |
| 加工贸易 | 4 818. 52 | 2. 6 |
| #机电产品 | 10 800. 46 | 14. 0 |
| #高新技术产品 | 6 051. 82 | 4. 7 |

### 表 12 2021 年上海对主要国家和地区货物进出口总额及其增长速度

| 国家和地区 | 出口额(亿元) | 比上年增长(%) | 进口额(亿元) | 比上年增长(%) |
|---|---|---|---|---|
| 美 国 | 3 087. 89 | 3. 6 | 1 993. 27 | 8. 5 |
| 欧 盟 | 2 605. 66 | 25. 2 | 5 463. 64 | 11. 8 |
| 东 盟 | 1 896. 55 | 12. 2 | 3 484. 21 | 10. 3 |
| 日 本 | 1 307. 91 | 4. 2 | 2 807. 71 | 9. 9 |
| 中国香港 | 1 589. 28 | 14. 2 | 74. 19 | 81. 1 |
| 韩 国 | 683. 37 | 37. 7 | 1 492. 32 | 13. 9 |
| 中国台湾 | 774. 07 | 0. 4 | 1 865. 62 | 12. 0 |
| 俄罗斯 | 210. 74 | 16. 3 | 300. 71 | 17. 5 |

全年新设外商投资企业 6708 户,比上年增长 16. 6%;合同金额 603. 91 亿美元,增长 16. 9%;全年外商直接投资实际到位金额 225. 51 亿美元,增长 11. 5%。全年制造业外商直接投资实际到位金额 9. 30 亿美元,下降 15. 3%,占全市实际利用外资比重为 4. 1%;第三产业外商直接投资实际到位金额 215. 30 亿美元,增长 12. 7%,占比为 95. 5%。至年末,在上海投资的国家和地区达 190 个,上海市累计认定跨国公司地区总部 831 家,外资研发中心 506 家。年内新增跨国公司地区总部 60 家,外资研发中心 25 家。

全年备案对外直接投资项目 958 个,比上年增长 29. 8%;对外直接投资中方投资额 196. 2 亿美元,增长 29. 8%。新签对外承包工程合同金额 79. 24 亿美元,下降 14. 9%;完成营业额 103. 78 亿美元,增长 7. 3%;累计派出各类劳务人员 30573 人次,增长 24. 1%。

全年全市共举办各类展览及活动542个,下降1.5%;展览面积1086.0万平方米,下降2%。其中,举办国际展142个,下降21.6%,展览面积932.8万平方米,下降6.8%;举办国内展341个,增长32.2%,展览面积122.6万平方米,下降26.5%;举办活动59个,下降46.9%,举办面积30.6万平方米,下降54.6%。

成功举办第四届中国国际进口博览会。线上线下共有来自55个国家的640家展商、766家采购商参会。按一年计,累计意向成交707.2亿美元。

## 八、中国(上海)自由贸易试验区建设

2021年,中国(上海)自由贸易试验区贯彻《中共中央 国务院关于支持浦东新区高水平改革开放打造社会主义现代化建设引领区的意见》,贯彻新发展理念、构建新发展格局,进一步深化自贸试验区制度创新、改革集成,进一步强化核心功能、提升服务能级,推进高水平制度型开放,不断增强国际开放合作和竞争新优势,为上海加快打造国内大循环中心节点和国内国际双循环战略链接发挥更大作用。

法治保障取得突破性进展。浦东新区首批"6+2+1"法治保障成果全面落地。包括"一业一证"、"市场主体退出"等6部浦东新区法规,《上海市城市更新条例》《上海市数据条例》等2部地方性法规中设置的"浦东专章",以及浦东新区首部管理措施,均由市人大通过并开始在自贸区实施。

投资环境进一步优化。全面落实"一业一证"改革试点实施方案,建立"一证准营"的行业综合许可制度,配套建立各负其责、协同高效的行业综合监管制度,持续提升审批服务水平,大幅降低行业准入成本。市场准营承诺即入制试点正式启动。海关对集成电路税收优惠政策项下进口生产原材料等试点减免税快速审核确认模式,从3-4天压缩至当天完成。推动生物医药部分原料药和原辅料实现进口零关税和降税,助推CAR-T细胞免疫疗法新药研发上市。

金融市场进一步开放。截止2021年末,全年跨境人民币结算总额81230.0亿元,比上年增长49.6%,占全市比重为45.2%;跨境人民币境外借款总额42.4亿元,比上年增长5.3倍。包括首家合资转外资独资的人寿保险公司、全国前三家外商独资公募基金等重要外资金融企业均落户自贸区。截止2021年末,监管类金融机构达982个。

**表13 2021年中国(上海)自由贸易试验区(浦东部分)主要经济指标及其增长速度**

| 产品名称 | 单 位 | 绝对值 | 比上年增长(%) |
|---|---|---|---|
| 一般公共预算收入 | 亿元 | 763.78 | 25.6 |
| 外商直接投资实际到位金额 | 亿美元 | 103.73 | 22.9 |
| 全社会固定资产投资总额 | 亿元 | 1 688.72 | 9.8 |
| 规模以上工业总产值 | 亿元 | 6 877.53 | 28.6 |
| 社会消费品零售额 | 亿元 | 2 531.94 | 20.9 |
| 商品销售总额 | 亿元 | 59 819.29 | 19.1 |
| 服务业营业收入 | 亿元 | 7 427.06 | 22.6 |

## 九、城市基础设施和房地产

全年城市基础设施建设投资比上年增长5.8%。其中,电力建设投资增长39.5%;交通运输投资增长14.2%;公用事业投资下降19.8%;邮电通信投资增长4.5%;市政建设投资下降2.4%(见表14)。

**表 14 2021 年城市基础设施投资增长速度**

| 产品名称 | 比上年增长(%) |
|---|---|
| **城市基础设施投资** | **5.8** |
| 电力建设 | 39.5 |
| 交通运输 | 14.2 |
| 邮电通信 | 4.5 |
| 公用事业 | -19.8 |
| 市政建设 | -2.4 |

至年末,全市公交专用道路长度 484.7 公里(不含有轨电车长度)。完成架空线入地 207 公里。完成燃气老旧立管改造 6.24 万户,完成 IC 卡表置换 42 万台。

全市自来水供水能力为 1229 万立方米/日,比上年增长 0.7%。全年供水总量为 30.08 亿立方米,比上年增长 4.2%;售水总量为 24.77 亿立方米,比上年增长 5.0%。其中,工业用水量、居民生活用水量分别为 4.05 亿立方米、11.57 亿立方米,分别比上年增长 4.0%和 1.7%。全年全市用电量 1749.62 亿千瓦时,增长 11.0%(见表 15)。至年末,全市家庭液化气用户 223.2 万户,增长 0.4%;家庭天然气用户 770.5 万户,增长 2.3%。

**表 15 2021 年公用事业主要指标及其增长速度**

| 产品名称 | 单 位 | 绝对值 | 比上年增长(%) |
|---|---|---|---|
| 自来水日供水能力 | 万立方米 | 1 229 | 0.7 |
| 自来水供水总量 | 亿立方米 | 30.08 | 4.2 |
| 自来水售水总量 | 亿立方米 | 24.77 | 5.0 |
| # 工业用水 | 亿立方米 | 4.05 | 4.0 |
| 用电量 | 亿千瓦时 | 1 749.62 | 11.0 |
| # 城乡居民生活用电 | 亿千瓦时 | 277.97 | 8.1 |
| 液化气销售总量 | 万吨 | 27.6 | 1.5 |
| 天然气销售总量 | 亿立方米 | 93.1 | 6.3 |

全年完成房地产开发投资额比上年增长 7.2%。其中,住宅投资增长 10.5%;办公楼投资下降 7.9%;商业营业用房投资下降 8.6%。商品房施工面积 16627.90 万平方米,增长 5.6%;竣工面积 2739.55 万平方米,下降 4.8%。商品房销售面积 1880.45 万平方米,增长 5.1%。其中,住宅销售面积 1489.95 万平方米,增长 3.9%。全年商品房销售额 6788.73 亿元,增长 12.3%。其中,住宅销售额 6104.95 亿元,增长 15.9%。全年二手存量房买卖登记面积 2880.07 万平方米,增长 13.1%。

大力推进旧区改造,完成中心城区成片二级旧里以下房屋改造 90.1 万平方米、受益居民 4.5 万户;开工实施旧住房更新改造 1210 万平方米,受益居民约 21 万户;推动既有多层住宅加装电梯签约 6073 台,完工 1579 台;新增建设筹措保障性租赁住房 6.7 万套(间)。

## 十、城市信息化

作为全国首批“千兆城市”,至年末,千兆光网接入能力已覆盖 961 万户家庭。家庭宽带用户平均接入带宽达 386.95Mbps,比上年末增加 117.04Mbps;互联网省际出口带宽 31900Gbps,比上年末增加 3037Gbps;互联网国际出口带宽 8902.32Gbps,比上年末增加 1960.39Gbps。IPTV 用户数 559.53 万户,比上年末减少 5.31 万户。至年末,累计建设超 5.4 万个 5G 室外基站、14 万个室内小站,实现全市域 5G 网络基本覆盖。在智能制造、健康医疗、智慧教育等十大领域累计推进 700 余项 5G 应用项目。5G 用户数达 1028.41 万户,比上年末增加 415.68 万户。

政务服务“一网通办”实现行政审批事项全覆盖,至年末,“一网通办”总门户已接入 3458 项服务事项,其中87%的事项可实现全程网办。日均办事28万件,实际网办率达77%,实际全程网办率达69.3%,分别比上年提升19个和17.4个百分点。"一网通办"个人实名用户数达6195万,同比增长40.3%;法人用户超249万。总客服解决率和满意率分别达到98.7%和84.9%。推出"随申码"支持疫情防控,用码人数超6137万人,累计使用超57亿次。推进长三角三省一市30类电子证照共享互认,实现126项服务事项跨省通办。拓展长三角"一网通办"线下专窗,开通567个线下专窗办理点,全程网办办件537万余件。

## 十一、教育和科学技术

2021学年,全市共有普通高等学校64所,普通中等学校867所,普通小学680所,特殊教育学校31所。全市共有49家机构培养研究生,全年招收全日制研究生6.55万人,在校全日制研究生19.1万人,毕业全日制研究生4.84万人(见表16)。

2021学年,全市共有民办普通高校19所,在校学生12.89万人;民办普通中学130所,在校学生9.33万人;民办小学68所,在校学生10.38万人。全市共有成人中高等学历教育学校21所,成人职业技术培训机构548所,老年教育机构289所。

**表16 2021学年各级各类学校学生情况及其增长速度**

| 类　别 | 在校学生数(万人) | 比上学年增长(%) | 毕业学生数(万人) | 比上学年增长(%) |
|---|---|---|---|---|
| 普通高等学校 | 54.87 | 1.5 | 13.57 | 0.1 |
| 普通中等学校 | 78.09 | 5.6 | 17.72 | -2.0 |
| 普通中学 | 67.20 | 5.9 | 14.53 | -2.0 |
| 高　中 | 17.45 | 4.9 | 5.17 | -1.1 |
| 初　中 | 49.76 | 6.3 | 9.36 | -2.5 |
| 中等职业学校 | 10.89 | 3.9 | 3.19 | -2.1 |
| 全日制 | 9.79 | -0.4 | 2.94 | -5.5 |
| 非全日制 | 1.10 | 69.2 | 0.25 | 66.7 |
| 普通小学 | 89.28 | 3.7 | 14.89 | 4.6 |
| 特殊教育学校 | 0.53 | 6.0 | 0.09 | 28.6 |

全年研究与试验发展(R&D)经费支出相当于地区生产总值的比例为4.1%左右(见图4)。

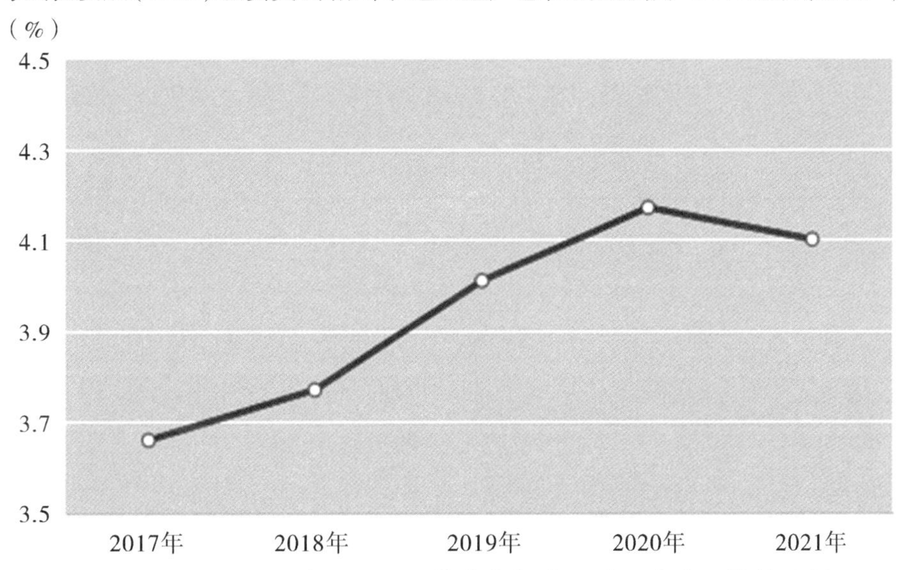


**图4 2017~2021年R&D经费支出相当于地区生产总值的比例**

全市新增科技"小巨人"企业和"小巨人"培育企业153家,累计近2500家。年内新认定高新技术企业7015家,有效期内高新技术企业数突破2万家。全年共落实研发费用加计扣除上年度减免税额458.25亿元,享受企业数28631家;落实高新技术企业减免所得税额201.26亿元,享受企业数3127家;新认定技术先进型服务企业15家,累计认定250家。落实技术先进型企业减免所得税额7.6亿元,享受企业数135家。全年共认定高新技术成果转化项目556项,其中,电子信息、生物医药、新材料、先进制造与自动化等重点领域项目占84.53%。至年末,累计认定高新技术成果转化项目14341项。转化医学国家重大科技基础设施(上海)、上海超强超短激光实验装置投入运行,大科学设施和研发与转化功能型平台集聚效应显现、运行能效不断提升。

全年专利授权量为17.93万件,比上年增长28.3%。其中,发明专利3.29万件,增长35.7%;实用新型专利12.09万件,增长31.0%;外观设计专利2.56万件,增长9.8%。全年PCT国际专利申请量为4830件,比上年增长35.8%。至年末,全市有效专利达67.67万件,比上年增长24.7%。其中,发明专利17.20万件,增长18.1%;实用新型专利41.18万件,增长28.6%;外观设计专利9.29万件,增长21.2%。每万人口高价值发明专利拥有量达34.2件,增长15.7%。

全年商标申请量为55.94万件,比上年增长10.7%;商标注册量为42.10万件,增长37.0%。至年末,商标有效注册量达211.71万件,比上年末增长21.9%;商标活跃度(每新增1户市场主体同时新增注册商标)达到0.80件,增长25.0%;商标集聚度(每万户市场主体的平均有效注册商标拥有量)为6634件,增长11.9%。全年新增1件地理标志商标,至年末,全市共有地理标志商标18件,地理标志保护产品8件。全年经认定登记的各类技术交易合同36998件,比上年增长38.0%;合同金额2761.25亿元,增长52.1%。

深入推进科创板注册制试点,至年末累计上市企业377家,共募集资金5280亿元。科创板上海上市企业59家,居全国第2位;融资额1603.40亿元、总市值1.4万亿元,均居全国首位。

## 十二、文化旅游、卫生健康和体育

年内成功举办第二十四届上海国际电影节、第二十七届上海电视节等重大文化活动。建成100家“演艺新空间”和100个“家门口好去处”文旅民心工程。

举办第三届上海国际艺术品交易月,审批文物拍卖会1004场,成交额突破60亿元,同比增长25%。

至年末,全市共有市、区级公共图书馆23个,总流通人次1293万人次;备案博物馆158个,参观人次1646万人次。全年共出版报纸6.39亿份、各类期刊0.53亿册、图书4.79亿册。

全年实现旅游产业增加值1500.52亿元,比上年增长12.2%。中共一大、二大、四大纪念馆成功创建国家5A级景区。举办“建筑可阅读、城市微旅行”为主题的上海旅游节,实现开放历史建筑1056处,完成二维码设置2957处。评选“非遗在社区”示范项目19个、示范点14个。

至年末,全市已有星级宾馆177家,旅行社1865家,A级旅游景区(点)134个,红色旅游基地34个(见表17)。

**表17 2021年旅游设施情况**

| 指 标 | 单 位 | 绝对值 |
|---|---|---|
| **星级宾馆** | **家** | **177** |
| #五星级 | 家 | 71 |
| 四星级 | 家 | 56 |
| **旅行社** | **家** | **1 865** |
| #经营出境旅游业务的旅行社 | 家 | 296 |
| **A级旅游景区(点)** | **个** | **134** |
| #5A级景区(点) | 个 | 4 |
| 4A级景区(点) | 个 | 69 |
| **红色旅游基地** | **个** | **34** |
| #全国红色旅游基地 | 个 | 12 |
| **旅游咨询服务中心** | **个** | **63** |

全年接待国际旅游入境者 103.29 万人次,比上年减少 19.7%。其中,入境外国人 56.67 万人次,减少 31.7%;港、澳同胞 19.16 万人次,增长 25.0%;台湾同胞 27.46 万人次,减少 9.3%。在国际旅游入境者中,过夜旅游者 102.69 万人次,减少 1.4%。全年接待国内旅游者 29382.21 万人次,增长 24.5%,其中外省市来沪旅游者 14228.28 万人次,增长 20.2%。全年入境旅游外汇收入 35.85 亿美元,减少 5.0%;国内旅游收入 3536.53 亿元,增长 25.9%。

至年末,全市共有医疗卫生机构 6317 所,卫生技术人员 23.96 万人(见表 18)。全年全市医疗机构共完成诊疗人次 2.72 亿人次;上海地区婴儿死亡率 2.30‰;上海地区孕产妇死亡率 1.60/10 万。

**表 18　2021 年卫生机构基本情况**

| 指　标 | 单　位 | 绝对值 |
|---|---|---|
| **卫生机构数** | **所** | **6 317** |
| #医　院 | 所 | 432 |
| 门诊部 | 所 | 1 397 |
| 社区卫生服务中心 | 所 | 335 |
| 疾病预防控制中心 | 所 | 19 |
| 卫生监督所 | 所 | 17 |
| **卫生技术人员数** | **万人** | **23.96** |
| #执业医生 | 万人 | 8.32 |
| #医院执业医生 | 万人 | 5.30 |
| 注册护士 | 万人 | 10.87 |

注：卫生机构数中含医疗卫生机构的分支机构。

压实各级各类医疗机构疫情防控主体责任,推进 127 个发热门诊和 222 个社区发热哨点规范建设。全市 164 家核酸检测机构日检测能力增至 95.1 万人份(单人单管)。累计采样 6863 万人次,支撑大规模人群核酸筛查任务 23 次。全市累计接种疫苗超 5117.43 万剂次,完成基础免疫全程接种人数达 2209.69 万人。

进一步深化家庭医生制度,全市家庭医生"1+1+1"累计签约超 864 万人,签约率超过 34%。其中,重点人群签约超 439 万人,签约率达到 77%。

加强院前急救能力建设,在远郊布局急救分站 136 个,负压救护车 140 辆,全市急救平均反应时间达 12 分钟以内。新建 6 个医疗急救分站,设置后备定点医院 22 家,储备救治床位 8000 张以上;规划布局 23 处具备快速转化为临时性医疗设施的区域大型公共设施,可转换床位 1.6 万张。全市危重孕产妇、危重新生儿抢救成功率分别达 99.5%和 92.6%。

年内共举办 46 项国际国内重大赛事。成功举办上海赛艇公开赛、2021—2022 国际雪联城市越野滑雪中国巡回赛上海杨浦站、首届上海杯象棋大师公开赛等品牌赛事。组织以"一起上赛场,人人享健康"为主题的城市业余联赛,共举办 6121 余场赛事活动,870 万人次参与。在东京奥运会上,46 名上海运动员参加了 17 个大项、22 个分项、50 个小项的比赛,获得 5 枚金牌、4 枚银牌、2 枚铜牌,取得了历史最佳成绩。在第 14 届全运会上,上海体育健儿获得 36 枚金牌、27 枚银牌、28 枚铜牌、91 枚奖牌,奖牌、金牌和总分均超上届。重大体育设施项目顺利推进,浦东足球场项目顺利竣工。全年新建 107 条市民健身步道、743 个市民益智健身苑点、98 片市民多功能运动场。至年末,全市体育场地面积 6072 万平方米,人均面积 2.44 平方米。

## 十三、人口和就业

至年末,全市常住人口为 2489.43 万人。其中,户籍常住人口 1457.44 万人,外来常住人口 1031.99 万人。全年常住人口出生 11.6 万人,出生率为 4.67‰;死亡 13.9 万人,死亡率为 5.59‰;常住人口自然增长率为-0.92‰;常住人口出生性别比为 107.76。

全市户籍人口平均期望寿命达到 84.11 岁。其中,男性 81.76 岁,女性 86.56 岁。

全年城镇新增就业岗位 63.51 万个(见图 5),全年新安置就业困难人员 78231 人,新消除零就业家庭 164 户。全年帮扶引领成功创业 12787 人,其中,青年大学生 9807 人;帮助 10092 名长期失业青年实现就业创业。全年共完成补贴性职业培训 118.85 万人次。其中,农民工补贴性职业培训 51.78 万人次。高技能人才占技能劳动者比例达到 35.34%。

至年末,累计核发《外国人工作许可证》约 33 万份,其中外国高端人才(A 类)约 6 万份,约占 18%。共为 1166 位外国人才办理了《外国高端人才确认函》。

至年末,全市户籍城乡登记失业人数 14.4 万人,城镇登记失业率为 2.73%。

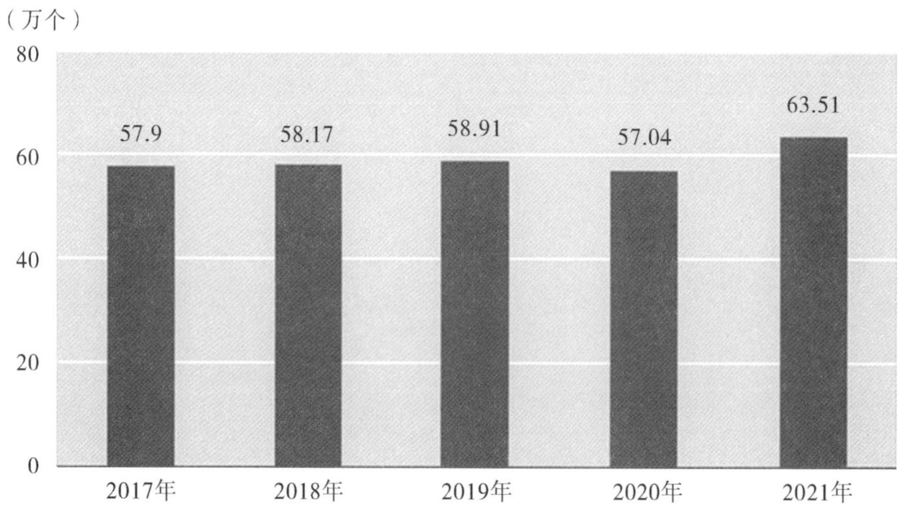


**图 5　2017~2021 年新增就业岗位情况**

## 十四、人民生活和社会保障

据抽样调查,全年全市居民人均可支配收入 78027 元,比上年增长 8.0%(见图 6)。其中,城镇常住居民人均可支配收入 82429 元,增长 7.8%;农村常住居民人均可支配收入 38521 元,增长 10.3%。全市居民人均消费支出 48879 元,比上年增长 14.9%。其中,城镇常住居民人均消费支出 51295 元,增长 14.4%;农村常住居民人均消费支出 27205 元,增长 23.1%。月最低工资标准为 2590 元,小时最低工资标准为 23 元。

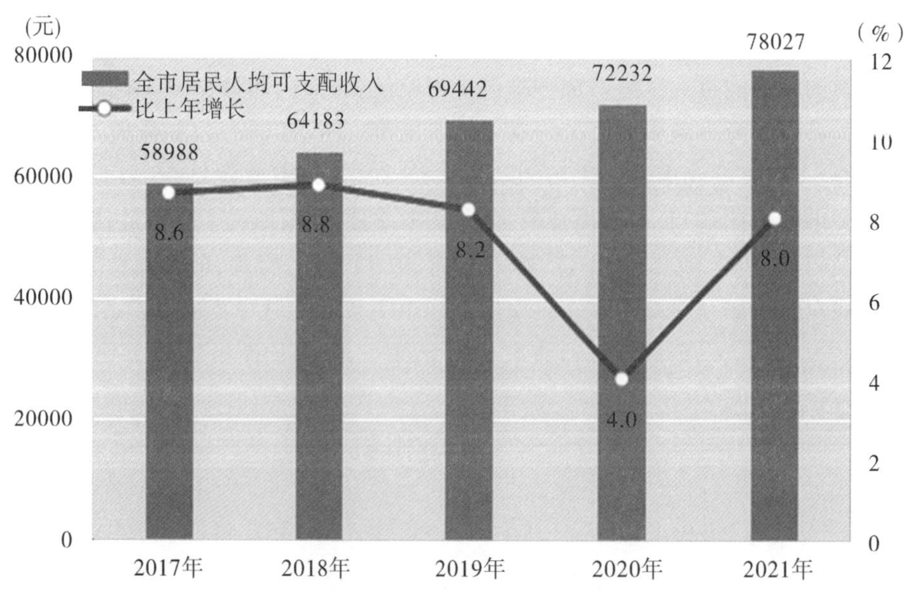


**图 6　2017~2021 年全市居民人均可支配收入及其增长速度**

至年末，城镇居民人均住房建筑面积 37.4 平方米。

至年末，全市共有 1654.36 万人（包括离退休人员）参加城镇职工基本养老保险，有 74.42 万人参加城乡居民基本养老保险。

至年末，全市共有 1613.43 万人（包括离退休人员）参加职工基本医疗保险，有 365.05 万人参加城乡居民基本医疗保险。至年末，全市长期护理保险待遇享受人数为 38.1 万人。

深化发展养老服务。年内新增社区综合为老服务中心 51 家、老年助餐服务场所 201 个、养老床位 5748 张，改造老年认知障碍照护床位 2303 张。至年末，全市建有社区综合为老服务中心 371 家，老年助餐服务场所 1433 个。全市共有养老机构 730 家，床位 15.86 万张。其中，由社会投资开办的 352 家，床位 6.67 万张。

最低生活保障标准从每人每月 1240 元调整为每人每月 1330 元，同步调整特困人员供养标准等社会救助标准。全年各级政府支出最低生活保障资金 23.61 亿元、特困人员救助供养资金 1.18 亿元、支出型贫困生活救助资金 0.07 亿元、临时救助资金 0.16 亿元、粮油帮困资金 0.8 亿元。

全年全市共发放残疾人两项补贴约 9.17 亿元。其中，困难残疾人生活补贴 3.81 亿元，累计惠及近 9.35 万残疾人；重度残疾人护理补贴约 5.36 亿元，累计惠及近 22.71 万残疾人。落实残疾人集中就业企业社会保险费补贴政策，对申请年度社保补贴的 585 家企业经市、区两级审核后发放 3421.0 万元社保补贴，惠及残疾职工 11834 人。

至年末，全市共有 110 名社会散居孤儿、1207 名困境儿童享受基本生活保障，73 名在学在读孤儿享受“孤儿助学”补助资金。

## 十五、环境保护

全年全社会用于环境保护的资金投入约 1120 亿元，相当于地区生产总值的比例约为 2.6%。

全年环境空气质量（AQI）优良率为 91.8%，比上年上升 3.8 个百分点；二氧化硫年日均值 6 微克/立方米，与上年持平；可吸入颗粒物（$PM_{10}$）年日均值 43 微克/立方米，同比上升 4.9%；细颗粒物（$PM_{2.5}$）年日均值 27 微克/立方米，同比下降 12.9%；二氧化氮年日均值 35 微克/立方米，同比上升 2.9%；一氧化碳年日均值 0.6 毫克/立方米，与上年持平；臭氧日最大 8 小时滑动平均值达标率 94.5%，同比上升 2.4 个百分点。年末，城市污水处理厂日处理能力达 857.25 万立方米，比上年末提高 2.1%。全市清运生活垃圾约 931.57 万吨（干垃圾+湿垃圾），日均 2.55 万吨，其中干垃圾 548.44 万吨，合 15025.72 吨/日，同比增长 5.9%；湿垃圾 383.13 万吨，合 10496.66 吨/日，同比增长 10.4%。生活垃圾焚烧处置量 18223 吨/日，湿垃圾资源化利用量 5092 吨/日，填埋 2208 吨/日。已建成焚烧厂 14 座，焚烧能力 23000 吨/日；湿垃圾集中处理设施 10 座，处理能力 6380 吨/日，另有分散处理能力 1691 吨/日，湿垃圾处理能力共计 8071 吨/日。生活垃圾焚烧和湿垃圾资源化能力 3.10 万吨/日，另有应急填埋能力 5000 吨/日。可回收物收运量 263.03 万吨，合 7206.39 吨/日，同比增长 13.0%；有害垃圾处理量 811.21 吨，合 2.22 吨/日，同比下降 13.6%。

全年完成新建绿地 1031.81 公顷，其中公园绿地 517.25 公顷；新增森林面积 5.07 万亩；新建绿道 212.57 公里；新建立体绿化 40.60 万平方米。全市森林面积达 184.70 万亩，森林覆盖率达 19.4%，人均公园绿地面积 8.8 平方米，城市公园数达 438 座。

## 十六、生产安全和食品药品安全

全年共发生生产安全死亡事故 430 起、死亡 457 人（含 4 人失踪），比上年分别下降 5.9%、8.8%。其中，工矿商贸死亡事故 216 起、死亡 221 人；生产经营性道路交通事故 193 起、死亡 204 人；水上交通生产安全死亡事故 12 起、死亡（含失踪）18 人；生产经营性火灾死亡事故 3 起、死亡 8 人；航空运输死亡事故 3 起、死亡 3 人；铁路运输死亡事故 2 起、死亡 2 人；农业机械死亡事故 1 起，死亡 1 人。全年亿元生产总值生产安全事故死亡人数为0.011人,工矿商贸企业从业人员10万人死亡率为1.654/10万。

全年全市食品安全总体监测合格率为99.7%,比上年提高0.3个百分点。市民食品安全基本知识知晓度评分为87.3分,提高1.9分;市民食品安全状况总体满意度评分为88.9分,提高2.4分。全年共报告发生集体性食物中毒3起,中毒人数73人(无死亡病例),食物中毒发生率为0.29例/10万人口,未发生重大食品安全事故。

全年完成药品、医疗器械、化妆品监督抽检共计1.5万余批次,药械化抽检合格率分别为99.7%、97.0%、96.9%。

上海市统计局
国家统计局上海调查总队
2022年3月15日

# Chapter 2
# 第二篇

上 海 调 查 年 鉴 SHANGHAI SURVEY YEARBOOK

# 城乡居民家庭收支

# INCOME AND EXPENDITURE OF URBAN AND RURAL HOUSEHOLDS

# 简要说明

## 第一部分 上海居民收支与生活状况调查主要数据（新口径，表 2-1 到表 2-18）

**一、主要内容**

第一部分资料反映 2015 年以来上海常住居民生活收入、消费及其他生活状况。

**二、资料来源**

上海常住居民生活状况数据来源于国家统计局上海调查总队居民收支与生活状况抽样调查。

**三、住户调查对象**

上海居民收支与生活状况调查（简称住户调查，下同）对象为“本市常住居民”，既包括本地户籍，也包括外地户籍；既包括以家庭形式居住的户，也包括以集体形式居住的户，即在本市常住的外来务工人员也被纳入调查对象。调查区域扩展到全市 16 个区县的城镇、农村地区。2013 年至 2017 年，全市城镇、农村调查样本量分别为 4600 户和 1400 户，合计为 6000 户。2018 年，全市城镇、农村调查样本量分别为 3390 户和 610 户，合计为 4000 户。

**四、调查内容**

调查主要内容包括居民现金和实物收支情况、住户成员及劳动力从业情况、居民家庭食品和能源消费情况、住房和耐用消费拥有情况、家庭经营和生产投资情况、收入分配影响因素情况、社区基本情况以及其他民生状况等。

**五、指标发布的变化**

根据国家统计局要求，国家统计局上海调查总队从 2015 年 1 季度起，发布城乡一体化住户调查新口径调查数据。主要指标包括：上海居民人均可支配收入、城镇常住居民人均可支配收入、农村常住居民人均可支配收入；上海居民人均消费支出、城镇常住居民人均消费支出、农村常住居民人均消费支出等。

**六、数据主要变化情况**

根据城乡一体化住户调查改革后，遵照“统计上的城乡划分标准”，新口径城镇常住居民收入、消费等数据覆盖范围在原有基础上扩大，包括城乡结合部，而农村常住居民范围缩小，不再以行政村划分；新口径城镇常住居民“人均可支配收入”指标加入了自有住房折算净租金，扣除了财产性支出和转移性支出等。计算城镇和农村常住居民消费支出时，包括了自有住房折算租金。

# 第二部分 历年城镇和农村住户调查主要数据（老口径，表 2-19 到表 2-40）

## 一、主要内容

第二部分资料反映 1980-2014 年上海市居民生活现状及变化情况，分为城市居民生活和农村居民生活两部分。

## 二、城镇住户调查资料来源

城镇居民生活状况的数据来源于国家统计局上海调查总队的城镇住户抽样调查。主要内容包括城市居民生活基本情况、收入、生活消费支出、主要消费品消费量等。

## 三、城镇住户调查方法

上海城镇住户调查以城市常住户为调查对象，2003 年及之前，调查样本为 500 户，2004 年至 2012 年，调查样本增至 1000 户，分布于黄浦、徐汇、长宁、静安、普陀、闸北、虹口、杨浦、闵行、宝山、浦东等 11 个区。

城镇住户调查采用分层、多阶段与大小成比例（pps）、随机等距等方法抽选调查样本户，采用日记账与问卷调查相结合的方法取得数据。首先，每月向抽中的调查户发放账本，由调查户采用日记账方式对本住户及每个成员的收支情况进行记录；然后由调查人员每月在规定的时间将账本回收并进行审核、编码和录入；最后由国家统计局上海调查总队将数据汇总得出人均可支配收入等数据资料。另外，家庭和个人基本情况以及部分调查户的收支情况通过问卷的形式取得数据。

## 四、农村住户调查资料来源

农村居民生活状况的数据来源于国家统计局上海调查总队的住户收支与生活状况调查。主要内容包括农村居民生活基本情况、收入、生活消费支出、主要消费品消费量等。

## 五、农村住户调查方法

农村住户调查是以农村常住户为调查对象，农村常住户指长期（半年以上）居住在农村范围内的住户。户口不在本地而在本地居住半年及以上的住户也包括在本地农村常住户范围内。按国家统计局住户收支与生活状况调查方案，采用抽样调查方法在全市郊区县抽取约 1200 户农村居民家庭作为调查样本，分布于浦东、闵行、宝山、嘉定、金山、松江、青浦、奉贤、崇明 9 个区县。

为保证农村住户调查资料的准确性，住户收支与生活状况调查在 95% 的概率把握程度下要求抽样误差不得超过±3%。调查数据采用农村居民记账与一次性调查相结合的方法取得，调查户按照国家统计局上海调查总队统一编制的账本和要求记账，现金收支账、实物收支账发生一笔记一笔，由区县调查员每月收取调查户的账本，录入计算机，通过乡镇、区县、总队多级审核确保调查数据真实可靠。

# BRIEF INTRODUCTION

## Part 1 Data of Survey on Income, Expenditure and Living Conditions of Residents in Shanghai (New Statistics Scope from Chart 2-1 to 2-18)

**Ⅰ. Main Contents**

Data in this chapter shows the income, expenditure and living conditions of residents in Shanghai since 2015.

**Ⅱ. Sources of Data**

Survey on Income and Expenditures and Living Conditions is conducted by NBS Survey Office in Shanghai.

**Ⅲ. Respondents of the Survey**

Respondents of survey on income, expenditure and living conditions of residents in Shanghai (household survey for short) includes household registered and nonlocal registered residence, family household and institutional household in Shanghai. In other words, migrant workers are included. Region of the survey covers all 16 districts of Shanghai, both urban and rural area. From 2015-2017, sample number of urban and rural survey changes to 4600 and 1400 respectively, a total of 6000 households. Since 2018, sample number of urban and rural survey changes to 3390 and 610 respectively, a total of 4000 households.

**Ⅳ. Survey Contents**

The main contents of the survey include the residents′ income and expenditure, household members and labor force, food and energy consumption, housing and durable goods, household management and production investment, income distribution factors, the basic situation of the community and other people′s livelihood condition.

**Ⅴ. Changes of Index Releasing**

In terms of the system of Integrated Urban and Rural Households on Income and Expenditures and Living Conditions conducted since 2015, NBS Survey office in Shanghai releases integrated urban and rural household survey data, including per capita disposable income of citywide households, per capita disposable income of urban households, per capita disposable income of rural households, per capita consumption expenditure of citywide households, per capita consumption expenditure of urban households, per capita consumption expenditure of rural households.

**VI. Main Changes in Data**

According to the integrated household survey, main changes of population covered by data of per capita disposable income of urban and rural households: migrant workers resided in urban areas are included in the denominator when calculating per capita disposable income of urban household, migrant workers are not included in denominator when calculating per capita disposable income of rural households; college students of their households are regarded as permanent residents. Main changes of urban household and rural household per capita disposable income and expenditure of new coverage: converted rents of self-owned housing are included when calculating per capita disposable income and expenditure of urban and rural households.

# Part 2 Historical data of urban and rural household survey
# ( Old Statistics Scope from Chart 2-9 to 2-40)

**Ⅰ. Main Contents**

Data in this chapter show the living conditions of residents in Shanghai from 1980 to 2014. This chapter consists of two parts: living conditions of urban households and living conditions of rural households.

**Ⅱ. Sources of Data for Survey on Urban Households**

Data on living conditions of urban residents come from data collected through a sample survey on urban households conducted by NBS Survey Office in Shanghai. The main contents of the survey include basic living conditions of urban residents, income, consumption expenditure and the consumption of major consumer goods, etc.

**Ⅲ. Methodology for Survey on Urban Households**

Objects of the urban household survey are resident households in urban areas. Before 2003, the sample size is 500 households. It increased to 1,000 between 2004 and 2012, covering 11 districts of Shanghai, which are Huangpu, Xuhui, Changning, Jing'an, Putuo, Zhabei, Hongkou, Yangpu, Minhang, Baoshan and Pudong District.

Samples of the urban household survey are selected by using stratified sampling, multistage sampling, probability proportional to size (PPS) sampling and systematic random sampling, etc. Data are obtained from daily expense record and survey questionnaires. Selected households receive account books each month and keep taking down daily expenses to record income and expenditure of the households and its individual members. Professional surveyors collect the account books at a fixed time each month and then verify, encode and record the data. The raw data are later delivered to NBS Survey Office in Shanghai to calculate into processed data such as the average disposable income per capita. In addition, basic information of the family and individuals in that household as well as the income and expenditure situation of some objects are obtained through questionnaires.

**Ⅳ. Sources of Data for Survey on Rural Households**

Data on living conditions of rural residents come from data collected through the survey on household income, expenditure and living condition, which is conducted by NBS Survey Office in Shanghai. The main contents of the survey include basic living condition of rural residents, income, consumption expenditure and the consumption of major consumer goods, etc.

**Ⅴ. Methodology for Survey on Rural Households**

Objects of the rural household survey are rural resident households. Rural resident households refer to households residing in rural villages on a long-term basis (for half a year or more). Households without local residential household registrations but residing in the current addresses for half a year or more are included as local resident households. According to the schema of the survey on income, expenditure and living conditions of rural households, a combination of various sampling approaches are used to select 1,200 rural households from 9 districts and counties across the whole city, which are Pudong, Minghang, Baoshan, Jiading, Jinshan, Songjiang, Qingpu, Fengxian, and Chongming.

In order to guarantee accuracy of the survey data on income, expenditure and living conditions of rural households, it is required that the sampling error should not exceed ±3%, with a 95% confidence level. A combinition of daily expense record kept by rural households and one-time survey is used for data collection. Surveyed households record expenses according to unified requirements complied by NBS Survey Office in Shanghai on specifically designed account books. Income and expenditure of cash and real goods are recorded case by case. Surveyors collect account books from districts and counties and compile and record data into computers. Surveyors and inspectors from townships, counties, districts and the headquarters will verify the data to ensure accuracy and reliability.

# 第一部分　上海居民收支与生活状况调查主要数据（新口径,表 2-1 到表 2-18）

# Part 1　Main Data from Survey on Income, Expenditure and Living Conditions of Residents in Shanghai（New Statistical Scale, from Chart 2-1 to 2-18）

# 全市居民家庭基本情况
# Basic Conditions of Citywide Households

**表 2-1**

| 指　标 | Indicators | 2015 年 | 2016 年 | 2017 年 |
|---|---|---|---|---|
| **基本情况(人)** | **Basic Statistics(person)** | | | |
| 户均人口 | Average Family Size | 2.62 | 2.69 | 2.69 |
| 户均从业人口 | Number of Employed Persons per Household | 1.29 | 1.28 | 1.25 |
| 平均每一从业人口负担人数（包括从业者本人） | Number of Dependents per Employee (Including Employed Person) | 2.03 | 2.09 | 2.16 |
| **家庭收入与支出(元/人)** | **Income and Expenditure of Resident Household (yuan/person)** | | | |
| 人均可支配收入 | Per Capita Disposable Income | 49 867 | 54 305 | 58 988 |
| 人均消费支出 | Per Capita Consumption Expenditure | 34 784 | 37 458 | 39 792 |

**表 2-1 续表　Continued**

| 指　标 | Indicators | 2018 年 | 2019 年 | 2020 年 | 2021 年 |
|---|---|---|---|---|---|
| **基本情况(人)** | **Basic Statistics(person)** | | | | |
| 户均人口 | Average Family Size | 2.53 | 2.55 | 2.54 | 2.54 |
| 户均从业人口 | Number of Employed Persons per Household | 1.19 | 1.19 | 1.14 | 1.14 |
| 平均每一从业人口负担人数（包括从业者本人） | Number of Dependents per Employee (Including Employed Person) | 2.13 | 2.15 | 2.24 | 2.23 |
| **家庭收入与支出(元/人)** | **Income and Expenditure of Resident Household(yuan/person)** | | | | |
| 人均可支配收入 | Per Capita Disposable Income | 64 183 | 69 442 | 72 232 | 78 027 |
| 人均消费支出 | Per Capita Consumption Expenditure | 43 351 | 45 605 | 42 536 | 48 879 |

# 城镇常住居民家庭基本情况
# Basic Conditions of Urban Households

表 2-2

| 指　标 | Indicators | 2015 年 | 2016 年 | 2017 年 |
|---|---|---|---|---|
| **基本情况(人)** | **Basic Statistics(person)** | | | |
| 户均人口 | Average Family Size | 2.64 | 2.69 | 2.69 |
| 户均从业人口 | Number of Employed Persons per Household | 1.26 | 1.25 | 1.22 |
| 平均每一从业人口负担人数（包括从业者本人） | Number of Dependents per Employee (Including Employed Person) | 2.09 | 2.14 | 2.21 |
| **家庭收入与支出(元/人)** | **Income and Expenditure of Resident Household (yuan/person)** | | | |
| 人均可支配收入 | Per Capita Disposable Income | 52 962 | 57 692 | 62 596 |
| 人均消费支出 | Per Capita Consumption Expenditure | 36 946 | 39 857 | 42 304 |

表 2-2 续表　Continued

| 指　标 | Indicators | 2018 年 | 2019 年 | 2020 年 | 2021 年 |
|---|---|---|---|---|---|
| **基本情况(人)** | **Basic Statistics(person)** | | | | |
| 户均人口 | Average Family Size | 2.54 | 2.57 | 2.56 | 2.56 |
| 户均从业人口 | Number of Employed Persons per Household | 1.18 | 1.17 | 1.12 | 1.12 |
| 平均每一从业人口负担人数（包括从业者本人） | Number of Dependents per Employee (Including Employed Person) | 2.16 | 2.19 | 2.28 | 2.28 |
| **家庭收入与支出(元/人)** | **Income and Expenditure of Resident Household(yuan/person)** | | | | |
| 人均可支配收入 | Per Capita Disposable Income | 68 034 | 73 615 | 76 437 | 82 429 |
| 人均消费支出 | Per Capita Consumption Expenditure | 46 015 | 48 272 | 44 839 | 51 295 |

# 农村常住居民家庭生活基本情况
# Basic Conditions of Rural Households

表 2-3

| 指　标 | Indicators | 2015 年 | 2016 年 | 2017 年 |
|---|---|---|---|---|
| **基本情况(人)** | **Basic Statistics(person)** | | | |
| 户均人口 | Average Family Size | 2.47 | 2.69 | 2.69 |
| 户均从业人口 | Number of Employed Persons per Household | 1.54 | 1.54 | 1.48 |
| 平均每一从业人口负担人数(包括从业者本人) | Number of Dependents per Employee (Including Employed Person) | 1.60 | 1.75 | 1.82 |
| **家庭收入与支出(元/人)** | **Income and Expenditure of Resident Household (yuan/person)** | | | |
| 人均可支配收入 | Per Capita Disposable Income | 23 205 | 25 520 | 27 825 |
| 人均消费支出 | Per Capita Consumption Expenditure | 16 152 | 17 071 | 18 090 |

表 2-3 续表　Continued

| 指　标 | Indicators | 2018 年 | 2019 年 | 2020 年 | 2021 年 |
|---|---|---|---|---|---|
| **基本情况(人)** | **Basic Statistics(person)** | | | | |
| 户均人口 | Average Family Size | 2.39 | 2.45 | 2.42 | 2.32 |
| 户均从业人口 | Number of Employed Persons per Household | 1.28 | 1.31 | 1.27 | 1.25 |
| 平均每一从业人口负担人数(包括从业者本人) | Number of Dependents per Employee (Including Employed Person) | 1.87 | 1.87 | 1.90 | 1.86 |
| **家庭收入与支出(元/人)** | **Income and Expenditure of Resident Household(yuan/person)** | | | | |
| 人均可支配收入 | Per Capita Disposable Income | 30 375 | 33 195 | 34 911 | 38 521 |
| 人均消费支出 | Per Capita Consumption Expenditure | 19 965 | 22 449 | 22 095 | 27 205 |

# 全市居民收支情况(绝对额)

**表 2-4**

| 指 标 | Indicators | 2015 年 |
| --- | --- | --- |
| **居民人均可支配收入** | **Per Capita Disposable Income** | **49 867** |
| 工资性收入 | Income from Wages and Salaries | 30 499 |
| 经营净收入 | Net Business Income | 1 319 |
| 财产净收入 | Net Income from Property | 7 173 |
| 转移净收入 | Net Income from Transfer | 10 876 |
| **居民人均消费支出** | **Per Capita Consumption Expenditure** | **34 784** |
| 食品烟酒 | Food, Tobacco and Liquor | 9 272 |
| 衣 着 | Clothing | 1 623 |
| 居 住 | Residence | 11 308 |
| 生活用品及服务 | Household Facilities, Articles and Services | 1 485 |
| 交通通信 | Transportation and Communication | 4 206 |
| 教育文化娱乐 | Education, Culture and Recreation | 3 718 |
| 医疗保健 | Health Care and Medical Services | 2 268 |
| 其他用品及服务 | Miscellaneous Goods and Services | 904 |

# Per Capita Income and Consumption Expenditure of Citywide Households

单位:元/人(Unit:yuan/person)

| 2016年 | 2017年 | 2018年 | 2019年 | 2020年 | 2021年 |
|---|---|---|---|---|---|
| **54 305** | **58 988** | **64 183** | **69 442** | **72 232** | **78 027** |
| 32 718 | 34 365 | 37 137 | 40 025 | 41 500 | 48 835 |
| 1 399 | 1 533 | 1 821 | 2 209 | 2 052 | 2 063 |
| 7 684 | 9 030 | 9 666 | 10 055 | 9 904 | 10 209 |
| 12 504 | 14 060 | 15 559 | 17 153 | 18 776 | 16 920 |
| **37 458** | **39 792** | **43 351** | **45 605** | **42 536** | **48 879** |
| 9 564 | 10 006 | 10 728 | 10 952 | 11 225 | 12 604 |
| 1 734 | 1 733 | 2 037 | 2 072 | 1 694 | 2 087 |
| 12 264 | 13 709 | 14 209 | 15 046 | 15 247 | 16 137 |
| 1 755 | 1 825 | 2 096 | 2 123 | 2 091 | 2 248 |
| 4 228 | 4 058 | 4 881 | 5 356 | 4 558 | 5 626 |
| 4 174 | 4 686 | 5 049 | 5 495 | 3 663 | 4 710 |
| 2 721 | 2 602 | 3 070 | 3 205 | 3 033 | 3 878 |
| 1 018 | 1 173 | 1 281 | 1 356 | 1 025 | 1 589 |

# 城镇常住居民收支情况(绝对额)

表 2-5

| 指　标 | Indicators | 2015 年 |
|---|---|---|
| **居民人均可支配收入** | **Per Capita Disposable Income** | **52 962** |
| 工资性收入 | Income from Wages and Salaries | 32 010 |
| 经营净收入 | Net Business Income | 1 303 |
| 财产净收入 | Net Income from Property | 7 915 |
| 转移净收入 | Net Income from Transfer | 11 734 |
| **居民人均消费支出** | **Per Capita Consumption Expenditure** | **36 946** |
| 食品烟酒 | Food, Tobacco and Liquor | 9 691 |
| 衣　着 | Clothing | 1 711 |
| 居　住 | Residence | 12 137 |
| 生活用品及服务 | Household Facilities, Articles and Services | 1 573 |
| 交通通信 | Transportation and Communication | 4 457 |
| 教育文化娱乐 | Education, Culture and Recreation | 4 046 |
| 医疗保健 | Health Care and Medical Services | 2 362 |
| 其他用品及服务 | Miscellaneous Goods and Services | 969 |

# Per Capita Income and Consumption Expenditure of Urban Households

单位:元/人(Unit:yuan/person)

| 2016 年 | 2017 年 | 2018 年 | 2019 年 | 2020 年 | 2021 年 |
|---|---|---|---|---|---|
| **57 692** | **62 596** | **68 034** | **73 615** | **76 437** | **82 429** |
| 34 339 | 35 995 | 39 146 | 42 328 | 43 803 | 51 494 |
| 1 400 | 1 551 | 1 829 | 2 192 | 2 063 | 2 024 |
| 8 487 | 9 976 | 10 653 | 11 064 | 10 884 | 11 204 |
| 13 466 | 15 074 | 16 406 | 18 031 | 19 687 | 17 707 |
| **39 857** | **42 304** | **46 015** | **48 272** | **44 839** | **51 295** |
| 10 015 | 10 456 | 11 104 | 11 273 | 11 515 | 12 878 |
| 1 835 | 1 827 | 2 139 | 2 162 | 1 763 | 2 153 |
| 13 216 | 14 749 | 15 376 | 16 253 | 16 465 | 17 370 |
| 1 868 | 1 928 | 2 205 | 2 215 | 2 177 | 2 328 |
| 4 447 | 4 253 | 5 108 | 5 626 | 4 677 | 5 721 |
| 4 534 | 5 087 | 5 491 | 5 966 | 3 963 | 5 090 |
| 2 840 | 2 735 | 3 222 | 3 332 | 3 189 | 4 063 |
| 1 102 | 1 269 | 1 370 | 1 445 | 1 090 | 1 692 |

# 全市居民收支情况(比上年同期名义增长)

表 2-6

| 指　标 | Indicators | 2015 年 |
|---|---|---|
| **居民人均可支配收入** | **Per Capita Disposable Income** | **8.5** |
| 工资性收入 | Income from Wages and Salaries | 6.1 |
| 经营净收入 | Net Business Income | 1.7 |
| 财产净收入 | Net Income from Property | 10.3 |
| 转移净收入 | Net Income from Transfer | 16.5 |
| **居民人均消费支出** | **Per Capita Consumption Expenditure** | **5.2** |
| 食品烟酒 | Food, Tobacco and Liquor | 2.9 |
| 衣　着 | Clothing | 0.6 |
| 居　住 | Residence | 4.8 |
| 生活用品及服务 | Household Facilities, Articles and Services | -3.1 |
| 交通通信 | Transportation and Communication | 17.0 |
| 教育文化娱乐 | Education, Culture and Recreation | 12.3 |
| 医疗保健 | Health Care and Medical Services | 2.0 |
| 其他用品及服务 | Miscellaneous Goods and Services | -8.4 |

注：因 2020 年样本轮换以及口径调整,2021 年居民人均工资性收入增幅、居民人均转移净收入增幅为同口径测算增幅,不可两年金额直接计算。

Note: Due to the sample rotation in 2020 and the adjustment of caliber, the increase in per capita income of residents from wages and salaries in 2021 and the increase in per capita net income of residents from transfer in 2021 are calculated by the same caliber, and cannot be calculated directly by the two-year amount.

# Growth Rates of Per Capita Income and Consumption Expenditure of Citywide Households

单位:%(Unit:%)

| 2016 年 | 2017 年 | 2018 年 | 2019 年 | 2020 年 | 2021 年 |
|---|---|---|---|---|---|
| **8.9** | **8.6** | **8.8** | **8.2** | **4.0** | **8.0** |
| 7.3 | 5.0 | 8.1 | 7.8 | 3.7 | 8.9 |
| 6.0 | 9.6 | 18.8 | 21.3 | -7.1 | 0.5 |
| 7.1 | 17.5 | 7.0 | 4.0 | -1.5 | 3.1 |
| 15.0 | 12.4 | 10.7 | 10.2 | 9.5 | 9.5 |
| **7.7** | **6.2** | **8.9** | **5.2** | **-6.7** | **14.9** |
| 3.2 | 4.6 | 7.2 | 2.1 | 2.5 | 12.3 |
| 6.9 | 平 | 17.5 | 1.7 | -18.2 | 23.2 |
| 8.5 | 11.8 | 3.6 | 5.9 | 1.3 | 5.8 |
| 18.2 | 4.0 | 14.8 | 1.3 | -1.5 | 7.5 |
| 0.5 | -4.0 | 20.3 | 9.7 | -14.9 | 23.4 |
| 12.3 | 12.2 | 7.7 | 8.8 | -33.3 | 28.6 |
| 19.9 | -4.4 | 18.0 | 4.4 | -5.4 | 27.9 |
| 12.5 | 15.3 | 9.2 | 5.8 | -24.4 | 55.0 |

# 城镇常住居民收支情况(比上年同期名义增长)

表 2-7

| 指　标 | Indicators | 2015 年 |
| --- | --- | --- |
| **居民人均可支配收入** | **Per Capita Disposable Income** | **8.4** |
| 工资性收入 | Income from Wages and Salaries | 6.0 |
| 经营净收入 | Net Business Income | -4.9 |
| 财产净收入 | Net Income from Property | 10.3 |
| 转移净收入 | Net Income from Transfer | 16.4 |
| **居民人均消费支出** | **Per Capita Consumption Expenditure** | **5.0** |
| 食品烟酒 | Food, Tobacco and Liquor | 2.7 |
| 衣　着 | Clothing | 0.7 |
| 居　住 | Residence | 4.4 |
| 生活用品及服务 | Household Facilities, Articles and Services | -3.5 |
| 交通通信 | Transportation and Communication | 17.2 |
| 教育文化娱乐 | Education, Culture and Recreation | 12.2 |
| 医疗保健 | Health Care and Medical Services | 1.5 |
| 其他用品及服务 | Miscellaneous Goods and Services | -8.4 |

注：因 2020 年样本轮换以及口径调整,2021 年居民人均工资性收入增幅、居民人均转移净收入增幅为同口径测算增幅,不可两年金额直接计算。
Note: Due to the sample rotation in 2020 and the adjustment of caliber, the increase in per capita income of residents from wages and salaries in 2021 and the increase in per capita net income of residents from transfer in 2021 are calculated by the same caliber, and cannot be calculated directly by the two-year amount.

# Growth Rates of Per Capita Income and Consumption Expenditure of Urban Households

单位：%（Unit：%）

| 2016年 | 2017年 | 2018年 | 2019年 | 2020年 | 2021年 |
|---|---|---|---|---|---|
| **8.9** | **8.5** | **8.7** | **8.2** | **3.8** | **7.8** |
| 7.3 | 4.8 | 8.8 | 8.1 | 3.5 | 8.9 |
| 7.5 | 10.8 | 17.9 | 19.9 | -5.9 | -1.9 |
| 7.2 | 17.5 | 6.8 | 3.9 | -1.6 | 2.9 |
| 14.8 | 11.9 | 8.8 | 9.9 | 9.2 | 9.4 |
| **7.9** | **6.1** | **8.8** | **4.9** | **-7.1** | **14.4** |
| 3.3 | 4.4 | 6.2 | 1.5 | 2.1 | 11.8 |
| 7.2 | -0.4 | 17.1 | 1.0 | -18.5 | 22.1 |
| 8.9 | 11.6 | 4.3 | 5.7 | 1.3 | 5.5 |
| 18.8 | 3.2 | 14.4 | 0.5 | -1.7 | 6.9 |
| -0.2 | -4.4 | 20.1 | 10.1 | -16.9 | 22.3 |
| 12.0 | 12.2 | 7.9 | 8.7 | -33.6 | 28.4 |
| 20.3 | -3.7 | 17.8 | 3.4 | -4.3 | 27.4 |
| 13.7 | 15.1 | 8.0 | 5.5 | -24.6 | 55.2 |

# 全市居民可支配收入及构成

表 2-8

| 指　标 | Indicators | 单位　Unit | 2015 年 |
|---|---|---|---|
| **可支配收入** | **Disposable Income** | **元/人 yuan/person** | **49 867** |
| 工资性收入 | Income from Wages and Salaries | 元/人 yuan/person | 30 499 |
| 经营净收入 | Net Business Income | 元/人 yuan/person | 1 319 |
| 财产净收入 | Net Income from Property | 元/人 yuan/person | 7 173 |
| 转移净收入 | Net Income from Transfer | 元/人 yuan/person | 10 876 |
| **可支配收入构成** | **Composition of Disposable Income** | **%** | **100.0** |
| 工资性收入 | Income from Wages and Salaries | % | 61.2 |
| 经营净收入 | Net Business Income | % | 2.6 |
| 财产净收入 | Net Income from Property | % | 14.4 |
| 转移净收入 | Net Income from Transfer | % | 21.8 |

## Per Capita Income of Citywide Households and Its Composition

| 2016 年 | 2017 年 | 2018 年 | 2019 年 | 2020 年 | 2021 年 |
|---|---|---|---|---|---|
| **54 305** | **58 988** | **64 183** | **69 442** | **72 232** | **78 027** |
| 32 718 | 34 365 | 37 137 | 40 025 | 41 500 | 48 835 |
| 1 399 | 1 533 | 1 821 | 2 209 | 2 052 | 2 063 |
| 7 684 | 9 030 | 9 666 | 10 055 | 9 904 | 10 209 |
| 12 504 | 14 060 | 15 559 | 17 153 | 18 776 | 16 920 |
| **100.0** | **100.0** | **100.0** | **100.0** | **100.0** | **100.0** |
| 60.3 | 58.3 | 57.9 | 57.6 | 57.5 | 62.6 |
| 2.6 | 2.6 | 2.8 | 3.2 | 2.8 | 2.6 |
| 14.1 | 15.3 | 15.1 | 14.5 | 13.7 | 13.1 |
| 23.0 | 23.8 | 24.2 | 24.7 | 26.0 | 21.7 |

# 城镇常住居民可支配收入及构成

表 2-9

| 指　标 | Indicators | 单位　Unit | 2015 年 |
| --- | --- | --- | --- |
| **可支配收入** | **Disposable Income** | **元/人 yuan/person** | **52 962** |
| 工资性收入 | Income from Wages and Salaries | 元/人 yuan/person | 32 010 |
| 经营净收入 | Net Business Income | 元/人 yuan/person | 1 303 |
| 财产净收入 | Net Income from Property | 元/人 yuan/person | 7 915 |
| 转移净收入 | Net Income from Transfer | 元/人 yuan/person | 11 734 |
| **可支配收入构成** | **Composition of Disposable Income** | **%** | **100.0** |
| 工资性收入 | Income from Wages and Salaries | % | 60.4 |
| 经营净收入 | Net Business Income | % | 2.5 |
| 财产净收入 | Net Income from Property | % | 14.9 |
| 转移净收入 | Net Income from Transfer | % | 22.2 |

# Per Capita Income of Urban Households and Its Composition

| 2016年 | 2017年 | 2018年 | 2019年 | 2020年 | 2021年 |
|---|---|---|---|---|---|
| **57 692** | **62 596** | **68 034** | **73 615** | **76 437** | **82 429** |
| 34 339 | 35 995 | 39 146 | 42 328 | 43 803 | 51 494 |
| 1 400 | 1 551 | 1 829 | 2 192 | 2 063 | 2 024 |
| 8 487 | 9 976 | 10 653 | 11 064 | 10 884 | 11 204 |
| 13 466 | 15 074 | 16 406 | 18 031 | 19 687 | 17 707 |
| **100.0** | **100.0** | **100.0** | **100.0** | **100.0** | **100.0** |
| 59.5 | 57.5 | 57.5 | 57.5 | 57.3 | 62.5 |
| 2.4 | 2.5 | 2.7 | 3.0 | 2.7 | 2.4 |
| 14.7 | 15.9 | 15.7 | 15.0 | 14.2 | 13.6 |
| 23.4 | 24.1 | 24.1 | 24.5 | 25.8 | 21.5 |

# 全市居民消费支出

表 2-10

| 指 标 | Indicators | 2015 年 |
|---|---|---|
| **消费支出** | **Consumption Expenditure** | **34 784** |
| 食品烟酒 | Food, Tobacco and Liquor | 9 272 |
| #食 品 | Food | 5 905 |
| 在外饮食(不含食堂用餐) | Dining Out (excluding the canteen) | 2 191 |
| 衣 着 | Clothing | 1 623 |
| 衣 类 | Garment | 1 270 |
| 鞋 类 | Shoes | 353 |
| 居 住 | Residence | 11 308 |
| #租赁房房租 | Rent | 829 |
| 水电燃料及其他 | Utilities, Fuel Fee and Miscellaneous Cost | 951 |
| 生活用品及服务 | Household Facilities, Articles and Services | 1 485 |
| #家用器具 | Household Appliances | 335 |
| 家庭日用杂品 | Household Articles | 341 |
| 交通通信 | Transportation and Communication | 4 206 |
| 交 通 | Transportation | 2 913 |
| 通 信 | Communication | 1 293 |
| 教育文化娱乐 | Education, Culture and Recreation | 3 718 |
| 教 育 | Education | 1 345 |
| 文化娱乐 | Culture and Recreation | 2 373 |
| 医疗保健 | Health Care and Medical Services | 2 268 |
| 医疗器具及药品 | Medical Instrument and Medicine | 400 |
| 医疗服务 | Medical Services | 1 868 |
| 其他用品及服务 | Miscellaneous Goods and Services | 904 |

# Consumption Expenditure of Citywide Households

单位：元/人（Unit：yuan/person）

| 2016 年 | 2017 年 | 2018 年 | 2019 年 | 2020 年 | 2021 年 |
|---|---|---|---|---|---|
| **37 458** | **39 792** | **43 351** | **45 605** | **42 536** | **48 879** |
| 9 564 | 10 006 | 10 728 | 10 952 | 11 225 | 12 604 |
| 6 114 | 6 238 | 6 276 | 6 361 | 7 239 | 7 380 |
| 2 267 | 2 576 | 3 207 | 3 279 | 2 518 | 3 424 |
| 1 734 | 1 733 | 2 037 | 2 072 | 1 694 | 2 087 |
| 1 354 | 1 379 | 1 665 | 1 662 | 1 346 | 1 708 |
| 380 | 354 | 372 | 410 | 348 | 379 |
| 12 264 | 13 709 | 14 209 | 15 046 | 15 247 | 16 137 |
| 717 | 727 | 1 584 | 1 447 | 1 431 | 1 283 |
| 1 001 | 1 037 | 1 161 | 1 139 | 1 173 | 1 323 |
| 1 755 | 1 825 | 2 096 | 2 123 | 2 091 | 2 248 |
| 449 | 442 | 515 | 475 | 485 | 480 |
| 374 | 370 | 405 | 418 | 436 | 467 |
| 4 228 | 4 058 | 4 881 | 5 356 | 4 558 | 5 626 |
| 3 017 | 2 826 | 3 669 | 4 183 | 3 389 | 4 311 |
| 1 211 | 1 232 | 1 212 | 1 173 | 1 169 | 1 315 |
| 4 174 | 4 686 | 5 049 | 5 495 | 3 663 | 4 710 |
| 1 536 | 1 677 | 2 263 | 2 597 | 2 194 | 2 991 |
| 2 638 | 3 008 | 2 786 | 2 898 | 1 469 | 1 719 |
| 2 721 | 2 602 | 3 070 | 3 205 | 3 033 | 3 878 |
| 459 | 482 | 518 | 495 | 514 | 626 |
| 2 262 | 2 121 | 2 552 | 2 710 | 2 519 | 3 252 |
| 1 018 | 1 173 | 1 281 | 1 356 | 1 025 | 1 589 |

# 城镇常住居民消费支出

表 2-11

| 指　标 | Indicators | 2015 年 |
|---|---|---|
| **消费支出** | **Consumption Expenditure** | **36 946** |
| 食品烟酒 | Food, Tobacco and Liquor | 9 691 |
| #食　品 | Food | 6 129 |
| 在外饮食(不含食堂用餐) | Dining Out (excluding the canteen) | 2 387 |
| 衣　着 | Clothing | 1 711 |
| 衣　类 | Garment | 1 343 |
| 鞋　类 | Shoes | 368 |
| 居　住 | Residence | 12 137 |
| #租赁房房租 | Rent | 870 |
| 水电燃料及其他 | Utilities, Fuel Fee and Miscellaneous Cost | 973 |
| 生活用品及服务 | Household Facilities, Articles and Services | 1 573 |
| #家用器具 | Household Appliances | 355 |
| 家庭日用杂品 | Household Articles | 354 |
| 交通通信 | Transportation and Communication | 4 457 |
| 交　通 | Transportation | 3 113 |
| 通　信 | Communication | 1 344 |
| 教育文化娱乐 | Education, Culture and Recreation | 4 046 |
| 教　育 | Education | 1 453 |
| 文化娱乐 | Culture and Recreation | 2 593 |
| 医疗保健 | Health Care and Medical Services | 2 362 |
| 医疗器具及药品 | Medical Instrument and Medicine | 425 |
| 医疗服务 | Medical Services | 1 937 |
| 其他用品及服务 | Miscellaneous Goods and Services | 969 |

# Consumption Expenditure of Urban Households

单位:元/人(Unit:yuan/person)

| 2016 年 | 2017 年 | 2018 年 | 2019 年 | 2020 年 | 2021 年 |
|---|---|---|---|---|---|
| **39 857** | **42 304** | **46 015** | **48 272** | **44 839** | **51 295** |
| 10 015 | 10 456 | 11 104 | 11 273 | 11 515 | 12 878 |
| 6 346 | 6 465 | 6 449 | 6 483 | 7 391 | 7 471 |
| 2 472 | 2 784 | 3 428 | 3 503 | 2 683 | 3 645 |
| 1 835 | 1 827 | 2 139 | 2 162 | 1 763 | 2 153 |
| 1 436 | 1 458 | 1 754 | 1 739 | 1 405 | 1 766 |
| 399 | 369 | 385 | 423 | 358 | 387 |
| 13 216 | 14 749 | 15 376 | 16 253 | 16 465 | 17 370 |
| 757 | 753 | 1 701 | 1 551 | 1 518 | 1 357 |
| 1 029 | 1 063 | 1 191 | 1 162 | 1 198 | 1 342 |
| 1 868 | 1 928 | 2 205 | 2 215 | 2 177 | 2 328 |
| 476 | 458 | 535 | 493 | 498 | 497 |
| 389 | 386 | 415 | 429 | 446 | 473 |
| 4 447 | 4 253 | 5 108 | 5 626 | 4 677 | 5 721 |
| 3 192 | 2 978 | 3 850 | 4 413 | 3 478 | 4 365 |
| 1 255 | 1 276 | 1 258 | 1 213 | 1 199 | 1 356 |
| 4 534 | 5 087 | 5 491 | 5 966 | 3 963 | 5 090 |
| 1 636 | 1 789 | 2 452 | 2 810 | 2 368 | 3 238 |
| 2 898 | 3 298 | 3 039 | 3 156 | 1 595 | 1 852 |
| 2 840 | 2 735 | 3 222 | 3 332 | 3 189 | 4 063 |
| 485 | 515 | 534 | 512 | 538 | 650 |
| 2 355 | 2 220 | 2 688 | 2 820 | 2 651 | 3 413 |
| 1 102 | 1 269 | 1 370 | 1 445 | 1 090 | 1 692 |

# 全市居民消费支出及构成
# Consumption Expenditure of Citywide Households and Its Composition

表 2-12

| 指　标 | Indicators | 单位 Unit | 2015 年 | 2016 年 | 2017 年 |
| --- | --- | --- | --- | --- | --- |
| **消费支出** | **Consumption Expenditure** | **元/人 yuan/person** | **34 784** | **37 458** | **39 792** |
| 食品烟酒 | Food, Tobacco and Liquor | 元/人 yuan/person | 9 272 | 9 564 | 10 006 |
| 衣　着 | Clothing | 元/人 yuan/person | 1 623 | 1 734 | 1 733 |
| 居　住 | Residence | 元/人 yuan/person | 11 308 | 12 264 | 13 709 |
| 生活用品及服务 | Household Facilities, Articles and Services | 元/人 yuan/person | 1 485 | 1 755 | 1 825 |
| 交通通信 | Transportation and Communication | 元/人 yuan/person | 4 206 | 4 228 | 4 058 |
| 教育文化娱乐 | Education, Culture and Recreation | 元/人 yuan/person | 3 718 | 4 174 | 4 686 |
| 医疗保健 | Health Care and Medical Services | 元/人 yuan/person | 2 268 | 2 721 | 2 602 |
| 其他用品及服务 | Miscellaneous Goods and Services | 元/人 yuan/person | 904 | 1 018 | 1 173 |
| **消费支出构成** | **Composition of Consumption Expenditure** | **%** | **100.0** | **100.0** | **100.0** |
| 食品烟酒 | Food, Tobacco and Liquor | % | 26.6 | 25.5 | 25.1 |
| 衣　着 | Clothing | % | 4.7 | 4.6 | 4.4 |
| 居　住 | Residence | % | 32.5 | 32.7 | 34.5 |
| 生活用品及服务 | Household Facilities, Articles and Services | % | 4.3 | 4.7 | 4.6 |
| 交通通信 | Transportation and Communication | % | 12.1 | 11.3 | 10.2 |
| 教育文化娱乐 | Education, Culture and Recreation | % | 10.7 | 11.2 | 11.8 |
| 医疗保健 | Health Care and Medical Services | % | 6.5 | 7.3 | 6.5 |
| 其他用品及服务 | Miscellaneous Goods and Services | % | 2.6 | 2.7 | 2.9 |

注：因指标口径调整，“食品烟酒”占“消费支出”比重与历史数据不可比。

Note: Because of the adjustment of the coverage of the indicators, the proportion of “Food, Tobacco and Liquor” in “Composition of Consumption Expenditure” is not comparable to historical data.

**表 2-12 续表 Continued**

| 指 标 | Indicators | 单位 Unit | 2018 年 | 2019 年 | 2020 年 | 2021 年 |
|---|---|---|---|---|---|---|
| **消费支出** | **Consumption Expenditure** | **元/人 yuan/person** | **43 351** | **45 605** | **42 536** | **48 879** |
| 食品烟酒 | Food, Tobacco and Liquor | 元/人 yuan/person | 10 728 | 10 952 | 11 225 | 12 604 |
| 衣 着 | Clothing | 元/人 yuan/person | 2 037 | 2 072 | 1 694 | 2 087 |
| 居 住 | Residence | 元/人 yuan/person | 14 209 | 15 046 | 15 247 | 16 137 |
| 生活用品及服务 | Household Facilities, Articles and Services | 元/人 yuan/person | 2 096 | 2 123 | 2 091 | 2 248 |
| 交通通信 | Transportation and Communication | 元/人 yuan/person | 4 881 | 5 356 | 4 558 | 5 626 |
| 教育文化娱乐 | Education, Culture and Recreation | 元/人 yuan/person | 5 049 | 5 495 | 3 663 | 4 710 |
| 医疗保健 | Health Care and Medical Services | 元/人 yuan/person | 3 070 | 3 205 | 3 033 | 3 878 |
| 其他用品及服务 | Miscellaneous Goods and Services | 元/人 yuan/person | 1 281 | 1 356 | 1 025 | 1 589 |
| **消费支出构成** | **Composition of Consumption Expenditure** | **%** | **100.0** | **100.0** | **100.0** | **100.0** |
| 食品烟酒 | Food, Tobacco and Liquor | % | 24.7 | 24.0 | 26.4 | 25.8 |
| 衣 着 | Clothing | % | 4.7 | 4.5 | 4.0 | 4.3 |
| 居 住 | Residence | % | 32.8 | 33.0 | 35.9 | 33.0 |
| 生活用品及服务 | Household Facilities, Articles and Services | % | 4.8 | 4.7 | 4.9 | 4.6 |
| 交通通信 | Transportation and Communication | % | 11.3 | 11.7 | 10.7 | 11.5 |
| 教育文化娱乐 | Education, Culture and Recreation | % | 11.6 | 12.1 | 8.6 | 9.6 |
| 医疗保健 | Health Care and Medical Services | % | 7.1 | 7.0 | 7.1 | 7.9 |
| 其他用品及服务 | Miscellaneous Goods and Services | % | 3.0 | 3.0 | 2.4 | 3.3 |

# 城镇常住居民消费支出及构成
# Consumption Expenditure of Urban Households and Its Composition

表 2-13

| 指　标 | Indicators | 单位　Unit | 2015 年 | 2016 年 | 2017 年 |
|---|---|---|---|---|---|
| **消费支出** | **Consumption Expenditure** | **元/人 yuan/person** | **36 946** | **39 857** | **42 304** |
| 食品烟酒 | Food, Tobacco and Liquor | 元/人 yuan/person | 9 691 | 10 015 | 10 456 |
| 衣　着 | Clothing | 元/人 yuan/person | 1 711 | 1 835 | 1 827 |
| 居　住 | Residence | 元/人 yuan/person | 12 137 | 13 216 | 14 749 |
| 生活用品及服务 | Household Facilities, Articles and Services | 元/人 yuan/person | 1 573 | 1 868 | 1 928 |
| 交通通信 | Transportation and Communication | 元/人 yuan/person | 4 457 | 4 447 | 4 253 |
| 教育文化娱乐 | Education, Culture and Recreation | 元/人 yuan/person | 4 046 | 4 534 | 5 087 |
| 医疗保健 | Health Care and Medical Services | 元/人 yuan/person | 2 362 | 2 840 | 2 735 |
| 其他用品及服务 | Miscellaneous Goods and Services | 元/人 yuan/person | 969 | 1 102 | 1 269 |
| **消费支出构成** | **Composition of Consumption Expenditure** | **%** | **100.0** | **100.0** | **100.0** |
| 食品烟酒 | Food, Tobacco and Liquor | % | 26.2 | 25.1 | 24.7 |
| 衣　着 | Clothing | % | 4.6 | 4.6 | 4.3 |
| 居　住 | Residence | % | 32.8 | 33.2 | 34.9 |
| 生活用品及服务 | Household Facilities, Articles and Services | % | 4.3 | 4.7 | 4.6 |
| 交通通信 | Transportation and Communication | % | 12.1 | 11.1 | 10.0 |
| 教育文化娱乐 | Education, Culture and Recreation | % | 11.0 | 11.4 | 12.0 |
| 医疗保健 | Health Care and Medical Services | % | 6.4 | 7.1 | 6.5 |
| 其他用品及服务 | Miscellaneous Goods and Services | % | 2.6 | 2.8 | 3.0 |

注：因指标口径调整，“食品烟酒”占“消费支出”比重与历史数据不可比。
Note: Because of the adjustment of the coverage of the indicators, the proportion of “Food, Tobacco and Liquor” in “Composition of Consumption Expenditure” is not comparable to historical data.

表 2-13 续表 **Continued**

| 指 标 | Indicators | 单位 Unit | 2018 年 | 2019 年 | 2020 年 | 2021 年 |
|---|---|---|---|---|---|---|
| **消费支出** | **Consumption Expenditure** | **元/人 yuan/person** | **46 015** | **48 272** | **44 839** | **51 295** |
| 食品烟酒 | Food, Tobacco and Liquor | 元/人 yuan/person | 11 104 | 11 273 | 11 515 | 12 878 |
| 衣 着 | Clothing | 元/人 yuan/person | 2 139 | 2 162 | 1 763 | 2 153 |
| 居 住 | Residence | 元/人 yuan/person | 15 376 | 16 253 | 16 465 | 17 370 |
| 生活用品及服务 | Household Facilities, Articles and Services | 元/人 yuan/person | 2 205 | 2 215 | 2 177 | 2 328 |
| 交通通信 | Transportation and Communication | 元/人 yuan/person | 5 108 | 5 626 | 4 677 | 5 721 |
| 教育文化娱乐 | Education, Culture and Recreation | 元/人 yuan/person | 5 491 | 5 966 | 3 963 | 5 090 |
| 医疗保健 | Health Care and Medical Services | 元/人 yuan/person | 3 222 | 3 332 | 3 189 | 4 063 |
| 其他用品及服务 | Miscellaneous Goods and Services | 元/人 yuan/person | 1 370 | 1 445 | 1 090 | 1 692 |
| **消费支出构成** | **Composition of Consumption Expenditure** | % | **100.0** | **100.0** | **100.0** | **100.0** |
| 食品烟酒 | Food, Tobacco and Liquor | % | 24.1 | 23.3 | 25.7 | 25.1 |
| 衣 着 | Clothing | % | 4.7 | 4.5 | 3.9 | 4.2 |
| 居 住 | Residence | % | 33.4 | 33.7 | 36.7 | 33.9 |
| 生活用品及服务 | Household Facilities, Articles and Services | % | 4.8 | 4.6 | 4.9 | 4.5 |
| 交通通信 | Transportation and Communication | % | 11.1 | 11.6 | 10.4 | 11.2 |
| 教育文化娱乐 | Education, Culture and Recreation | % | 11.9 | 12.4 | 8.9 | 9.9 |
| 医疗保健 | Health Care and Medical Services | % | 7.0 | 6.9 | 7.1 | 7.9 |
| 其他用品及服务 | Miscellaneous Goods and Services | % | 3.0 | 3.0 | 2.4 | 3.3 |

# 全市居民平均每百户主要耐用消费品拥有量
# Main Durable Goods Owned Per 100 Households Citywide

表 2-14

| 指　标 | Indicators | 单位　Unit | 2015 年 | 2016 年 | 2017 年 |
|---|---|---|---|---|---|
| 家用汽车 | Automobile | 辆 unit | 24 | 29 | 31 |
| 助力车 | Moped | 辆 unit | 58 | 65 | 67 |
| 洗衣机 | Washing Machine | 台 set | 89 | 93 | 95 |
| 电冰箱(柜) | Refrigerator | 台 set | 96 | 99 | 100 |
| 微波炉 | Microwave Oven | 台 set | 84 | 87 | 88 |
| 彩色电视机 | Colour TV Set | 台 set | 174 | 183 | 186 |
| 空　调 | Air Conditioner | 台 set | 181 | 197 | 203 |
| 热水器 | Water Heater | 台 set | 88 | 93 | 95 |
| 排油烟机 | Smoke Exhaust Ventilator | 台 set | 74 | 78 | 81 |
| 固定电话 | Telephone | 线 set | 75 | 73 | 73 |
| 移动电话 | Mobile Phone | 部 set | 217 | 228 | 230 |
| # 接入互联网 | Accessing to Internet | 部 set | 153 | 185 | 196 |
| 计算机 | Computer | 台 set | 117 | 131 | 131 |
| # 接入互联网 | Accessing to Internet | 台 set | 111 | 125 | 127 |

注：2018 年住户调查进行样本轮换，部分数据可能存在波动。
Note: Sample rotation was conducted in household survey in 2018, and some data may fluctuate.

**表 2-14 续表 Continued**

| 指 标 | Indicators | 单位 Unit | 2018 年 | 2019 年 | 2020 年 | 2021 年 |
|---|---|---|---|---|---|---|
| 家用汽车 | Automobile | 辆 unit | 37 | 39 | 39 | 44 |
| 助力车 | Moped | 辆 unit | 68 | 71 | 73 | 77 |
| 洗衣机 | Washing Machine | 台 set | 93 | 95 | 96 | 96 |
| 电冰箱(柜) | Refrigerator | 台 set | 100 | 102 | 102 | 103 |
| 微波炉 | Microwave Oven | 台 set | 85 | 86 | 86 | 84 |
| 彩色电视机 | Colour TV Set | 台 set | 173 | 177 | 176 | 172 |
| 空 调 | Air Conditioner | 台 set | 200 | 207 | 207 | 210 |
| 热水器 | Water Heater | 台 set | 95 | 97 | 98 | 99 |
| 排油烟机 | Smoke Exhaust Ventilator | 台 set | 81 | 83 | 83 | 84 |
| 固定电话 | Telephone | 线 set | 56 | 47 | 45 | 35 |
| 移动电话 | Mobile Phone | 部 set | 220 | 224 | 226 | 230 |
| #接入互联网 | Accessing to Internet | 部 set | 194 | 203 | 213 | 219 |
| 计算机 | Computer | 台 set | 99 | 105 | 105 | 98 |
| #接入互联网 | Accessing to Internet | 台 set | 95 | 101 | 101 | 95 |

# 城镇常住居民平均每百户主要耐用消费品拥有量
# Main Durable Goods Owned Per 100 Households Urban

表 2-15

| 指 标 | Indicators | 单位 Unit | 2015 年 | 2016 年 | 2017 年 |
|---|---|---|---|---|---|
| 家用汽车 | Automobile | 辆 unit | 26 | 30 | 32 |
| 助力车 | Moped | 辆 unit | 51 | 56 | 59 |
| 洗衣机 | Washing Machine | 台 set | 92 | 95 | 96 |
| 电冰箱(柜) | Refrigerator | 台 set | 97 | 100 | 101 |
| 微波炉 | Microwave Oven | 台 set | 87 | 89 | 90 |
| 彩色电视机 | Colour TV Set | 台 set | 177 | 185 | 188 |
| 空 调 | Air Conditioner | 台 set | 191 | 205 | 210 |
| 热水器 | Water Heater | 台 set | 91 | 95 | 97 |
| 排油烟机 | Smoke Exhaust Ventilator | 台 set | 79 | 82 | 85 |
| 固定电话 | Telephone | 线 set | 77 | 74 | 75 |
| 移动电话 | Mobile Phone | 部 set | 221 | 230 | 233 |
| #接入互联网 | Accessing to Internet | 部 set | 161 | 192 | 203 |
| 计算机 | Computer | 台 set | 126 | 141 | 140 |
| #接入互联网 | Accessing to Internet | 台 set | 120 | 135 | 136 |

注：2018 年住户调查进行样本轮换，部分数据可能存在波动。
Note: Sample rotation was conducted in household survey in 2018, and some data may fluctuate.

**表 2-15 续表 Continued**

| 指 标 | Indicators | 单位 Unit | 2018 年 | 2019 年 | 2020 年 | 2021 年 |
|---|---|---|---|---|---|---|
| 家用汽车 | Automobile | 辆 unit | 38 | 39 | 40 | 45 |
| 助力车 | Moped | 辆 unit | 61 | 64 | 66 | 70 |
| 洗衣机 | Washing Machine | 台 set | 94 | 96 | 97 | 97 |
| 电冰箱(柜) | Refrigerator | 台 set | 100 | 101 | 102 | 103 |
| 微波炉 | Microwave Oven | 台 set | 86 | 87 | 87 | 85 |
| 彩色电视机 | Colour TV Set | 台 set | 175 | 178 | 178 | 174 |
| 空 调 | Air Conditioner | 台 set | 207 | 213 | 214 | 216 |
| 热水器 | Water Heater | 台 set | 96 | 98 | 99 | 100 |
| 排油烟机 | Smoke Exhaust Ventilator | 台 set | 85 | 87 | 87 | 87 |
| 固定电话 | Telephone | 线 set | 56 | 47 | 46 | 37 |
| 移动电话 | Mobile Phone | 部 set | 223 | 227 | 228 | 233 |
| #接入互联网 | Accessing to Internet | 部 set | 201 | 210 | 218 | 224 |
| 计算机 | Computer | 台 set | 107 | 113 | 113 | 106 |
| #接入互联网 | Accessing to Internet | 台 set | 102 | 109 | 109 | 103 |

# 农村常住居民平均每百户主要耐用消费品拥有量
## Main Durable Goods Owned Per 100 Households Rural

表 2-16

| 指　标 | Indicators | 单位　Unit | 2015 年 | 2016 年 | 2017 年 |
|---|---|---|---|---|---|
| 家用汽车 | Automobile | 辆 unit | 14 | 21 | 24 |
| 助力车 | Moped | 辆 unit | 121 | 139 | 140 |
| 洗衣机 | Washing Machine | 台 set | 70 | 81 | 83 |
| 电冰箱(柜) | Refrigerator | 台 set | 84 | 91 | 93 |
| 微波炉 | Microwave Oven | 台 set | 65 | 73 | 73 |
| 彩色电视机 | Colour TV Set | 台 set | 148 | 166 | 169 |
| 空　调 | Air Conditioner | 台 set | 101 | 129 | 136 |
| 热水器 | Water Heater | 台 set | 66 | 76 | 79 |
| 排油烟机 | Smoke Exhaust Ventilator | 台 set | 38 | 44 | 46 |
| 固定电话 | Telephone | 线 set | 61 | 61 | 60 |
| 移动电话 | Mobile phone | 部 set | 187 | 208 | 210 |
| #接入互联网 | Accessing to Internet | 部 set | 94 | 126 | 134 |
| 计算机 | Computer | 台 set | 47 | 51 | 53 |
| #接入互联网 | Accessing to Internet | 台 set | 40 | 47 | 50 |

注：2018 年住户调查进行样本轮换，部分数据可能存在波动。
Note: Sample rotation was conducted in household survey in 2018, and some data may fluctuate.

**表 2-16 续表 Continued**

| 指 标 | Indicators | 单位 Unit | 2018 年 | 2019 年 | 2020 年 | 2021 年 |
|---|---|---|---|---|---|---|
| 家用汽车 | Automobile | 辆 unit | 28 | 32 | 35 | 41 |
| 助力车 | Moped | 辆 unit | 129 | 130 | 132 | 137 |
| 洗衣机 | Washing Machine | 台 set | 83 | 86 | 85 | 90 |
| 电冰箱(柜) | Refrigerator | 台 set | 101 | 104 | 103 | 104 |
| 微波炉 | Microwave Oven | 台 set | 75 | 77 | 74 | 76 |
| 彩色电视机 | Colour TV Set | 台 set | 162 | 170 | 161 | 157 |
| 空 调 | Air Conditioner | 台 set | 142 | 156 | 152 | 163 |
| 热水器 | Water Heater | 台 set | 85 | 90 | 92 | 89 |
| 排油烟机 | Smoke Exhaust Ventilator | 台 set | 49 | 55 | 53 | 57 |
| 固定电话 | Telephone | 线 set | 50 | 41 | 36 | 21 |
| 移动电话 | Mobile phone | 部 set | 197 | 203 | 207 | 208 |
| #接入互联网 | Accessing to Internet | 部 set | 133 | 147 | 169 | 180 |
| 计算机 | Computer | 台 set | 37 | 40 | 41 | 31 |
| #接入互联网 | Accessing to Internet | 台 set | 35 | 37 | 38 | 29 |

# 分区居民人均可支配收入
## Per Capita Disposable Income by Districts

表 2-17　　　　单位：元/人（Unit：yuan/person）

| 区 | District | 2015 年 | 2016 年 | 2017 年 | 2018 年 | 2019 年 | 2020 年 | 2021 年 |
|---|---|---|---|---|---|---|---|---|
| 浦东新区 | Pudong New Area | 50 726 | 55 776 | 60 715 | 66 179 | 71 647 | 74 627 | 80 746 |
| 闵 行 区 | Minhang | 50 912 | 55 851 | 60 736 | 66 385 | 71 820 | 74 736 | 80 790 |
| 宝 山 区 | Baoshan | 48 499 | 53 371 | 58 249 | 63 491 | 68 721 | 71 456 | 77 530 |
| 嘉 定 区 | Jiading | 40 830 | 44 876 | 48 944 | 53 545 | 58 277 | 60 713 | 65 874 |
| 金 山 区 | Jinshan | 32 336 | 35 602 | 38 780 | 42 281 | 45 973 | 48 010 | 52 331 |
| 松 江 区 | Songjiang | 39 529 | 43 517 | 47 667 | 52 195 | 56 838 | 59 515 | 64 812 |
| 青 浦 区 | Qingpu | 36 188 | 39 614 | 43 225 | 47 336 | 51 563 | 53 744 | 58 688 |
| 奉 贤 区 | Fengxian | 33 062 | 36 680 | 39 987 | 43 586 | 47 396 | 49 439 | 54 086 |
| 崇 明 区 | Chongming | 27 380 | 30 503 | 33 489 | 36 647 | 39 953 | 41 990 | 45 979 |

# 分区居民人均可支配收入增幅
# Growth Rate of Per Capita Disposable Income by Districts

**表 2-18** 单位:%(Unit:%)

| 区 | District | 2015 年 | 2016 年 | 2017 年 | 2018 年 | 2019 年 | 2020 年 | 2021 年 |
|---|---|---|---|---|---|---|---|---|
| 浦东新区 | Pudong New Area | 8.6 | 10.0 | 8.9 | 9.0 | 8.3 | 4.2 | 8.2 |
| 闵 行 区 | Minhang | 8.8 | 9.7 | 8.7 | 9.3 | 8.2 | 4.1 | 8.1 |
| 宝 山 区 | Baoshan | 8.9 | 10.0 | 9.1 | 9.0 | 8.2 | 4.0 | 8.5 |
| 嘉 定 区 | Jiading | 8.7 | 9.9 | 9.1 | 9.4 | 8.8 | 4.2 | 8.5 |
| 金 山 区 | Jinshan | 8.6 | 10.1 | 8.9 | 9.0 | 8.7 | 4.4 | 9.0 |
| 松 江 区 | Songjiang | 9.0 | 10.1 | 9.5 | 9.5 | 8.9 | 4.7 | 8.9 |
| 青 浦 区 | Qingpu | 8.8 | 9.5 | 9.1 | 9.5 | 8.9 | 4.2 | 9.2 |
| 奉 贤 区 | Fengxian | 9.0 | 10.9 | 9.0 | 9.0 | 8.7 | 4.3 | 9.4 |
| 崇 明 区 | Chongming | 9.1 | 11.4 | 9.8 | 9.4 | 9.0 | 5.1 | 9.5 |

# 第二部分　历年城镇和农村住户调查主要数据
# （老口径，表 2-19 到表 2-40）

# Part 2　Main Data from Historical Urban and Rural Household Survey（Old Statistical Scale, from Chart 2-19 to 2-40）

# 城乡居民家庭人均可支配收入和消费支出(1978~2014)
# Per Capita Disposable Income and Consumption Expenditures of Urban and Rural Households

**表 2-19** 单位:元(Unit:yuan)

| 年 份<br>Year | 人均可支配收入 Per Capita Disposable Income | | | 人均消费支出 Per Capita Consumption Expenditures | | |
|---|---|---|---|---|---|---|
| | 城市居民<br>Urban Residents | 农村居民<br>Rural Residents | 城乡居民收入比<br>(农村居民收入=100)<br>Ratio of Urban-Rural Residents' Income<br>(Rural Residents' Disposable Income=100) | 城市居民<br>Urban Residents | 农村居民<br>Rural Residents | 城乡居民消费支出比<br>(农村居民消费=100)<br>Ratio of Urban-Rural Residents' Consumption Expenditures<br>(Rural Residents' Consumption Expenditures=100) |
| 1978 | 406 | 281 | 144.5 | 357 | 193 | 185.0 |
| 1979 | 481 | 360 | 133.6 | 429 | 247 | 173.4 |
| 1980 | 637 | 401 | 158.9 | 553 | 323 | 171.2 |
| 1981 | 637 | 444 | 143.5 | 585 | 390 | 150.0 |
| 1982 | 659 | 536 | 122.9 | 576 | 444 | 129.7 |
| 1983 | 686 | 562 | 122.1 | 615 | 512 | 120.1 |
| 1984 | 834 | 785 | 106.2 | 726 | 619 | 117.3 |
| 1985 | 1 075 | 806 | 133.4 | 992 | 778 | 127.5 |
| 1986 | 1 293 | 936 | 138.1 | 1 170 | 896 | 130.6 |
| 1987 | 1 437 | 1 059 | 135.7 | 1 282 | 977 | 131.2 |
| 1988 | 1 723 | 1 301 | 132.4 | 1 648 | 1 229 | 134.1 |
| 1989 | 1 976 | 1 520 | 130.0 | 1 812 | 1 319 | 137.4 |
| 1990 | 2 183 | 1 665 | 131.1 | 1 937 | 1 262 | 153.5 |
| 1991 | 2 486 | 2 003 | 124.1 | 2 167 | 1 540 | 140.7 |
| 1992 | 3 009 | 2 226 | 135.2 | 2 509 | 1 967 | 127.6 |
| 1993 | 4 277 | 2 727 | 156.8 | 3 530 | 2 200 | 160.5 |
| 1994 | 5 868 | 3 437 | 170.7 | 4 669 | 2 715 | 172.0 |
| 1995 | 7 172 | 4 246 | 168.9 | 5 868 | 3 368 | 174.2 |
| 1996 | 8 159 | 4 846 | 168.4 | 6 763 | 3 868 | 174.8 |
| 1997 | 8 439 | 5 277 | 159.9 | 6 820 | 4 228 | 161.3 |
| 1998 | 8 773 | 5 407 | 162.3 | 6 866 | 4 207 | 163.2 |
| 1999 | 10 932 | 5 481 | 199.5 | 8 248 | 3 867 | 213.3 |
| 2000 | 11 718 | 5 565 | 210.6 | 8 868 | 4 138 | 214.3 |
| 2001 | 12 883 | 5 850 | 220.2 | 9 336 | 4 753 | 196.4 |
| 2002 | 13 250 | 6 212 | 213.3 | 10 464 | 5 311 | 197.0 |
| 2003 | 14 867 | 6 658 | 223.3 | 11 040 | 5 670 | 194.7 |
| 2004 | 16 683 | 7 337 | 227.4 | 12 631 | 6 329 | 199.6 |
| 2005 | 18 645 | 8 342 | 223.5 | 13 773 | 7 265 | 189.6 |
| 2006 | 20 668 | 9 213 | 224.3 | 14 762 | 8 006 | 184.4 |
| 2007 | 23 623 | 10 222 | 231.1 | 17 255 | 8 845 | 195.1 |
| 2008 | 26 675 | 11 385 | 234.3 | 19 398 | 9 115 | 212.8 |
| 2009 | 28 838 | 12 324 | 234.0 | 20 992 | 9 804 | 214.1 |
| 2010 | 31 838 | 13 746 | 231.6 | 23 200 | 10 225 | 226.9 |
| 2011 | 36 230 | 15 644 | 231.6 | 25 102 | 11 272 | 222.7 |
| 2012 | 40 188 | 17 401 | 231.0 | 26 253 | 12 096 | 217.0 |
| 2013 | 43 851 | 19 208 | 228.3 | 28 155 | 13 425 | 209.7 |
| 2014 | 47 710 | 21 192 | 225.1 | 30 520 | 15 291 | 199.6 |

注:2000 年前农村居民平均每人可支配收入按纯收入口径计算。
Note: Before 2000, per capita disposable income of rural residents refers to the net income.

# 城乡居民家庭人均收入消费名义指数(1980~2014)
# Nominal Indices of Per Capita Disposable Income and Consumption Expenditures of Urban and Rural Households

表 2-20

| 年 份<br>Year | 可支配收入指数<br>Nominal Indices of Per Capita Disposable Income<br>(1980=100) | | 消费支出指数<br>Nominal Indices of Per Capita Consumption Expenditures<br>(1980=100) | |
|---|---|---|---|---|
| | 城市居民<br>Urban Residents | 农村居民<br>Rural Residents | 城市居民<br>Urban Residents | 农村居民<br>Rural Residents |
| 1980 | 100.0 | 100.0 | 100.0 | 100.0 |
| 1981 | 100.0 | 110.7 | 105.7 | 120.7 |
| 1982 | 103.5 | 133.7 | 104.1 | 137.5 |
| 1983 | 107.7 | 140.1 | 111.3 | 158.5 |
| 1984 | 131.0 | 195.8 | 131.3 | 191.6 |
| 1985 | 168.8 | 201.0 | 179.4 | 240.9 |
| 1986 | 203.1 | 233.4 | 211.7 | 277.4 |
| 1987 | 225.6 | 264.1 | 231.9 | 302.5 |
| 1988 | 270.6 | 324.4 | 298.1 | 380.5 |
| 1989 | 310.2 | 379.1 | 327.8 | 408.4 |
| 1990 | 342.7 | 415.2 | 350.4 | 390.7 |
| 1991 | 390.3 | 499.5 | 391.9 | 476.8 |
| 1992 | 472.5 | 555.1 | 453.9 | 609.0 |
| 1993 | 671.7 | 680.0 | 638.5 | 681.1 |
| 1994 | 921.5 | 857.1 | 844.4 | 840.6 |
| 1995 | 1 126.2 | 1 058.9 | 1 061.3 | 1 042.7 |
| 1996 | 1 281.1 | 1 208.5 | 1 223.2 | 1 197.5 |
| 1997 | 1 325.1 | 1 316.0 | 1 233.5 | 1 309.0 |
| 1998 | 1 377.6 | 1 348.4 | 1 241.9 | 1 302.5 |
| 1999 | 1 716.5 | 1 366.8 | 1 491.7 | 1 197.2 |
| 2000 | 1 840.0 | 1 387.8 | 1 603.9 | 1 281.1 |
| 2001 | 2 023.0 | 1 458.9 | 1 688.5 | 1 471.5 |
| 2002 | 2 255.6 | 1 549.1 | 1 881.0 | 1 644.3 |
| 2003 | 2 530.9 | 1 660.3 | 1 984.7 | 1 755.4 |
| 2004 | 2 840.0 | 1 829.7 | 2 270.6 | 1 959.4 |
| 2005 | 3 174.0 | 2 080.3 | 2 476.0 | 2 249.2 |
| 2006 | 3 518.3 | 2 297.5 | 2 653.7 | 2 478.6 |
| 2007 | 4 021.3 | 2 549.1 | 3 101.9 | 2 738.4 |
| 2008 | 4 540.9 | 2 839.2 | 3 487.1 | 2 822.0 |
| 2009 | 4 909.1 | 3 073.3 | 3 773.7 | 3 035.3 |
| 2010 | 5 419.1 | 3 427.9 | 4 195.3 | 3 165.6 |
| 2011 | 6 167.6 | 3 901.2 | 4 539.2 | 3 489.8 |
| 2012 | 6 841.3 | 4 339.4 | 4 719.5 | 3 744.9 |
| 2013 | 7 464.9 | 4 790.0 | 5 061.3 | 4 156.3 |
| 2014 | 8 121.8 | 5 284.8 | 5 486.5 | 4 734.1 |

注：城市和农村居民收入消费名义指数以1980年为100,未扣除价格因素。

Note: The 1980 nominal index of per capita disposable income and consumption expenditures of urban and rural households is set at 100, without excluding the price factors.

# 城乡居民家庭人均收入消费实际指数(1980~2014)
# Real Indices of Per Capita Disposable Income and Consumption Expenditures of Urban and Rural Households

**表 2-21**

| 年 份<br>Year | 可支配收入指数<br>Real Indices of Per Capita Disposable Income<br>(1980=100) | | 消费支出指数<br>Real Indices of Per Capita Consumption Expenditures<br>(1980=100) | |
|---|---|---|---|---|
| | 城市居民<br>Urban Residents | 农村居民<br>Rural Residents | 城市居民<br>Urban Residents | 农村居民<br>Rural Residents |
| 1980 | 100.0 | 100.0 | 100.0 | 100.0 |
| 1981 | 98.6 | 109.3 | 104.2 | 119.2 |
| 1982 | 101.8 | 131.5 | 102.4 | 135.2 |
| 1983 | 105.7 | 137.6 | 109.2 | 155.6 |
| 1984 | 125.8 | 188.0 | 126.1 | 184.1 |
| 1985 | 140.7 | 167.6 | 149.5 | 200.8 |
| 1986 | 159.2 | 183.1 | 166.0 | 217.6 |
| 1987 | 163.7 | 191.7 | 168.2 | 219.5 |
| 1988 | 163.4 | 196.1 | 180.1 | 229.9 |
| 1989 | 161.6 | 197.6 | 170.8 | 212.8 |
| 1990 | 168.0 | 203.6 | 171.7 | 191.6 |
| 1991 | 173.1 | 221.7 | 173.9 | 211.6 |
| 1992 | 190.5 | 223.9 | 183.0 | 245.7 |
| 1993 | 225.4 | 228.2 | 214.2 | 228.6 |
| 1994 | 249.5 | 232.2 | 228.7 | 227.7 |
| 1995 | 256.9 | 241.7 | 242.1 | 238.0 |
| 1996 | 267.6 | 252.6 | 255.5 | 250.3 |
| 1997 | 269.3 | 267.5 | 250.7 | 266.1 |
| 1998 | 280.0 | 274.1 | 252.4 | 264.8 |
| 1999 | 343.7 | 273.8 | 298.7 | 239.8 |
| 2000 | 359.4 | 271.2 | 313.3 | 250.4 |
| 2001 | 395.2 | 285.1 | 329.8 | 287.6 |
| 2002 | 438.4 | 301.2 | 365.6 | 319.7 |
| 2003 | 491.4 | 322.5 | 385.4 | 341.0 |
| 2004 | 539.6 | 347.9 | 431.4 | 372.6 |
| 2005 | 597.1 | 391.8 | 465.8 | 423.6 |
| 2006 | 654.0 | 427.5 | 493.3 | 461.2 |
| 2007 | 724.3 | 459.9 | 558.7 | 494.0 |
| 2008 | 773.1 | 484.2 | 593.6 | 481.3 |
| 2009 | 839.1 | 526.2 | 645.0 | 519.7 |
| 2010 | 898.6 | 569.1 | 691.4 | 525.8 |
| 2011 | 972.0 | 615.9 | 711.1 | 550.8 |
| 2012 | 1 048.8 | 666.2 | 723.5 | 564.5 |
| 2013 | 1 118.6 | 718.9 | 758.4 | 612.5 |
| 2014 | 1 185.1 | 772.3 | 800.5 | 679.3 |

注：人均可支配收入和消费支出实际指数是扣除价格因素后按同口径计算的。

Note: The real indices of per capita disposable income and consumption expenditures are calculated according to the same scale after deducting the price factors.

# 城乡居民家庭人均消费支出项目比较(1978~2014)

表 2-22

| 年 份<br>Year | 食 品<br>Food | | 衣 着<br>Clothing | | 家庭设备用品及服务<br>Household Facilities, Articles and Services | | 医疗保健<br>Health Care and Medical Services | |
|---|---|---|---|---|---|---|---|---|
| | 城市居民<br>Urban Residents | 农村居民<br>Rural Residents | 城市居民<br>Urban Residents | 农村居民<br>Rural Residents | 城市居民<br>Urban Residents | 农村居民<br>Rural Residents | 城市居民<br>Urban Residents | 农村居民<br>Rural Residents |
| 1978 | 200 | 117 | 52 | 29 | 26 | 12 | 4 | |
| 1979 | 242 | 137 | 63 | 37 | 30 | 13 | 5 | |
| 1980 | 310 | 167 | 79 | 35 | 50 | 5 | 7 | |
| 1981 | 332 | 198 | 89 | 43 | 53 | 11 | 6 | |
| 1982 | 339 | 221 | 82 | 39 | 51 | 13 | 6 | |
| 1983 | 360 | 241 | 90 | 46 | 55 | 43 | 6 | 4 |
| 1984 | 410 | 287 | 120 | 48 | 68 | 42 | 3 | 6 |
| 1985 | 517 | 341 | 148 | 67 | 131 | 65 | 5 | 8 |
| 1986 | 617 | 406 | 158 | 74 | 164 | 73 | 4 | 10 |
| 1987 | 698 | 450 | 181 | 81 | 165 | 94 | 6 | 9 |
| 1988 | 868 | 488 | 244 | 110 | 232 | 174 | 7 | 18 |
| 1989 | 1 011 | 558 | 208 | 111 | 215 | 159 | 9 | 23 |
| 1990 | 1 095 | 586 | 208 | 107 | 196 | 129 | 11 | 33 |
| 1991 | 1 234 | 739 | 238 | 134 | 220 | 151 | 14 | 35 |
| 1992 | 1 403 | 853 | 277 | 148 | 196 | 232 | 37 | 45 |
| 1993 | 1 873 | 1 022 | 414 | 157 | 295 | 259 | 68 | 50 |
| 1994 | 2 497 | 1 315 | 483 | 213 | 427 | 267 | 84 | 75 |
| 1995 | 3 131 | 1 491 | 561 | 233 | 637 | 284 | 113 | 73 |
| 1996 | 3 429 | 1 657 | 590 | 256 | 614 | 363 | 148 | 108 |
| 1997 | 3 526 | 1 756 | 552 | 267 | 525 | 338 | 197 | 174 |
| 1998 | 3 477 | 1 775 | 472 | 239 | 453 | 369 | 261 | 170 |
| 1999 | 3 731 | 1 669 | 551 | 202 | 772 | 389 | 347 | 160 |
| 2000 | 3 947 | 1 823 | 567 | 201 | 683 | 225 | 501 | 209 |
| 2001 | 4 056 | 1 915 | 577 | 226 | 579 | 294 | 558 | 265 |
| 2002 | 4 120 | 1 872 | 613 | 226 | 653 | 281 | 734 | 280 |
| 2003 | 4 102 | 2 004 | 751 | 250 | 792 | 297 | 603 | 333 |
| 2004 | 4 593 | 2 191 | 797 | 280 | 780 | 344 | 762 | 425 |
| 2005 | 4 940 | 2 676 | 940 | 367 | 800 | 458 | 797 | 562 |
| 2006 | 5 249 | 3 024 | 1 027 | 418 | 877 | 481 | 763 | 549 |
| 2007 | 6 125 | 3 259 | 1 330 | 476 | 959 | 452 | 857 | 571 |
| 2008 | 7 109 | 3 732 | 1 521 | 467 | 1 182 | 504 | 755 | 697 |
| 2009 | 7 345 | 3 639 | 1 593 | 496 | 1 365 | 481 | 1 002 | 739 |
| 2010 | 7 777 | 3 807 | 1 794 | 554 | 1 800 | 528 | 1 006 | 585 |
| 2011 | 8 906 | 4 517 | 2 054 | 644 | 1 826 | 649 | 1 141 | 909 |
| 2012 | 9 656 | 4 837 | 2 111 | 704 | 1 906 | 646 | 1 017 | 1 029 |
| 2013 | 9 823 | 5 334 | 2 032 | 771 | 1 706 | 694 | 1 350 | 1 181 |
| 2014 | 10 677 | 6 188 | 2 038 | 801 | 1 779 | 712 | 1 449 | 1 308 |

# Items Comparison of Per Capita Consumption Expenditures of Urban and Rural Households

单位:元 (Unit: yuan)

| 交通和通信 Transport and Communication | | 教育文化娱乐服务 Education, Culture and Recreation services | | 居 住 Housing | | 其他商品及服务 Miscellaneous Goods and Services | |
|---|---|---|---|---|---|---|---|
| 城市居民 Urban Residents | 农村居民 Rural Residents | 城市居民 Urban Residents | 农村居民 Rural Residents | 城市居民 Urban Residents | 农村居民 Rural Residents | 城市居民 Urban Residents | 农村居民 Rural Residents |
| 13 | | 30 | | 17 | 25 | 15 | 10 |
| 16 | | 33 | | 21 | 50 | 19 | 10 |
| 20 | | 49 | | 26 | 82 | 12 | 34 |
| 23 | | 38 | | 28 | 96 | 16 | 42 |
| 23 | | 33 | | 34 | 128 | 8 | 43 |
| 25 | 1 | 37 | 6 | 33 | 165 | 9 | 6 |
| 28 | 2 | 46 | 12 | 36 | 215 | 15 | 7 |
| 30 | 2 | 91 | 34 | 43 | 254 | 27 | 7 |
| 32 | 4 | 111 | 40 | 48 | 286 | 36 | 3 |
| 38 | 3 | 108 | 39 | 60 | 287 | 26 | 14 |
| 41 | 4 | 145 | 50 | 71 | 343 | 40 | 42 |
| 48 | 4 | 193 | 68 | 74 | 344 | 54 | 52 |
| 58 | 6 | 231 | 59 | 90 | 272 | 48 | 70 |
| 62 | 15 | 216 | 85 | 118 | 324 | 65 | 57 |
| 114 | 31 | 220 | 121 | 164 | 451 | 98 | 86 |
| 211 | 65 | 321 | 220 | 208 | 357 | 140 | 70 |
| 292 | 79 | 381 | 222 | 333 | 454 | 172 | 90 |
| 321 | 159 | 508 | 256 | 401 | 761 | 196 | 111 |
| 496 | 200 | 827 | 347 | 416 | 816 | 243 | 121 |
| 397 | 240 | 828 | 414 | 605 | 921 | 190 | 118 |
| 406 | 226 | 893 | 463 | 674 | 876 | 230 | 89 |
| 583 | 197 | 1 094 | 474 | 842 | 681 | 328 | 95 |
| 759 | 279 | 1 287 | 559 | 794 | 724 | 330 | 118 |
| 958 | 340 | 1 422 | 673 | 796 | 890 | 390 | 150 |
| 1 115 | 462 | 1 668 | 661 | 1 189 | 1 392 | 372 | 137 |
| 1 259 | 587 | 1 834 | 676 | 1 280 | 1 437 | 419 | 86 |
| 1 703 | 720 | 2 195 | 806 | 1 327 | 1 446 | 474 | 117 |
| 1 984 | 739 | 2 273 | 936 | 1 412 | 1 323 | 627 | 204 |
| 2 333 | 780 | 2 432 | 920 | 1 436 | 1 658 | 645 | 176 |
| 3 154 | 884 | 2 654 | 857 | 1 412 | 2 097 | 764 | 249 |
| 3 373 | 880 | 2 875 | 850 | 1 646 | 1 806 | 937 | 179 |
| 3 499 | 1 212 | 3 139 | 943 | 1 913 | 2 103 | 1 136 | 191 |
| 4 076 | 1 459 | 3 363 | 1 012 | 2 166 | 2 070 | 1 218 | 210 |
| 3 808 | 1 309 | 3 746 | 1 139 | 2 226 | 1 806 | 1 395 | 299 |
| 4 564 | 1 705 | 3 724 | 1 088 | 1 790 | 1 834 | 1 485 | 253 |
| 4 736 | 1 719 | 4 122 | 964 | 2 848 | 2 260 | 1 538 | 502 |
| 4 885 | 1 891 | 4 931 | 1 069 | 3 031 | 2 747 | 1 730 | 575 |

# 城市居民家庭生活基本情况(1978~2014)

表 2-23

| 年　份<br>Year | 调查户数(户)<br>Number of Households Surveyed (household) | 平均每一就业者负担人数(人)<br>Number of Dependents Per Employee (person) | 平均每户就业面(%)<br>Proportion of Employment per Household (%) |
|---|---|---|---|
| 1978 | 500 | 1.68 | 59.5 |
| 1979 | 500 | 1.63 | 61.5 |
| 1980 | 500 | 1.68 | 59.4 |
| 1981 | 500 | 1.64 | 60.8 |
| 1982 | 500 | 1.63 | 61.5 |
| 1983 | 500 | 1.59 | 63.0 |
| 1984 | 500 | 1.56 | 64.2 |
| 1985 | 500 | 1.64 | 61.0 |
| 1986 | 500 | 1.59 | 62.8 |
| 1987 | 500 | 1.61 | 62.0 |
| 1988 | 500 | 1.63 | 61.5 |
| 1989 | 500 | 1.64 | 61.2 |
| 1990 | 500 | 1.64 | 60.9 |
| 1991 | 500 | 1.66 | 60.1 |
| 1992 | 500 | 1.69 | 59.2 |
| 1993 | 500 | 1.71 | 58.4 |
| 1994 | 500 | 1.82 | 55.0 |
| 1995 | 500 | 1.88 | 53.1 |
| 1996 | 500 | 1.94 | 51.5 |
| 1997 | 500 | 1.94 | 51.6 |
| 1998 | 500 | 1.96 | 51.1 |
| 1999 | 500 | 1.78 | 56.2 |
| 2000 | 500 | 1.85 | 53.9 |
| 2001 | 500 | 1.94 | 51.7 |
| 2002 | 500 | 1.91 | 52.4 |
| 2003 | 500 | 1.93 | 51.8 |
| 2004 | 1 000 | 1.99 | 50.3 |
| 2005 | 1 000 | 1.94 | 51.5 |
| 2006 | 1 000 | 1.89 | 53.0 |
| 2007 | 1 000 | 1.84 | 54.5 |
| 2008 | 1 000 | 1.82 | 54.9 |
| 2009 | 1 000 | 1.83 | 54.6 |
| 2010 | 1 000 | 1.81 | 55.2 |
| 2011 | 1 000 | 1.84 | 54.5 |
| 2012 | 1 000 | 1.86 | 53.6 |
| 2013 | 1 000 | 1.81 | 55.2 |
| 2014 | 1 000 | 1.83 | 54.7 |

# Basic Conditions of Urban Households

| 人均可支配收入（元）Per Capita Disposable Income（yuan） | 人均消费支出（元）Per Capita Consumption Expenditures（yuan） | 恩格尔系数（%）Engel Coefficient（%） | 平均消费倾向（%）Average Propensity to Consume（%） |
|---|---|---|---|
| 406 | 357 | 56.0 | 87.9 |
| 481 | 429 | 56.4 | 89.2 |
| 637 | 553 | 56.0 | 86.8 |
| 637 | 585 | 56.8 | 91.8 |
| 659 | 576 | 58.9 | 87.4 |
| 686 | 615 | 58.5 | 89.7 |
| 834 | 726 | 56.5 | 87.1 |
| 1 075 | 992 | 52.1 | 92.3 |
| 1 293 | 1 170 | 52.7 | 90.5 |
| 1 437 | 1 282 | 54.4 | 89.2 |
| 1 723 | 1 648 | 52.7 | 95.6 |
| 1 976 | 1 812 | 55.8 | 91.7 |
| 2 183 | 1 937 | 56.5 | 88.7 |
| 2 486 | 2 167 | 56.9 | 87.2 |
| 3 009 | 2 509 | 55.9 | 83.4 |
| 4 277 | 3 530 | 53.1 | 82.5 |
| 5 868 | 4 669 | 53.5 | 79.6 |
| 7 172 | 5 868 | 53.4 | 81.8 |
| 8 159 | 6 763 | 50.7 | 82.9 |
| 8 439 | 6 820 | 51.7 | 80.8 |
| 8 773 | 6 866 | 50.6 | 78.3 |
| 10 932 | 8 248 | 45.2 | 75.4 |
| 11 718 | 8 868 | 44.5 | 75.7 |
| 12 883 | 9 336 | 43.4 | 72.5 |
| 13 250 | 10 464 | 39.4 | 79.0 |
| 14 867 | 11 040 | 37.2 | 74.3 |
| 16 683 | 12 631 | 36.4 | 75.7 |
| 18 645 | 13 773 | 35.9 | 73.9 |
| 20 668 | 14 762 | 35.6 | 71.4 |
| 23 623 | 17 255 | 35.5 | 73.0 |
| 26 675 | 19 398 | 36.6 | 72.7 |
| 28 838 | 20 992 | 35.0 | 72.8 |
| 31 838 | 23 200 | 33.5 | 72.9 |
| 36 230 | 25 102 | 35.5 | 69.3 |
| 40 188 | 26 253 | 36.8 | 65.3 |
| 43 851 | 28 155 | 34.9 | 64.2 |
| 47 710 | 30 520 | 35.0 | 64.0 |

# 城市居民家庭人均可支配收入及来源(1980~2014)
# Per Capita Disposable Income and Sources of Urban Households

表 2-24　　单位:元（Unit: yuan）

| 年　份<br>Year | 人均可支配收入<br>Average Per Capita Disposable Income | 工资性收入<br>Income from Wages and Salaries | 经营净收入<br>Net Income from Household Business | 财产性收入<br>Property Income | 转移性收入<br>Transferred Income |
|---|---|---|---|---|---|
| 1980 | 637 | 551 | | | 86 |
| 1981 | 637 | 567 | | | 70 |
| 1982 | 659 | 584 | … | | 75 |
| 1983 | 686 | 607 | … | | 79 |
| 1984 | 834 | 754 | … | | 80 |
| 1985 | 1 075 | 794 | 1 | | 280 |
| 1986 | 1 293 | 954 | 1 | | 338 |
| 1987 | 1 437 | 1 049 | 2 | | 386 |
| 1988 | 1 723 | 1 262 | 2 | 12 | 447 |
| 1989 | 1 976 | 1 447 | 2 | 18 | 509 |
| 1990 | 2 183 | 1 548 | 1 | 21 | 613 |
| 1991 | 2 486 | 1 780 | | 29 | 677 |
| 1992 | 3 009 | 2 138 | 3 | 44 | 824 |
| 1993 | 4 277 | 3 099 | 4 | 37 | 1 137 |
| 1994 | 5 868 | 4 224 | 28 | 54 | 1 562 |
| 1995 | 7 172 | 5 002 | 69 | 92 | 2 009 |
| 1996 | 8 159 | 5 889 | 87 | 61 | 2 122 |
| 1997 | 8 439 | 5 969 | 150 | 69 | 2 251 |
| 1998 | 8 773 | 6 004 | 98 | 57 | 2 614 |
| 1999 | 10 932 | 7 326 | 156 | 68 | 3 382 |
| 2000 | 11 718 | 7 832 | 120 | 65 | 3 701 |
| 2001 | 12 883 | 7 975 | 119 | 39 | 4 750 |
| 2002 | 13 250 | 7 915 | 436 | 94 | 4 805 |
| 2003 | 14 867 | 10 097 | 377 | 130 | 4 263 |
| 2004 | 16 683 | 11 422 | 507 | 215 | 4 539 |
| 2005 | 18 645 | 12 409 | 798 | 292 | 5 146 |
| 2006 | 20 668 | 13 962 | 959 | 300 | 5 447 |
| 2007 | 23 623 | 16 598 | 1 158 | 369 | 5 498 |
| 2008 | 26 675 | 18 909 | 1 399 | 369 | 5 998 |
| 2009 | 28 838 | 19 811 | 1 435 | 474 | 7 118 |
| 2010 | 31 838 | 21 745 | 1 628 | 511 | 7 954 |
| 2011 | 36 230 | 24 454 | 1 994 | 633 | 9 149 |
| 2012 | 40 188 | 26 752 | 2 267 | 576 | 10 593 |
| 2013 | 43 851 | 28 518 | 2 317 | 788 | 12 228 |
| 2014 | 47 710 | 30 629 | 2 345 | 846 | 13 890 |

# 城市居民家庭人均可支配收入构成(1980~2014)
# Composition of Per Capita Disposable Income of Urban Households

表 2-25　　单位:%(Unit: %)

| 年　份<br>Year | 人均可支配收入<br>Average Per Capita Disposable Income | 工资性收入<br>Income from Wages and Salaries | 经营净收入<br>Net Income from Household Business | 财产性收入<br>Property Income | 转移性收入<br>Transferred Income |
|---|---|---|---|---|---|
| 1980 | 100.0 | 86.5 | | | 13.5 |
| 1981 | 100.0 | 89.0 | | | 11.0 |
| 1982 | 100.0 | 88.6 | … | | 11.4 |
| 1983 | 100.0 | 88.5 | … | | 11.5 |
| 1984 | 100.0 | 90.4 | … | | 9.6 |
| 1985 | 100.0 | 73.9 | 0.1 | | 26.0 |
| 1986 | 100.0 | 73.8 | 0.1 | | 26.1 |
| 1987 | 100.0 | 73.0 | 0.1 | | 26.9 |
| 1988 | 100.0 | 73.3 | 0.1 | 0.7 | 25.9 |
| 1989 | 100.0 | 73.2 | 0.1 | 0.9 | 25.8 |
| 1990 | 100.0 | 70.9 | … | 1.0 | 28.1 |
| 1991 | 100.0 | 71.6 | | 1.2 | 27.2 |
| 1992 | 100.0 | 71.0 | 0.1 | 1.5 | 27.4 |
| 1993 | 100.0 | 72.4 | 0.1 | 0.9 | 26.6 |
| 1994 | 100.0 | 72.0 | 0.5 | 0.9 | 26.6 |
| 1995 | 100.0 | 69.7 | 1.0 | 1.3 | 28.0 |
| 1996 | 100.0 | 72.2 | 1.1 | 0.7 | 26.0 |
| 1997 | 100.0 | 70.7 | 1.8 | 0.8 | 26.7 |
| 1998 | 100.0 | 68.4 | 1.1 | 0.7 | 29.8 |
| 1999 | 100.0 | 67.0 | 1.4 | 0.6 | 31.0 |
| 2000 | 100.0 | 66.8 | 1.0 | 0.6 | 31.6 |
| 2001 | 100.0 | 61.9 | 0.9 | 0.3 | 36.9 |
| 2002 | 100.0 | 59.7 | 3.3 | 0.7 | 36.3 |
| 2003 | 100.0 | 67.9 | 2.5 | 0.9 | 28.7 |
| 2004 | 100.0 | 68.5 | 3.0 | 1.3 | 27.2 |
| 2005 | 100.0 | 66.5 | 4.3 | 1.6 | 27.6 |
| 2006 | 100.0 | 67.6 | 4.6 | 1.4 | 26.4 |
| 2007 | 100.0 | 70.2 | 4.9 | 1.6 | 23.3 |
| 2008 | 100.0 | 70.9 | 5.2 | 1.4 | 22.5 |
| 2009 | 100.0 | 68.7 | 5.0 | 1.6 | 24.7 |
| 2010 | 100.0 | 68.3 | 5.1 | 1.6 | 25.0 |
| 2011 | 100.0 | 67.5 | 5.5 | 1.7 | 25.3 |
| 2012 | 100.0 | 66.6 | 5.6 | 1.4 | 26.4 |
| 2013 | 100.0 | 65.0 | 5.3 | 1.8 | 27.9 |
| 2014 | 100.0 | 64.2 | 4.9 | 1.8 | 29.1 |

# 按收入水平分组城市居民家庭人均可支配收入(1985~2014)
# Per Capita Disposable Income of Urban Households by 5 Income Levels

**表 2-26** 单位:元 (Unit: yuan)

| 年 份<br>Year | 总平均<br>Total Average | 低收入户<br>Low Income | 较低收入户<br>Medium-low Income | 中间收入户<br>Medium Income | 较高收入户<br>Medium-high Income | 高收入户<br>High Income |
|---|---|---|---|---|---|---|
| 1985 | 1 075 | 744 | 918 | 1 043 | 1 216 | 1 506 |
| 1986 | 1 293 | 923 | 1 106 | 1 256 | 1 445 | 1 796 |
| 1987 | 1 437 | 1 007 | 1 231 | 1 380 | 1 610 | 2 086 |
| 1988 | 1 723 | 1 190 | 1 451 | 1 678 | 1 953 | 2 519 |
| 1989 | 1 976 | 1 351 | 1 664 | 1 919 | 2 230 | 2 872 |
| 1990 | 2 183 | 1 518 | 1 836 | 2 104 | 2 470 | 3 128 |
| 1991 | 2 486 | 1 683 | 2 092 | 2 434 | 2 754 | 3 713 |
| 1992 | 3 009 | 1 975 | 2 503 | 2 936 | 3 441 | 4 452 |
| 1993 | 4 277 | 2 612 | 3 380 | 4 017 | 4 821 | 6 707 |
| 1994 | 5 868 | 3 339 | 4 559 | 5 405 | 6 456 | 9 899 |
| 1995 | 7 172 | 4 057 | 5 412 | 6 600 | 8 005 | 11 906 |
| 1996 | 8 159 | 4 557 | 6 092 | 7 528 | 9 257 | 13 339 |
| 1997 | 8 439 | 4 682 | 6 475 | 7 939 | 9 659 | 13 730 |
| 1998 | 8 773 | 4 854 | 6 740 | 8 132 | 9 997 | 14 255 |
| 1999 | 10 932 | 6 246 | 7 949 | 9 534 | 11 893 | 19 624 |
| 2000 | 11 718 | 6 840 | 8 815 | 10 529 | 12 892 | 19 959 |
| 2001 | 12 883 | 6 873 | 9 170 | 11 155 | 13 812 | 23 488 |
| 2002 | 13 250 | 7 108 | 9 917 | 12 162 | 14 794 | 23 195 |
| 2003 | 14 867 | 6 546 | 9 816 | 12 602 | 16 363 | 30 282 |
| 2004 | 16 683 | 7 065 | 10 664 | 14 149 | 19 371 | 34 404 |
| 2005 | 18 645 | 7 851 | 11 800 | 15 668 | 21 313 | 37 722 |
| 2006 | 20 668 | 8 973 | 13 045 | 16 774 | 22 994 | 42 884 |
| 2007 | 23 623 | 10 297 | 15 131 | 20 249 | 27 286 | 47 149 |
| 2008 | 26 675 | 11 593 | 17 550 | 22 675 | 30 239 | 53 733 |
| 2009 | 28 838 | 13 205 | 19 320 | 24 717 | 32 212 | 57 726 |
| 2010 | 31 838 | 14 996 | 21 780 | 27 484 | 35 120 | 62 465 |
| 2011 | 36 230 | 17 206 | 24 824 | 31 414 | 40 771 | 70 067 |
| 2012 | 40 188 | 19 059 | 27 597 | 34 351 | 44 474 | 78 522 |
| 2013 | 43 851 | 20 766 | 30 221 | 36 989 | 48 141 | 87 676 |
| 2014 | 47 710 | 24 317 | 34 120 | 40 799 | 52 089 | 93 901 |

注:收入水平根据居民家庭人均可支配收入由低到高排序,按照调查总户数各20%分为5组。

Note: The income levels are listed from low to high according to the Per Capita Disposable Income of Urban Households and they are divided into five levels, each involving 20% of the total number of households surveyed.

# 城市居民家庭人均分类消费支出(1980~2014)
# Per Capita Consumption Expenditures of Urban Households by Category

**表 2-27** 单位:元(Unit: yuan)

| 年 份 Year | 消费支出 Total Consumption Expenditures | 食 品 Food | 衣 着 Clothing | 家庭设备用品及服务 Household Facilities, Articles and Services | 医疗保健 Health Care and Medical Services |
|---|---|---|---|---|---|
| 1980 | 553 | 310 | 79 | 50 | 7 |
| 1981 | 585 | 332 | 89 | 53 | 6 |
| 1982 | 576 | 339 | 82 | 51 | 6 |
| 1983 | 615 | 360 | 90 | 55 | 6 |
| 1984 | 726 | 410 | 120 | 68 | 3 |
| 1985 | 992 | 517 | 148 | 131 | 5 |
| 1986 | 1 170 | 617 | 158 | 164 | 4 |
| 1987 | 1 282 | 698 | 181 | 165 | 6 |
| 1988 | 1 648 | 868 | 244 | 232 | 7 |
| 1989 | 1 812 | 1 011 | 208 | 215 | 9 |
| 1990 | 1 937 | 1 095 | 208 | 196 | 11 |
| 1991 | 2 167 | 1 234 | 238 | 220 | 14 |
| 1992 | 2 509 | 1 403 | 277 | 196 | 37 |
| 1993 | 3 530 | 1 873 | 414 | 295 | 68 |
| 1994 | 4 669 | 2 497 | 483 | 427 | 84 |
| 1995 | 5 868 | 3 131 | 561 | 637 | 113 |
| 1996 | 6 763 | 3 429 | 590 | 614 | 148 |
| 1997 | 6 820 | 3 526 | 552 | 525 | 197 |
| 1998 | 6 866 | 3 477 | 472 | 453 | 261 |
| 1999 | 8 248 | 3 731 | 551 | 772 | 347 |
| 2000 | 8 868 | 3 947 | 567 | 683 | 501 |
| 2001 | 9 336 | 4 056 | 577 | 579 | 558 |
| 2002 | 10 464 | 4 120 | 613 | 653 | 734 |
| 2003 | 11 040 | 4 102 | 751 | 792 | 603 |
| 2004 | 12 631 | 4 593 | 797 | 780 | 762 |
| 2005 | 13 773 | 4 940 | 940 | 800 | 797 |
| 2006 | 14 762 | 5 249 | 1 027 | 877 | 763 |
| 2007 | 17 255 | 6 125 | 1 330 | 959 | 857 |
| 2008 | 19 398 | 7 109 | 1 521 | 1 182 | 755 |
| 2009 | 20 992 | 7 345 | 1 593 | 1 365 | 1 002 |
| 2010 | 23 200 | 7 777 | 1 794 | 1 800 | 1 006 |
| 2011 | 25 102 | 8 906 | 2 054 | 1 826 | 1 141 |
| 2012 | 26 253 | 9 656 | 2 111 | 1 906 | 1 017 |
| 2013 | 28 155 | 9 823 | 2 032 | 1 706 | 1 350 |
| 2014 | 30 520 | 10 677 | 2 038 | 1 779 | 1 449 |

**表 2-27 续表 Continued**

单位:元(Unit: yuan)

| 年 份<br>Year | 交通和通信<br>Transport and Communication | 教育文化娱乐服务<br>Education, Culture and Recreation Services | 居 住<br>Housing | 其他商品和服务<br>Miscellaneous Goods and Services |
|---|---|---|---|---|
| 1980 | 20 | 49 | 26 | 12 |
| 1981 | 23 | 38 | 28 | 16 |
| 1982 | 23 | 33 | 34 | 8 |
| 1983 | 25 | 37 | 33 | 9 |
| 1984 | 28 | 46 | 36 | 15 |
| 1985 | 30 | 91 | 43 | 27 |
| 1986 | 32 | 111 | 48 | 36 |
| 1987 | 38 | 108 | 60 | 26 |
| 1988 | 41 | 145 | 71 | 40 |
| 1989 | 48 | 193 | 74 | 54 |
| 1990 | 58 | 231 | 90 | 48 |
| 1991 | 62 | 216 | 118 | 65 |
| 1992 | 114 | 220 | 164 | 98 |
| 1993 | 211 | 321 | 208 | 140 |
| 1994 | 292 | 381 | 333 | 172 |
| 1995 | 321 | 508 | 401 | 196 |
| 1996 | 496 | 827 | 416 | 243 |
| 1997 | 397 | 828 | 605 | 190 |
| 1998 | 406 | 893 | 674 | 230 |
| 1999 | 583 | 1 094 | 842 | 328 |
| 2000 | 759 | 1 287 | 794 | 330 |
| 2001 | 958 | 1 422 | 796 | 390 |
| 2002 | 1 115 | 1 668 | 1 189 | 372 |
| 2003 | 1 259 | 1 834 | 1 280 | 419 |
| 2004 | 1 703 | 2 195 | 1 327 | 474 |
| 2005 | 1 984 | 2 273 | 1 412 | 627 |
| 2006 | 2 333 | 2 432 | 1 436 | 645 |
| 2007 | 3 154 | 2 654 | 1 412 | 764 |
| 2008 | 3 373 | 2 875 | 1 646 | 937 |
| 2009 | 3 499 | 3 139 | 1 913 | 1 136 |
| 2010 | 4 076 | 3 363 | 2 166 | 1 218 |
| 2011 | 3 808 | 3 746 | 2 226 | 1 395 |
| 2012 | 4 564 | 3 724 | 1 790 | 1 485 |
| 2013 | 4 736 | 4 122 | 2 848 | 1 538 |
| 2014 | 4 885 | 4 931 | 3 031 | 1 730 |

# 城市居民家庭人均分类消费支出构成(1980~2014)
# Composition of Per Capita Consumption Expenditures of Urban Households

**表 2-28**　　单位:%(Unit:%)

| 年 份 Year | 消费支出 Total Consumption Expenditures | 食 品 Food | 衣 着 Clothing | 家庭设备用品及服务 Household Facilities, Articles and Services | 医疗保健 Health Care and Medical Services |
|---|---|---|---|---|---|
| 1980 | 100.0 | 56.0 | 14.3 | 9.0 | 1.3 |
| 1981 | 100.0 | 56.8 | 15.2 | 9.1 | 1.0 |
| 1982 | 100.0 | 58.9 | 14.2 | 8.9 | 1.0 |
| 1983 | 100.0 | 58.5 | 14.6 | 8.9 | 1.0 |
| 1984 | 100.0 | 56.5 | 16.5 | 9.4 | 0.4 |
| 1985 | 100.0 | 52.1 | 14.9 | 13.2 | 0.5 |
| 1986 | 100.0 | 52.7 | 13.5 | 14.0 | 0.4 |
| 1987 | 100.0 | 54.4 | 14.1 | 12.9 | 0.5 |
| 1988 | 100.0 | 52.7 | 14.8 | 14.1 | 0.4 |
| 1989 | 100.0 | 55.8 | 11.5 | 11.9 | 0.5 |
| 1990 | 100.0 | 56.5 | 10.7 | 10.1 | 0.6 |
| 1991 | 100.0 | 56.9 | 11.0 | 10.2 | 0.6 |
| 1992 | 100.0 | 55.9 | 11.0 | 7.8 | 1.5 |
| 1993 | 100.0 | 53.1 | 11.7 | 8.3 | 1.9 |
| 1994 | 100.0 | 53.5 | 10.3 | 9.1 | 1.8 |
| 1995 | 100.0 | 53.4 | 9.6 | 10.8 | 1.9 |
| 1996 | 100.0 | 50.7 | 8.7 | 9.1 | 2.2 |
| 1997 | 100.0 | 51.7 | 8.1 | 7.7 | 2.9 |
| 1998 | 100.0 | 50.6 | 6.9 | 6.6 | 3.8 |
| 1999 | 100.0 | 45.2 | 6.7 | 9.3 | 4.2 |
| 2000 | 100.0 | 44.5 | 6.4 | 7.7 | 5.6 |
| 2001 | 100.0 | 43.4 | 6.2 | 6.2 | 6.0 |
| 2002 | 100.0 | 39.4 | 5.9 | 6.2 | 7.0 |
| 2003 | 100.0 | 37.2 | 6.8 | 7.2 | 5.4 |
| 2004 | 100.0 | 36.4 | 6.3 | 6.2 | 6.0 |
| 2005 | 100.0 | 35.9 | 6.8 | 5.8 | 5.8 |
| 2006 | 100.0 | 35.6 | 6.9 | 5.9 | 5.2 |
| 2007 | 100.0 | 35.5 | 7.7 | 5.5 | 5.0 |
| 2008 | 100.0 | 36.6 | 7.9 | 6.1 | 3.9 |
| 2009 | 100.0 | 35.0 | 7.6 | 6.5 | 4.8 |
| 2010 | 100.0 | 33.5 | 7.7 | 7.8 | 4.3 |
| 2011 | 100.0 | 35.5 | 8.2 | 7.3 | 4.5 |
| 2012 | 100.0 | 36.8 | 8.0 | 7.3 | 3.9 |
| 2013 | 100.0 | 34.9 | 7.2 | 6.1 | 4.8 |
| 2014 | 100.0 | 35.0 | 6.7 | 5.8 | 4.7 |

**表 2-28 续表 Continued**

单位:%(Unit:%)

| 年 份<br>Year | 交通和通信<br>Transport and Communication | 教育文化娱乐服务<br>Education, Culture and Recreation Services | 居 住<br>Housing | 其他商品和服务<br>Miscellaneous Goods and Services |
|---|---|---|---|---|
| 1980 | 3.6 | 8.9 | 4.7 | 2.2 |
| 1981 | 3.9 | 6.5 | 4.8 | 2.7 |
| 1982 | 4.0 | 5.7 | 5.9 | 1.4 |
| 1983 | 4.1 | 6.0 | 5.4 | 1.5 |
| 1984 | 3.8 | 6.3 | 5.0 | 2.1 |
| 1985 | 3.0 | 9.2 | 4.4 | 2.7 |
| 1986 | 2.7 | 9.5 | 4.1 | 3.1 |
| 1987 | 3.0 | 8.4 | 4.7 | 2.0 |
| 1988 | 2.5 | 8.8 | 4.3 | 2.4 |
| 1989 | 2.6 | 10.6 | 4.1 | 3.0 |
| 1990 | 3.0 | 11.9 | 4.7 | 2.5 |
| 1991 | 2.9 | 10.0 | 5.4 | 3.0 |
| 1992 | 4.6 | 8.8 | 6.5 | 3.9 |
| 1993 | 6.0 | 9.1 | 5.9 | 4.0 |
| 1994 | 6.3 | 8.2 | 7.1 | 3.7 |
| 1995 | 5.5 | 8.7 | 6.8 | 3.3 |
| 1996 | 7.3 | 12.2 | 6.2 | 3.6 |
| 1997 | 5.8 | 12.1 | 8.9 | 2.8 |
| 1998 | 5.9 | 13.0 | 9.8 | 3.4 |
| 1999 | 7.1 | 13.3 | 10.2 | 4.0 |
| 2000 | 8.6 | 14.5 | 9.0 | 3.7 |
| 2001 | 10.3 | 15.2 | 8.5 | 4.2 |
| 2002 | 10.7 | 15.9 | 11.4 | 3.5 |
| 2003 | 11.4 | 16.6 | 11.6 | 3.8 |
| 2004 | 13.5 | 17.4 | 10.5 | 3.7 |
| 2005 | 14.4 | 16.5 | 10.2 | 4.6 |
| 2006 | 15.8 | 16.5 | 9.7 | 4.4 |
| 2007 | 18.3 | 15.4 | 8.2 | 4.4 |
| 2008 | 17.4 | 14.8 | 8.5 | 4.8 |
| 2009 | 16.7 | 14.9 | 9.1 | 5.4 |
| 2010 | 17.6 | 14.5 | 9.3 | 5.3 |
| 2011 | 15.2 | 14.9 | 8.9 | 5.5 |
| 2012 | 17.4 | 14.2 | 6.8 | 5.6 |
| 2013 | 16.8 | 14.6 | 10.1 | 5.5 |
| 2014 | 16.0 | 16.2 | 9.9 | 5.7 |

# 城市居民家庭人均分类消费支出名义指数(以1980年为100)
# Per Capita Consumption Expenditure Nominal Indices of Urban Households by Category (1980＝100)

表2-29

| 年份<br>Year | 消费支出<br>Total Consumption Expenditures | 食品<br>Food | 衣着<br>Clothing | 家庭设备用品及服务<br>Household Facilities, Articles and Services | 医疗保健<br>Health Care and Medical Services |
|---|---|---|---|---|---|
| 1980 | 100.0 | 100.0 | 100.0 | 100.0 | 100.0 |
| 1981 | 105.7 | 107.2 | 112.2 | 106.7 | 93.0 |
| 1982 | 104.1 | 109.3 | 103.0 | 102.8 | 91.1 |
| 1983 | 111.3 | 116.4 | 113.6 | 109.2 | 93.3 |
| 1984 | 131.3 | 132.4 | 152.1 | 135.6 | 48.1 |
| 1985 | 179.4 | 166.9 | 186.8 | 263.1 | 72.2 |
| 1986 | 211.7 | 199.1 | 200.4 | 329.0 | 57.8 |
| 1987 | 231.9 | 225.5 | 228.2 | 329.9 | 83.7 |
| 1988 | 298.1 | 280.3 | 308.1 | 463.3 | 107.7 |
| 1989 | 327.8 | 326.4 | 262.7 | 431.0 | 130.8 |
| 1990 | 350.4 | 353.5 | 263.2 | 392.4 | 163.4 |
| 1991 | 391.9 | 398.6 | 300.9 | 440.0 | 201.3 |
| 1992 | 453.9 | 453.1 | 350.2 | 392.7 | 537.2 |
| 1993 | 638.5 | 604.9 | 523.5 | 589.7 | 973.3 |
| 1994 | 844.4 | 806.5 | 611.4 | 853.0 | 1 201.4 |
| 1995 | 1 061.3 | 1 011.0 | 709.7 | 1 273.7 | 1 617.9 |
| 1996 | 1 223.2 | 1 107.3 | 745.8 | 1 228.3 | 2 119.2 |
| 1997 | 1 233.5 | 1 138.8 | 697.7 | 1 050.0 | 2 826.3 |
| 1998 | 1 241.9 | 1 123.0 | 597.4 | 905.4 | 3 739.8 |
| 1999 | 1 491.7 | 1 204.8 | 696.6 | 1 544.2 | 4 975.1 |
| 2000 | 1 603.9 | 1 274.6 | 717.7 | 1 365.1 | 7 182.6 |
| 2001 | 1 688.5 | 1 309.9 | 730.3 | 1 157.8 | 8 001.4 |
| 2002 | 1 881.0 | 1 330.5 | 775.2 | 1 306.5 | 10 518.7 |
| 2003 | 1 984.7 | 1 324.8 | 949.7 | 1 584.8 | 8 643.4 |
| 2004 | 2 270.6 | 1 483.3 | 1 007.8 | 1 560.3 | 10 923.1 |
| 2005 | 2 476.0 | 1 595.2 | 1 189.6 | 1 600.3 | 11 426.8 |
| 2006 | 2 653.7 | 1 695.0 | 1 298.9 | 1 754.9 | 10 940.6 |
| 2007 | 3 101.9 | 1 978.0 | 1 682.4 | 1 918.7 | 12 291.4 |
| 2008 | 3 487.1 | 2 295.5 | 1 923.4 | 2 364.1 | 10 831.2 |
| 2009 | 3 773.7 | 2 371.8 | 2 015.1 | 2 730.3 | 14 371.2 |
| 2010 | 4 170.6 | 2 511.3 | 2 269.3 | 3 599.8 | 14 419.9 |
| 2011 | 4 512.5 | 2 875.9 | 2 597.8 | 3 651.8 | 16 359.9 |
| 2012 | 4 719.5 | 3 118.0 | 2 670.4 | 3 812.4 | 14 579.2 |
| 2013 | 5 061.3 | 3 172.0 | 2 570.6 | 3 410.4 | 19 363.6 |
| 2014 | 5 486.5 | 3 447.9 | 2 578.3 | 3 558.1 | 20 779.0 |

表 2-29 续表　**Continued**

| 年　份<br>Year | 交通和通信<br>Transport and Communication | 教育文化娱乐服务<br>Education, Culture and Recreation Services | 居　住<br>Housing | 其他商品和服务<br>Miscellaneous Goods and Services |
|---|---|---|---|---|
| 1980 | 100.0 | 100.0 | 100.0 | 100.0 |
| 1981 | 112.7 | 77.2 | 106.8 | 132.0 |
| 1982 | 113.9 | 67.3 | 128.6 | 70.4 |
| 1983 | 123.1 | 75.1 | 126.1 | 78.0 |
| 1984 | 140.0 | 94.5 | 135.7 | 122.0 |
| 1985 | 150.7 | 185.7 | 161.9 | 227.4 |
| 1986 | 158.9 | 225.6 | 183.2 | 302.9 |
| 1987 | 191.0 | 221.0 | 227.2 | 221.5 |
| 1988 | 206.3 | 296.0 | 269.6 | 341.3 |
| 1989 | 238.8 | 394.7 | 281.9 | 453.3 |
| 1990 | 289.1 | 472.3 | 341.1 | 400.9 |
| 1991 | 312.4 | 441.7 | 446.9 | 542.5 |
| 1992 | 569.2 | 449.8 | 621.8 | 823.4 |
| 1993 | 1 054.5 | 654.7 | 790.1 | 1 184.1 |
| 1994 | 1 460.7 | 777.7 | 1 264.4 | 1 445.5 |
| 1995 | 1 605.8 | 1 036.5 | 1 523.6 | 1 653.1 |
| 1996 | 2 483.1 | 1 688.6 | 1 576.8 | 2 050.3 |
| 1997 | 1 986.9 | 1 689.8 | 2 294.8 | 1 601.9 |
| 1998 | 2 034.6 | 1 823.2 | 2 555.7 | 1 935.5 |
| 1999 | 2 917.9 | 2 234.3 | 3 192.5 | 2 761.7 |
| 2000 | 3 799.4 | 2 628.2 | 3 013.5 | 2 773.6 |
| 2001 | 4 792.8 | 2 903.7 | 3 018.2 | 3 284.2 |
| 2002 | 5 578.8 | 3 406.1 | 4 509.3 | 3 134.8 |
| 2003 | 6 299.0 | 3 744.2 | 4 857.8 | 3 525.6 |
| 2004 | 8 521.6 | 4 482.1 | 5 033.3 | 3 993.9 |
| 2005 | 9 927.1 | 4 640.5 | 5 357.4 | 5 281.1 |
| 2006 | 11 674.2 | 4 965.1 | 5 447.0 | 5 432.0 |
| 2007 | 15 782.2 | 5 418.3 | 5 357.4 | 6 431.2 |
| 2008 | 16 880.5 | 5 869.2 | 6 245.5 | 7 891.3 |
| 2009 | 17 508.3 | 6 409.2 | 7 258.5 | 9 565.7 |
| 2010 | 20 399.8 | 6 867.1 | 8 218.4 | 10 253.1 |
| 2011 | 19 058.4 | 7 649.4 | 8 444.0 | 11 744.8 |
| 2012 | 22 838.6 | 7 603.1 | 6 792.9 | 12 508.2 |
| 2013 | 23 702.2 | 8 416.5 | 10 804.5 | 12 948.1 |
| 2014 | 24 446.4 | 10 067.6 | 11 497.7 | 14 562.9 |

# 按收入水平分组城市居民家庭人均消费支出(1985~2014)
# Per Capita Consumption Expenditures of Urban Households by 5 Income Levels

**表 2-30** 单位:元(Unit: yuan)

| 年 份<br>Year | 总平均<br>Total Average | 低收入户<br>Low Income | 较低收入户<br>Medium-low Income | 中间收入户<br>Medium Income | 较高收入户<br>Medium-high Income | 高收入户<br>High Income |
|---|---|---|---|---|---|---|
| 1985 | 992 | 724 | 870 | 973 | 1 123 | 1 309 |
| 1986 | 1 170 | 863 | 1 038 | 1 121 | 1 288 | 1 590 |
| 1987 | 1 282 | 949 | 1 114 | 1 203 | 1 459 | 1 789 |
| 1988 | 1 648 | 1 149 | 1 405 | 1 588 | 1 931 | 2 327 |
| 1989 | 1 812 | 1 299 | 1 625 | 1 743 | 2 079 | 2 428 |
| 1990 | 1 937 | 1 433 | 1 702 | 1 907 | 2 115 | 2 632 |
| 1991 | 2 167 | 1 524 | 1 866 | 2 295 | 2 348 | 2 968 |
| 1992 | 2 509 | 1 785 | 2 185 | 2 509 | 2 915 | 3 316 |
| 1993 | 3 530 | 2 407 | 2 967 | 3 416 | 3 895 | 5 061 |
| 1994 | 4 669 | 3 095 | 3 728 | 4 718 | 5 178 | 6 825 |
| 1995 | 5 868 | 3 700 | 4 696 | 5 497 | 6 601 | 8 911 |
| 1996 | 6 763 | 4 353 | 5 683 | 6 546 | 7 390 | 9 810 |
| 1997 | 6 820 | 4 533 | 5 624 | 6 659 | 7 395 | 10 072 |
| 1998 | 6 866 | 4 583 | 5 824 | 6 924 | 7 373 | 9 694 |
| 1999 | 8 248 | 5 987 | 7 011 | 7 623 | 8 966 | 11 911 |
| 2000 | 8 868 | 6 272 | 7 516 | 8 555 | 9 445 | 12 763 |
| 2001 | 9 336 | 6 900 | 7 647 | 8 473 | 10 010 | 13 666 |
| 2002 | 10 464 | 7 264 | 9 176 | 9 569 | 12 152 | 14 629 |
| 2003 | 11 040 | 6 481 | 8 931 | 10 060 | 12 569 | 17 427 |
| 2004 | 12 631 | 6 684 | 8 814 | 11 646 | 13 753 | 23 629 |
| 2005 | 13 773 | 7 698 | 9 807 | 11 524 | 15 024 | 25 470 |
| 2006 | 14 762 | 8 004 | 11 233 | 13 142 | 15 815 | 26 325 |
| 2007 | 17 255 | 9 217 | 12 959 | 15 468 | 18 993 | 30 820 |
| 2008 | 19 398 | 10 458 | 13 614 | 17 204 | 21 869 | 35 273 |
| 2009 | 20 992 | 11 654 | 16 155 | 18 487 | 24 253 | 36 063 |
| 2010 | 23 200 | 12 555 | 15 970 | 21 611 | 26 773 | 40 744 |
| 2011 | 25 102 | 13 700 | 18 449 | 23 228 | 30 387 | 41 397 |
| 2012 | 26 253 | 15 095 | 18 232 | 22 946 | 29 575 | 47 092 |
| 2013 | 28 155 | 16 210 | 19 263 | 24 325 | 33 183 | 50 218 |
| 2014 | 30 520 | 17 879 | 20 881 | 27 974 | 35 904 | 53 734 |

# 农村居民家庭生活基本情况(1978~2014)
## Basic Conditions of Rural Households

表 2-31

| 年　份<br>Year | 调查户数(户)<br>Number of Households Surveyed<br>(household) | 人均可支配收入(元)<br>Per Capita Disposable Income (yuan) | 人均生活消费支出(元)<br>Per Capita Consumption Expenditures (yuan) | 恩格尔系数(%)<br>Engel Coefficient(%) | 平均消费倾向(%)<br>Average Propensity to Consume (%) |
|---|---|---|---|---|---|
| 1978 | 96 | 281 | 193 | 60.6 | 68.7 |
| 1979 | 96 | 360 | 247 | 55.5 | 68.6 |
| 1980 | 280 | 401 | 323 | 51.7 | 80.5 |
| 1981 | 360 | 444 | 390 | 50.8 | 87.8 |
| 1982 | 360 | 536 | 444 | 49.8 | 82.8 |
| 1983 | 360 | 562 | 512 | 47.0 | 91.1 |
| 1984 | 360 | 785 | 619 | 46.4 | 78.9 |
| 1985 | 1 000 | 806 | 778 | 43.8 | 96.5 |
| 1986 | 1 000 | 936 | 896 | 45.3 | 95.7 |
| 1987 | 1 000 | 1 059 | 977 | 46.1 | 92.3 |
| 1988 | 1 000 | 1 301 | 1 229 | 39.7 | 94.5 |
| 1989 | 1 000 | 1 520 | 1 319 | 42.3 | 86.8 |
| 1990 | 1 000 | 1 665 | 1 262 | 46.4 | 75.8 |
| 1991 | 600 | 2 003 | 1 540 | 48.0 | 76.9 |
| 1992 | 600 | 2 226 | 1 967 | 43.4 | 88.4 |
| 1993 | 600 | 2 727 | 2 200 | 46.4 | 80.7 |
| 1994 | 600 | 3 437 | 2 715 | 48.4 | 79.0 |
| 1995 | 600 | 4 246 | 3 368 | 44.3 | 79.3 |
| 1996 | 600 | 4 846 | 3 868 | 42.8 | 79.8 |
| 1997 | 600 | 5 277 | 4 228 | 41.5 | 80.1 |
| 1998 | 600 | 5 407 | 4 207 | 42.2 | 77.8 |
| 1999 | 600 | 5 481 | 3 867 | 43.1 | 70.6 |
| 2000 | 600 | 5 565 | 4 138 | 44.0 | 74.4 |
| 2001 | 600 | 5 850 | 4 753 | 40.3 | 81.2 |
| 2002 | 600 | 6 212 | 5 311 | 35.2 | 85.5 |
| 2003 | 600 | 6 658 | 5 670 | 35.4 | 85.2 |
| 2004 | 600 | 7 337 | 6 329 | 34.6 | 86.3 |
| 2005 | 600 | 8 342 | 7 265 | 36.8 | 87.1 |
| 2006 | 600 | 9 213 | 8 006 | 37.8 | 86.9 |
| 2007 | 600 | 10 222 | 8 845 | 36.8 | 86.5 |
| 2008 | 600 | 11 385 | 9 115 | 40.9 | 80.1 |
| 2009 | 600 | 12 324 | 9 804 | 37.1 | 79.6 |
| 2010 | 600 | 13 746 | 10 225 | 37.2 | 74.4 |
| 2011 | 1 200 | 15 644 | 11 272 | 40.1 | 72.1 |
| 2012 | 1 200 | 17 401 | 12 096 | 40.0 | 69.5 |
| 2013 | 1 200 | 19 208 | 13 425 | 39.7 | 69.9 |
| 2014 | 1 200 | 21 192 | 15 291 | 40.5 | 72.2 |

# 农村居民家庭人均可支配收入及来源(1978~2014)
## Per Capita Disposable Income and Sources of Rural Households

**表 2-32** 单位:元(Unit:yuan)

| 年份 Year | 人均可支配收入 Average Per Capita Disposable Income | 工资性收入 Income from Wages and Salaries | 家庭经营纯收入 Net Income from Household Business | 财产性收入 Property Income | 转移性收入 Transferred Income |
|---|---|---|---|---|---|
| 1978 | 281 | 227 | 18 | 2 | 34 |
| 1979 | 360 | 278 | 34 | | 48 |
| 1980 | 401 | 297 | 55 | 2 | 47 |
| 1981 | 444 | 313 | 71 | 8 | 52 |
| 1982 | 536 | 405 | 78 | 6 | 47 |
| 1983 | 562 | 359 | 155 | 6 | 42 |
| 1984 | 785 | 451 | 275 | 9 | 50 |
| 1985 | 806 | 430 | 323 | 15 | 38 |
| 1986 | 936 | 536 | 344 | 22 | 34 |
| 1987 | 1 059 | 655 | 338 | 32 | 34 |
| 1988 | 1 301 | 829 | 412 | 17 | 43 |
| 1989 | 1 520 | 1 000 | 461 | 16 | 43 |
| 1990 | 1 665 | 1 066 | 539 | 16 | 44 |
| 1991 | 2 003 | 1 235 | 681 | 33 | 54 |
| 1992 | 2 226 | 1 454 | 685 | 30 | 57 |
| 1993 | 2 727 | 1 662 | 949 | 50 | 66 |
| 1994 | 3 437 | 2 112 | 1 084 | 104 | 137 |
| 1995 | 4 246 | 2 734 | 1 183 | 155 | 174 |
| 1996 | 4 846 | 3 240 | 1 278 | 181 | 147 |
| 1997 | 5 277 | 3 736 | 1 226 | 144 | 171 |
| 1998 | 5 407 | 3 869 | 1 185 | 221 | 132 |
| 1999 | 5 481 | 4 192 | 929 | 127 | 233 |
| 2000 | 5 565 | 4 310 | 934 | 143 | 178 |
| 2001 | 5 850 | 4 491 | 967 | 157 | 235 |
| 2002 | 6 212 | 4 920 | 774 | 205 | 313 |
| 2003 | 6 658 | 5 284 | 813 | 222 | 339 |
| 2004 | 7 337 | 5 757 | 886 | 297 | 397 |
| 2005 | 8 342 | 6 364 | 811 | 430 | 737 |
| 2006 | 9 213 | 6 892 | 766 | 556 | 999 |
| 2007 | 10 222 | 7 498 | 754 | 673 | 1 297 |
| 2008 | 11 385 | 8 182 | 711 | 837 | 1 655 |
| 2009 | 12 324 | 8 721 | 590 | 932 | 2 081 |
| 2010 | 13 746 | 9 606 | 589 | 970 | 2 581 |
| 2011 | 15 644 | 10 493 | 877 | 1 243 | 3 031 |
| 2012 | 17 401 | 11 496 | 905 | 1 382 | 3 618 |
| 2013 | 19 208 | 12 378 | 920 | 1 587 | 4 323 |
| 2014 | 21 192 | 13 430 | 1 035 | 1 757 | 4 970 |

注:2000 年前农村居民平均每人可支配收入按纯收入口径计算。2011 年,按可比口径计算,全年家庭经营纯收入增长为 22%。

Note: Before 2000, the Per Capita Disposable Income of Rural Residents is calculated according to their net income. Since 2011, according to the calculation of comparable caliber, the growth rate of annual Household Business Income is 22%.

# 农村居民家庭人均可支配收入构成(1978~2014)
## Composition of Per Capita Disposable Income of Rural Households

表 2-33　　单位:%(Unit:%)

| 年　份 Year | 人均可支配收入 Average Per Capita Disposable Income | 工资性收入 Income from Wages and Salaries | 家庭经营纯收入 Net Income from Household Business | 财产性收入 Property Income | 转移性收入 Transferred Income |
|---|---|---|---|---|---|
| 1978 | 100.0 | 80.8 | 6.4 | 0.7 | 12.1 |
| 1979 | 100.0 | 77.2 | 9.4 | | 13.4 |
| 1980 | 100.0 | 74.1 | 13.7 | 0.5 | 11.7 |
| 1981 | 100.0 | 70.5 | 16.0 | 1.8 | 11.7 |
| 1982 | 100.0 | 75.6 | 14.6 | 1.1 | 8.7 |
| 1983 | 100.0 | 63.9 | 27.6 | 1.1 | 7.4 |
| 1984 | 100.0 | 57.5 | 35.0 | 1.1 | 6.4 |
| 1985 | 100.0 | 53.3 | 40.1 | 1.9 | 4.7 |
| 1986 | 100.0 | 57.3 | 36.8 | 2.3 | 3.6 |
| 1987 | 100.0 | 61.9 | 31.9 | 3.0 | 3.2 |
| 1988 | 100.0 | 63.7 | 31.7 | 1.3 | 3.3 |
| 1989 | 100.0 | 65.8 | 30.3 | 1.1 | 2.8 |
| 1990 | 100.0 | 64.0 | 32.4 | 1.0 | 2.6 |
| 1991 | 100.0 | 61.7 | 34.0 | 1.6 | 2.7 |
| 1992 | 100.0 | 65.3 | 30.8 | 1.3 | 2.6 |
| 1993 | 100.0 | 60.9 | 34.8 | 1.8 | 2.5 |
| 1994 | 100.0 | 61.5 | 31.5 | 3.0 | 4.0 |
| 1995 | 100.0 | 64.4 | 27.9 | 3.6 | 4.1 |
| 1996 | 100.0 | 66.9 | 26.4 | 3.7 | 3.0 |
| 1997 | 100.0 | 70.8 | 23.2 | 2.7 | 3.3 |
| 1998 | 100.0 | 71.6 | 21.9 | 4.1 | 2.4 |
| 1999 | 100.0 | 76.5 | 16.9 | 2.3 | 4.3 |
| 2000 | 100.0 | 77.4 | 16.8 | 2.6 | 3.2 |
| 2001 | 100.0 | 76.8 | 16.5 | 2.7 | 4.0 |
| 2002 | 100.0 | 79.2 | 12.5 | 3.3 | 5.0 |
| 2003 | 100.0 | 79.4 | 12.2 | 3.3 | 5.1 |
| 2004 | 100.0 | 78.5 | 12.1 | 4.0 | 5.4 |
| 2005 | 100.0 | 76.3 | 9.7 | 5.2 | 8.8 |
| 2006 | 100.0 | 74.8 | 8.3 | 6.0 | 10.9 |
| 2007 | 100.0 | 73.3 | 7.4 | 6.6 | 12.7 |
| 2008 | 100.0 | 71.9 | 6.2 | 7.4 | 14.5 |
| 2009 | 100.0 | 70.8 | 4.8 | 7.5 | 16.9 |
| 2010 | 100.0 | 69.9 | 4.3 | 7.0 | 18.8 |
| 2011 | 100.0 | 67.1 | 5.6 | 7.9 | 19.4 |
| 2012 | 100.0 | 66.1 | 5.2 | 7.9 | 20.8 |
| 2013 | 100.0 | 64.4 | 4.8 | 8.3 | 22.5 |
| 2014 | 100.0 | 63.4 | 4.9 | 8.3 | 23.4 |

# 按收入水平分组农村居民家庭人均可支配收入(1994~2014)
# Per Capita Disposable Income of Rural Households by 5 Income Levels

**表 2-34** 单位:元 (Unit: yuan)

| 年 份 Year | 总平均 Total Average | 低收入户 Low Income | 较低收入户 Medium-low Income | 中间收入户 Medium Income | 较高收入户 Medium-high Income | 高收入户 High Income |
|---|---|---|---|---|---|---|
| 1994 | 3 437 | 1 693 | 2 488 | 3 181 | 4 091 | 6 050 |
| 1995 | 4 246 | 1 951 | 3 071 | 3 899 | 5 044 | 7 593 |
| 1996 | 4 846 | 2 228 | 3 504 | 4 399 | 5 546 | 8 760 |
| 1997 | 5 277 | 2 361 | 3 727 | 4 854 | 6 222 | 9 461 |
| 1998 | 5 407 | 2 385 | 3 849 | 4 965 | 6 392 | 9 738 |
| 1999 | 5 481 | 2 212 | 3 692 | 4 883 | 6 528 | 10 266 |
| 2000 | 5 565 | 2 330 | 3 906 | 5 264 | 6 725 | 10 405 |
| 2001 | 5 850 | 2 351 | 4 078 | 5 649 | 7 122 | 10 930 |
| 2002 | 6 212 | 2 429 | 4 266 | 5 701 | 7 513 | 11 989 |
| 2003 | 6 658 | 2 761 | 4 621 | 6 213 | 7 972 | 12 777 |
| 2004 | 7 337 | 3 122 | 5 148 | 7 006 | 8 775 | 13 652 |
| 2005 | 8 342 | 3 347 | 5 594 | 7 612 | 9 755 | 15 309 |
| 2006 | 9 213 | 3 830 | 6 194 | 8 412 | 10 714 | 16 843 |
| 2007 | 10 222 | 4 321 | 7 098 | 9 442 | 11 807 | 18 443 |
| 2008 | 11 385 | 4 690 | 8 065 | 10 487 | 13 094 | 20 748 |
| 2009 | 12 324 | 5 279 | 8 785 | 11 184 | 14 039 | 22 465 |
| 2010 | 13 746 | 5 968 | 10 107 | 12 929 | 16 327 | 24 536 |
| 2011 | 15 644 | 7 018 | 11 772 | 14 568 | 18 145 | 27 227 |
| 2012 | 17 401 | 7 707 | 13 071 | 16 490 | 20 340 | 29 180 |
| 2013 | 19 208 | 8 708 | 14 415 | 18 152 | 22 618 | 31 196 |
| 2014 | 21 192 | 10 476 | 16 375 | 20 693 | 25 129 | 32 631 |

注：收入水平根据居民家庭人均可支配收入由低到高排序，按照调查总户数各 20%分为 5 组。
Note: The income levels are listed from low to high according to the Per Capita Disposable Income of Urban Households and they are divided into five levels, each involving 20% of the total number of households surveyed.

# 农村居民家庭人均分类生活消费支出(1978~2014)

表 2-35

| 年 份<br>Year | 生活消费支出<br>Total Consumption Expenditures | 食 品<br>Food | 衣 着<br>Clothing | 居 住<br>Housing |
|---|---|---|---|---|
| 1978 | 193 | 117 | 29 | 25 |
| 1979 | 247 | 137 | 37 | 50 |
| 1980 | 323 | 167 | 35 | 82 |
| 1981 | 390 | 198 | 43 | 96 |
| 1982 | 444 | 221 | 39 | 128 |
| 1983 | 512 | 241 | 46 | 165 |
| 1984 | 619 | 287 | 48 | 215 |
| 1985 | 778 | 341 | 67 | 254 |
| 1986 | 896 | 406 | 74 | 286 |
| 1987 | 977 | 450 | 81 | 287 |
| 1988 | 1 229 | 488 | 110 | 343 |
| 1989 | 1 319 | 558 | 111 | 344 |
| 1990 | 1 262 | 586 | 107 | 272 |
| 1991 | 1 540 | 739 | 134 | 324 |
| 1992 | 1 967 | 853 | 148 | 451 |
| 1993 | 2 200 | 1 022 | 157 | 357 |
| 1994 | 2 715 | 1 315 | 213 | 454 |
| 1995 | 3 368 | 1 491 | 233 | 761 |
| 1996 | 3 868 | 1 657 | 256 | 816 |
| 1997 | 4 228 | 1 756 | 267 | 921 |
| 1998 | 4 207 | 1 775 | 239 | 876 |
| 1999 | 3 867 | 1 669 | 202 | 681 |
| 2000 | 4 138 | 1 823 | 201 | 724 |
| 2001 | 4 753 | 1 915 | 226 | 890 |
| 2002 | 5 311 | 1 872 | 226 | 1 392 |
| 2003 | 5 670 | 2 004 | 250 | 1 437 |
| 2004 | 6 329 | 2 191 | 280 | 1 446 |
| 2005 | 7 265 | 2 676 | 367 | 1 323 |
| 2006 | 8 006 | 3 024 | 418 | 1 658 |
| 2007 | 8 845 | 3 259 | 476 | 2 097 |
| 2008 | 9 115 | 3 732 | 467 | 1 806 |
| 2009 | 9 804 | 3 639 | 496 | 2 103 |
| 2010 | 10 225 | 3 807 | 554 | 2 070 |
| 2011 | 11 272 | 4 517 | 644 | 1 806 |
| 2012 | 12 096 | 4 837 | 704 | 1 834 |
| 2013 | 13 425 | 5 334 | 771 | 2 260 |
| 2014 | 15 291 | 6 188 | 801 | 2 747 |

## Per Capita Consumption Expenditures of Rural Households by Category

单位:元(Unit: yuan)

| 家庭设备用品及服务 Household Facilities, Articles and Services | 交通和通信 Transport and Communication | 文教娱乐用品及服务 Education, Culture and Recreation Articles and Services | 医疗保健 Health Care and Medical Services | 其他商品和服务 Miscellaneous Goods and Services |
|---|---|---|---|---|
| 12 | | | | 10 |
| 13 | | | | 10 |
| 5 | | | | 34 |
| 11 | | | | 42 |
| 13 | | | | 43 |
| 43 | 1 | 6 | 4 | 6 |
| 42 | 2 | 12 | 6 | 7 |
| 65 | 2 | 34 | 8 | 7 |
| 73 | 4 | 40 | 10 | 3 |
| 94 | 3 | 39 | 9 | 14 |
| 174 | 4 | 50 | 18 | 42 |
| 159 | 4 | 68 | 23 | 52 |
| 129 | 6 | 59 | 33 | 70 |
| 151 | 15 | 85 | 35 | 57 |
| 232 | 31 | 121 | 45 | 86 |
| 259 | 65 | 220 | 50 | 70 |
| 267 | 79 | 222 | 75 | 90 |
| 284 | 159 | 256 | 73 | 111 |
| 363 | 200 | 347 | 108 | 121 |
| 338 | 240 | 414 | 174 | 118 |
| 369 | 226 | 463 | 170 | 89 |
| 389 | 197 | 474 | 160 | 95 |
| 225 | 279 | 559 | 209 | 118 |
| 294 | 340 | 673 | 265 | 150 |
| 281 | 462 | 661 | 280 | 137 |
| 297 | 587 | 676 | 333 | 86 |
| 344 | 720 | 806 | 425 | 117 |
| 458 | 739 | 936 | 562 | 204 |
| 481 | 780 | 920 | 549 | 176 |
| 452 | 884 | 857 | 571 | 249 |
| 504 | 880 | 850 | 697 | 179 |
| 481 | 1 212 | 943 | 739 | 191 |
| 528 | 1 459 | 1 012 | 585 | 210 |
| 649 | 1 309 | 1 139 | 909 | 299 |
| 646 | 1 705 | 1 088 | 1 029 | 253 |
| 694 | 1 719 | 964 | 1 181 | 502 |
| 712 | 1 891 | 1 069 | 1 308 | 575 |

# 农村居民家庭人均分类生活消费支出构成(1978~2014)

表 2-36

| 年 份<br>Year | 生活消费支出<br>Total Consumption Expenditures | 食 品<br>Food | 衣 着<br>Clothing | 居 住<br>Housing |
|---|---|---|---|---|
| 1978 | 100.0 | 60.6 | 15.0 | 13.0 |
| 1979 | 100.0 | 55.5 | 15.0 | 20.2 |
| 1980 | 100.0 | 51.7 | 10.8 | 25.4 |
| 1981 | 100.0 | 50.8 | 11.0 | 24.6 |
| 1982 | 100.0 | 49.8 | 8.8 | 28.8 |
| 1983 | 100.0 | 47.0 | 9.0 | 32.2 |
| 1984 | 100.0 | 46.4 | 7.8 | 34.7 |
| 1985 | 100.0 | 43.8 | 8.6 | 32.6 |
| 1986 | 100.0 | 45.3 | 8.3 | 31.9 |
| 1987 | 100.0 | 46.1 | 8.3 | 29.4 |
| 1988 | 100.0 | 39.7 | 9.0 | 27.9 |
| 1989 | 100.0 | 42.3 | 8.4 | 26.1 |
| 1990 | 100.0 | 46.4 | 8.5 | 21.6 |
| 1991 | 100.0 | 48.0 | 8.7 | 21.0 |
| 1992 | 100.0 | 43.4 | 7.5 | 22.9 |
| 1993 | 100.0 | 46.4 | 7.1 | 16.2 |
| 1994 | 100.0 | 48.4 | 7.9 | 16.7 |
| 1995 | 100.0 | 44.3 | 6.9 | 22.6 |
| 1996 | 100.0 | 42.8 | 6.6 | 21.1 |
| 1997 | 100.0 | 41.5 | 6.3 | 21.8 |
| 1998 | 100.0 | 42.2 | 5.7 | 20.8 |
| 1999 | 100.0 | 43.1 | 5.2 | 17.6 |
| 2000 | 100.0 | 44.0 | 4.9 | 17.5 |
| 2001 | 100.0 | 40.3 | 4.7 | 18.7 |
| 2002 | 100.0 | 35.2 | 4.3 | 26.2 |
| 2003 | 100.0 | 35.4 | 4.4 | 25.3 |
| 2004 | 100.0 | 34.6 | 4.4 | 22.9 |
| 2005 | 100.0 | 36.8 | 5.1 | 18.2 |
| 2006 | 100.0 | 37.8 | 5.2 | 20.7 |
| 2007 | 100.0 | 36.8 | 5.4 | 23.7 |
| 2008 | 100.0 | 40.9 | 5.1 | 19.8 |
| 2009 | 100.0 | 37.1 | 5.1 | 21.5 |
| 2010 | 100.0 | 37.2 | 5.4 | 20.2 |
| 2011 | 100.0 | 40.1 | 5.7 | 16.0 |
| 2012 | 100.0 | 40.0 | 5.8 | 15.2 |
| 2013 | 100.0 | 39.7 | 5.8 | 16.8 |
| 2014 | 100.0 | 40.5 | 5.2 | 17.9 |

# Composition of Per Capita Consumption Expenditures of Rural Households by Category

单位:%(Unit:%)

| 家庭设备用品及服务 Household Facilities, Articles and Services | 交通和通信 Transport and Communication | 文教娱乐用品及服务 Education, Culture and Recreation Articles and Services | 医疗保健 Health Care and Medical Services | 其他商品和服务 Miscellaneous Goods and Services |
|---|---|---|---|---|
| 6.2 | | | | 5.2 |
| 5.3 | | | | 4.0 |
| 1.6 | | | | 10.5 |
| | | | | |
| 2.8 | | | | 10.8 |
| 2.9 | | | | 9.7 |
| 8.4 | 0.2 | 1.2 | 0.8 | 1.2 |
| 6.8 | 0.3 | 1.9 | 1.0 | 1.1 |
| 8.4 | 0.3 | 4.4 | 1.0 | 0.9 |
| | | | | |
| 8.2 | 0.4 | 4.5 | 1.1 | 0.3 |
| 9.6 | 0.3 | 4.0 | 0.9 | 1.4 |
| 14.1 | 0.3 | 4.1 | 1.5 | 3.4 |
| 12.1 | 0.3 | 5.2 | 1.7 | 3.9 |
| 10.2 | 0.5 | 4.7 | 2.6 | 5.5 |
| | | | | |
| 9.8 | 1.0 | 5.5 | 2.3 | 3.7 |
| 11.8 | 1.6 | 6.1 | 2.3 | 4.4 |
| 11.8 | 3.0 | 10.0 | 2.3 | 3.2 |
| 9.8 | 2.9 | 8.2 | 2.8 | 3.3 |
| 8.4 | 4.7 | 7.6 | 2.2 | 3.3 |
| | | | | |
| 9.4 | 5.2 | 9.0 | 2.8 | 3.1 |
| 8.0 | 5.7 | 9.8 | 4.1 | 2.8 |
| 8.8 | 5.4 | 11.0 | 4.0 | 2.1 |
| 10.1 | 5.1 | 12.3 | 4.1 | 2.5 |
| 5.4 | 6.7 | 13.5 | 5.1 | 2.9 |
| | | | | |
| 6.2 | 7.1 | 14.2 | 5.6 | 3.2 |
| 5.3 | 8.7 | 12.4 | 5.3 | 2.6 |
| 5.2 | 10.4 | 11.9 | 5.9 | 1.5 |
| 5.4 | 11.4 | 12.7 | 6.7 | 1.9 |
| 6.3 | 10.2 | 12.9 | 7.7 | 2.8 |
| | | | | |
| 6.0 | 9.7 | 11.5 | 6.9 | 2.2 |
| 5.1 | 10.0 | 9.7 | 6.5 | 2.8 |
| 5.5 | 9.7 | 9.3 | 7.7 | 2.0 |
| 4.9 | 12.4 | 9.6 | 7.5 | 1.9 |
| 5.2 | 14.3 | 9.9 | 5.7 | 2.1 |
| | | | | |
| 5.8 | 11.6 | 10.1 | 8.1 | 2.6 |
| 5.3 | 14.1 | 9.0 | 8.5 | 2.1 |
| 5.2 | 12.8 | 7.2 | 8.8 | 3.7 |
| 4.7 | 12.4 | 7.0 | 8.5 | 3.8 |

# 农村居民家庭人均分类生活消费支出名义指数(以1978年为100)

表2-37

| 年 份<br>Year | 生活消费支出<br>Total Consumption Expenditures | 食 品<br>Food | 衣 着<br>Clothing | 居 住<br>Housing |
|---|---|---|---|---|
| 1978 | 100.0 | 100.0 | 100.0 | 100.0 |
| 1979 | 128.2 | 117.2 | 128.4 | 199.4 |
| 1980 | 167.4 | 142.8 | 120.2 | 328.0 |
| 1981 | 202.1 | 169.3 | 147.6 | 384.0 |
| 1982 | 230.1 | 189.0 | 133.9 | 512.0 |
| 1983 | 265.3 | 206.1 | 157.9 | 660.0 |
| 1984 | 320.7 | 245.4 | 164.8 | 860.0 |
| 1985 | 403.1 | 291.6 | 230.0 | 1 016.0 |
| 1986 | 464.2 | 347.1 | 254.0 | 1 144.0 |
| 1987 | 506.2 | 384.7 | 278.1 | 1 148.0 |
| 1988 | 636.8 | 417.1 | 379.3 | 1 372.0 |
| 1989 | 683.4 | 477.1 | 381.1 | 1 376.0 |
| 1990 | 653.9 | 501.0 | 367.3 | 1 088.0 |
| 1991 | 797.9 | 631.8 | 460.0 | 1 296.0 |
| 1992 | 1 019.2 | 729.3 | 508.1 | 1 804.0 |
| 1993 | 1 139.9 | 873.8 | 539.0 | 1 428.0 |
| 1994 | 1 406.7 | 1 124.3 | 731.2 | 1 816.0 |
| 1995 | 1 745.1 | 1 274.8 | 799.9 | 3 044.0 |
| 1996 | 2 004.1 | 1 416.7 | 878.8 | 3 264.0 |
| 1997 | 2 190.7 | 1 501.4 | 916.6 | 3 684.0 |
| 1998 | 2 179.8 | 1 517.6 | 820.5 | 3 504.0 |
| 1999 | 2 003.6 | 1 427.0 | 693.4 | 2 724.0 |
| 2000 | 2 144.0 | 1 558.7 | 690.0 | 2 896.0 |
| 2001 | 2 462.7 | 1 637.3 | 775.8 | 3 560.0 |
| 2002 | 2 751.8 | 1 600.5 | 775.8 | 5 568.0 |
| 2003 | 2 937.8 | 1 712.8 | 862.1 | 5 748.0 |
| 2004 | 3 279.3 | 1 873.3 | 961.2 | 5 784.0 |
| 2005 | 3 764.2 | 2 288.0 | 1 259.9 | 5 292.0 |
| 2006 | 4 148.2 | 2 585.5 | 1 434.9 | 6 632.0 |
| 2007 | 4 582.9 | 2 786.4 | 1 634.1 | 8 388.0 |
| 2008 | 4 722.8 | 3 190.8 | 1 603.2 | 7 224.0 |
| 2009 | 5 079.8 | 3 111.3 | 1 702.7 | 8 412.0 |
| 2010 | 5 297.9 | 3 255.0 | 1 901.8 | 8 280.0 |
| 2011 | 5 840.4 | 3 860.7 | 2 220.7 | 7 224.0 |
| 2012 | 6 267.4 | 4 135.6 | 2 416.8 | 7 336.0 |
| 2013 | 6 956.0 | 4 560.5 | 2 646.8 | 9 040.0 |
| 2014 | 7 922.8 | 5 290.7 | 2 749.7 | 10 988.0 |

注：①分类生活消费支出按原始数据计算，与用取整后的数据比较有尾数上差异。
②交通和通信、文教娱乐用品及服务、医疗保健以1983年为100。

Note: ①Figures in Consumption Expenditures Indices by Category are calculated by raw data, so they may have differences compared to the indices calculated by rounding data.
②In the categories of Transport and Communication, Education and Recreation Articles and Services, Medical and Health Services, the figures of 1983 are set at 100.

# Per Capita Consumption Expenditure Nominal Indices of Rural Households by Category (1978=100)

| 家庭设备、用品及服务 Household Facilities, Articles and Services | 交通和通信 Transport and Communication | 文教娱乐用品及服务 Education, Culture and Recreation Articles and Services | 医疗保健 Health Care and Medical Services | 其他商品和服务 Miscellaneous Goods and Services |
|---|---|---|---|---|
| 100.0 | | | | 100.0 |
| 113.7 | | | | 103.2 |
| 43.4 | | | | 349.1 |
| 95.5 | | | | 431.2 |
| 112.8 | | | | 441.5 |
| 373.3 | 100.0 | 100.0 | 100.0 | 61.6 |
| 364.6 | 200.0 | 200.0 | 150.0 | 71.9 |
| 564.2 | 200.0 | 566.7 | 200.0 | 71.9 |
| 633.7 | 400.0 | 666.7 | 250.0 | 30.8 |
| 816.0 | 300.0 | 650.0 | 225.0 | 143.7 |
| 1 450.0 | 400.0 | 833.3 | 450.0 | 431.2 |
| 1 380.2 | 400.0 | 1 133.3 | 575.0 | 533.9 |
| 1 119.8 | 600.0 | 983.3 | 825.0 | 718.7 |
| 1 310.8 | 1 500.0 | 1 416.7 | 875.0 | 585.2 |
| 2 013.9 | 3 100.0 | 2 016.7 | 1 125.0 | 883.0 |
| 2 248.3 | 6 500.0 | 3 666.7 | 1 250.0 | 718.7 |
| 2 317.7 | 7 900.0 | 3 700.0 | 1 875.0 | 924.0 |
| 2 465.3 | 15 900.0 | 4 266.7 | 1 825.0 | 1 139.6 |
| 3 151.0 | 20 000.0 | 5 783.3 | 2 700.0 | 1 242.3 |
| 2 934.0 | 24 000.0 | 6 900.0 | 4 350.0 | 1 211.5 |
| 3 203.1 | 22 600.0 | 7 716.7 | 4 250.0 | 913.8 |
| 3 376.7 | 19 700.0 | 7 900.0 | 4 000.0 | 975.4 |
| 1 953.1 | 27 900.0 | 9 316.7 | 5 225.0 | 1 211.5 |
| 2 552.1 | 34 000.0 | 11 216.7 | 6 625.0 | 1 540.0 |
| 2 439.2 | 46 200.0 | 11 016.7 | 7 000.0 | 1 406.6 |
| 2 475.0 | 58 700.0 | 11 266.7 | 8 325.0 | 883.0 |
| 2 986.1 | 72 000.0 | 13 433.3 | 10 625.0 | 1 201.2 |
| 3 975.7 | 73 900.0 | 15 600.0 | 14 050.0 | 2 094.5 |
| 4 175.3 | 78 000.0 | 15 333.3 | 13 725.0 | 1 807.0 |
| 3 923.6 | 88 400.0 | 14 283.3 | 14 275.0 | 2 556.5 |
| 4 375.0 | 88 000.0 | 14 166.7 | 17 425.0 | 1 837.8 |
| 4 175.3 | 121 200.0 | 15 716.7 | 18 475.0 | 1 961.0 |
| 4 583.3 | 145 900.0 | 16 866.7 | 14 625.0 | 2 156.1 |
| 5 408.3 | 130 900.0 | 18 983.3 | 22 725.0 | 2 990.0 |
| 5 607.6 | 170 500.0 | 18 133.3 | 25 725.0 | 2 597.5 |
| 6 024.3 | 171 900.0 | 16 066.7 | 29 525.0 | 5 154.0 |
| 6 180.6 | 189 100.0 | 17 816.7 | 32 700.0 | 5 903.5 |

# 按收入水平分组农村居民家庭人均生活消费支出(1994~2014)
## Per Capita Consumption Expenditures of Rural Households by 5 Income Levels

**表 2-38**　　单位:元 (Unit: yuan)

| 年　份<br>Year | 总平均<br>Total Average | 低收入户<br>Low Income | 较低收入户<br>Medium-low Income | 中间收入户<br>Medium Income | 较高收入户<br>Medium-high Income | 高收入户<br>High Income |
|---|---|---|---|---|---|---|
| 1994 | 2 715 | 1 578 | 1 989 | 2 635 | 2 952 | 4 640 |
| 1995 | 3 368 | 1 813 | 2 680 | 2 704 | 3 408 | 6 546 |
| 1996 | 3 868 | 2 229 | 2 860 | 3 182 | 4 221 | 6 995 |
| 1997 | 4 228 | 2 558 | 3 334 | 3 986 | 4 866 | 6 532 |
| 1998 | 4 207 | 2 468 | 3 163 | 3 347 | 4 871 | 7 362 |
| 1999 | 3 867 | 2 275 | 2 940 | 4 181 | 4 279 | 5 909 |
| 2000 | 4 138 | 2 390 | 3 387 | 3 887 | 5 487 | 5 880 |
| 2001 | 4 753 | 2 921 | 3 250 | 4 334 | 5 356 | 8 449 |
| 2002 | 5 311 | 2 350 | 4 341 | 4 834 | 5 873 | 9 683 |
| 2003 | 5 670 | 2 886 | 3 681 | 5 363 | 6 286 | 10 769 |
| 2004 | 6 329 | 4 076 | 4 914 | 5 309 | 6 992 | 10 971 |
| 2005 | 7 265 | 4 618 | 5 690 | 6 317 | 7 059 | 12 975 |
| 2006 | 8 006 | 4 788 | 6 001 | 6 951 | 8 015 | 15 058 |
| 2007 | 8 845 | 4 890 | 6 077 | 7 305 | 9 541 | 17 317 |
| 2008 | 9 115 | 5 024 | 6 280 | 9 555 | 10 700 | 14 517 |
| 2009 | 9 804 | 5 472 | 6 266 | 9 026 | 12 843 | 16 035 |
| 2010 | 10 225 | 5 026 | 7 881 | 8 739 | 15 103 | 15 187 |
| 2011 | 11 272 | 6 979 | 9 881 | 11 701 | 11 654 | 16 531 |
| 2012 | 12 096 | 7 784 | 8 813 | 10 802 | 13 725 | 19 773 |
| 2013 | 13 425 | 8 011 | 10 048 | 12 150 | 15 793 | 20 775 |
| 2014 | 15 291 | 9 629 | 12 208 | 13 487 | 17 909 | 22 645 |

# 平均每百户城市居民家庭年末耐用消费品拥有量(1980~2014年)
## Main Durable Goods Owned Per 100 Households Urban

表2-39

| 年份<br>Year | 彩色电视机(台)<br>Colour TV Set(set) | 照相机(台)<br>Camera(unit) | 洗衣机(台)<br>Washing Machine<br>(set) | 电冰箱(台)<br>Refrigerator<br>(set) | 组合音响(台)<br>Stereo(set) |
|---|---|---|---|---|---|
| 1980 | | 7 | | | |
| 1981 | 1 | 10 | 1 | | |
| 1982 | 1 | 11 | 4 | … | |
| 1983 | 3 | 13 | 9 | 2 | |
| 1984 | 6 | 13 | 13 | 4 | |
| 1985 | 22 | 20 | 26 | 20 | |
| 1986 | 36 | 28 | 39 | 47 | |
| 1987 | 44 | 31 | 50 | 62 | |
| 1988 | 54 | 37 | 62 | 73 | |
| 1989 | 66 | 40 | 67 | 85 | |
| 1990 | 77 | 44 | 72 | 88 | 1 |
| 1991 | 81 | 43 | 72 | 92 | 3 |
| 1992 | 89 | 42 | 71 | 93 | 5 |
| 1993 | 94 | 46 | 76 | 92 | 7 |
| 1994 | 101 | 54 | 73 | 95 | 11 |
| 1995 | 109 | 52 | 78 | 98 | 13 |
| 1996 | 113 | 52 | 82 | 101 | 15 |
| 1997 | 119 | 54 | 87 | 102 | 18 |
| 1998 | 128 | 59 | 92 | 103 | 21 |
| 1999 | 144 | 68 | 93 | 103 | 28 |
| 2000 | 147 | 71 | 93 | 102 | 32 |
| 2001 | 154 | 72 | 99 | 103 | 34 |
| 2002 | 160 | 79 | 92 | 104 | 33 |
| 2003 | 168 | 70 | 94 | 102 | 40 |
| 2004 | 178 | 80 | 96 | 104 | 45 |
| 2005 | 177 | 85 | 97 | 104 | 48 |
| 2006 | 179 | 86 | 98 | 104 | 48 |
| 2007 | 183 | 89 | 98 | 103 | 52 |
| 2008 | 180 | 86 | 98 | 104 | 49 |
| 2009 | 185 | 91 | 99 | 104 | 50 |
| 2010 | 188 | 95 | 99 | 104 | 52 |
| 2011 | 191 | 94 | 100 | 105 | 48 |
| 2012 | 192 | 98 | 101 | 106 | 49 |
| 2013 | 169 | 53 | 88 | 93 | 16 |
| 2014 | 175 | 56 | 90 | 95 | 17 |

注：国家统计局2012年进行住户调查一体化改革，上海城市居民收支调查范围自2013年起由原来的市中心城市地区扩大至郊区的城镇地区，耐用消费品拥有量有所波动。

Note: The National Bureau of Statistics carried out the reform of household survey integration in 2012. Since 2013, the scope of Shanghai urban household income and expenditure survey has expanded from the original urban areas to suburban urban areas, and the ownership of durable consumer goods fluctuates.

表 2-39 续表　Continued

| 年　份<br>Year | 家用汽车(辆)<br>Automobile (unit) | 家用电脑(台)<br>Personal Computer<br>(set) | 家用空调(台)<br>Household Air<br>Conditioner(set) | 移动电话(台)<br>Mobile Phone<br>(set) | 淋浴热水器(台)<br>Water Heater<br>(set) | 摄像机(台)<br>Video Camera<br>(unit) |
|---|---|---|---|---|---|---|
| 1992 | | | 2 | | 7 | |
| 1993 | | | 5 | | 15 | |
| 1994 | | | 20 | | 29 | |
| 1995 | | 2 | 33 | | 37 | |
| 1996 | | 5 | 50 | 1 | 42 | |
| 1997 | | 9 | 62 | 2 | 51 | 1 |
| 1998 | | 13 | 69 | 6 | 54 | 3 |
| 1999 | | 20 | 85 | 16 | 60 | 3 |
| 2000 | | 26 | 96 | 29 | 64 | 3 |
| 2001 | … | 38 | 100 | 50 | 67 | 4 |
| 2002 | … | 51 | 118 | 93 | 76 | 5 |
| 2003 | 2 | 60 | 136 | 133 | 81 | 6 |
| 2004 | 4 | 70 | 159 | 161 | 88 | 8 |
| 2005 | 4 | 81 | 168 | 181 | 90 | 10 |
| 2006 | 5 | 91 | 175 | 200 | 93 | 11 |
| 2007 | 9 | 104 | 189 | 217 | 96 | 15 |
| 2008 | 11 | 109 | 191 | 219 | 95 | 15 |
| 2009 | 14 | 123 | 196 | 223 | 98 | 16 |
| 2010 | 17 | 129 | 200 | 230 | 98 | 17 |
| 2011 | 18 | 138 | 207 | 236 | 101 | 18 |
| 2012 | 20 | 144 | 207 | 239 | 100 | 19 |
| 2013 | 20 | 110 | 174 | 202 | 86 | 11 |
| 2014 | 22 | 119 | 183 | 211 | 89 | 12 |

# 平均每百户农村居民家庭年末耐用消费品拥有量(1985~2014年)
## Main Durable Goods Owned Per 100 Households Rural

**表 2-40**

| 年　份 Year | 彩色电视机(台) Colour TV Set (set) | 照相机(台) Camera(unit) | 洗衣机(台) Washing Machine (set) | 电冰箱(台) Refrigerator (set) | 微波炉(台) Microwave Oven (set) |
|---|---|---|---|---|---|
| 1985 | 4 | 1 | 2 | | |
| 1986 | 7 | 1 | 5 | 1 | |
| 1987 | 9 | 2 | 13 | 4 | |
| 1988 | 12 | 3 | 30 | 11 | |
| 1989 | 19 | 4 | 39 | 21 | |
| 1990 | 25 | 4 | 45 | 29 | |
| 1991 | 25 | 4 | 48 | 30 | |
| 1992 | 28 | 5 | 55 | 38 | |
| 1993 | 36 | 4 | 54 | 42 | |
| 1994 | 44 | 5 | 57 | 50 | |
| 1995 | 49 | 6 | 63 | 56 | |
| 1996 | 53 | 7 | 67 | 65 | |
| 1997 | 62 | 7 | 67 | 68 | |
| 1998 | 74 | 9 | 66 | 72 | 7 |
| 1999 | 83 | 9 | 72 | 73 | 10 |
| 2000 | 97 | 14 | 69 | 74 | 14 |
| 2001 | 105 | 13 | 70 | 76 | 20 |
| 2002 | 120 | 13 | 71 | 79 | 28 |
| 2003 | 125 | 13 | 75 | 81 | 36 |
| 2004 | 137 | 14 | 80 | 85 | 44 |
| 2005 | 157 | 18 | 86 | 89 | 66 |
| 2006 | 167 | 22 | 89 | 94 | 71 |
| 2007 | 179 | 21 | 91 | 96 | 76 |
| 2008 | 186 | 21 | 93 | 101 | 81 |
| 2009 | 190 | 24 | 93 | 101 | 82 |
| 2010 | 198 | 27 | 95 | 103 | 84 |
| 2011 | 188 | 20 | 88 | 99 | 80 |
| 2012 | 190 | 20 | 90 | 101 | 83 |
| 2013 | 178 | 24 | 82 | 95 | 80 |
| 2014 | 139 | 13 | 61 | 78 | 56 |

注：国家统计局2012年进行住户调查一体化改革，2013年起，上海农村居民收支调查范围逐步转变为乡村地区，不再包含城乡结合部地区，耐用消费品拥有量有所波动。

Note: The National Bureau of Statistics carried out the reform of household survey integration in 2012. Since 2013, the scope of Shanghai rural household income and expenditure survey has gradually changed to rural areas, excluding urban-rural fringe areas, and the ownership of durable consumer goods fluctuates.

表 2-40 续表　**Continued**

| 年　份<br>Year | 轻骑、摩托车(辆)<br>Moped and Motorcycle<br>(vehicle) | 家用空调(台)<br>Household Air Conditioner(set) | 抽油烟机(台)<br>Smoke Exhaust Ventilator(set) | 热水淋浴器<br>(台)<br>Water Heater<br>(set) | 移动电话<br>(部)<br>Mobile Phone<br>(set) | 家用电脑(台)<br>Personal Computer<br>(set) | 摄像机<br>(台)<br>Video Camera<br>(unit) |
|---|---|---|---|---|---|---|---|
| 1995 | 22 | 1 | 9 | | | | |
| 1996 | 33 | 3 | 15 | | | | |
| 1997 | 46 | 4 | 22 | | | | |
| 1998 | 55 | 7 | 26 | 29 | | 1 | |
| 1999 | 61 | 8 | 32 | 37 | | 1 | |
| 2000 | 73 | 14 | 35 | 44 | 19 | 5 | |
| 2001 | 73 | 16 | 39 | 47 | 35 | 7 | |
| 2002 | 83 | 24 | 42 | 53 | 63 | 12 | 1 |
| 2003 | 88 | 37 | 45 | 61 | 91 | 15 | 1 |
| 2004 | 91 | 55 | 51 | 66 | 112 | 23 | 2 |
| 2005 | 72 | 84 | 60 | 78 | 130 | 32 | 2 |
| 2006 | 74 | 99 | 65 | 83 | 148 | 38 | 3 |
| 2007 | 60 | 120 | 69 | 89 | 147 | 43 | 3 |
| 2008 | 55 | 129 | 71 | 90 | 156 | 47 | 4 |
| 2009 | 49 | 135 | 71 | 94 | 174 | 54 | 5 |
| 2010 | 46 | 147 | 74 | 96 | 194 | 60 | 5 |
| 2011 | 28 | 130 | 64 | 90 | 189 | 50 | 3 |
| 2012 | 25 | 136 | 67 | 91 | 200 | 49 | 4 |
| 2013 | 18 | 138 | 58 | 86 | 183 | 58 | 3 |
| 2014 | 12 | 83 | 31 | 57 | 171 | 42 | 1 |

# 主要统计指标解释

## 第一部分 上海居民收支与生活状况调查主要数据（新口径，表2-1到表2-18）

**■居民可支配收入（城镇/农村常住居民）**

指居民可用于最终消费支出和储蓄的总和，即居民可用于自由支配的收入。既包括现金收入，也包括实物收入。按照收入的来源，可支配收入包含四项，分别为：工资性收入、经营净收入、财产净收入和转移净收入。

**■居民消费支出（城镇/农村常住居民）**

指居民用于满足家庭日常生活消费需要的全部支出，既包括现金消费支出，也包括实物消费支出。消费支出可划分为食品烟酒、衣着、居住、生活用品及服务、交通通信、教育文化娱乐、医疗保健以及其他用品及服务八大类。

## 第二部分 历年城镇和农村住户调查主要数据（老口径，表2-19到表2-40）

**■城镇居民家庭可支配收入**

指居民家庭可用于最终消费支出和其他非义务性支出以及储蓄的总和，即居民家庭可以用来自由支配的收入。它是家庭总收入扣除交纳的所得税、个人交纳的社会保障费以及调查户的记账补贴后的收入。

**■城镇居民家庭消费支出**

指居民家庭用于满足家庭日常生活消费需要的全部支出，包括食品、衣着、居住、家庭设备及用品、交通通信、文教娱乐、医疗保健、其他等八大类。消费支出构成是按照商品或服务的用途进行分类，如果消费支出的目的与用途不一致时，必须按照用途归入相应类内。

**■农村居民可支配收入**

指农村居民获得的经过初次分配与再分配后的收入。可支配收入可用于住户的最终消费、非义务性支出以及储蓄。

农村居民可支配收入＝总收入-家庭经营费用支出-税费支出-生产性固定资产折旧-财产性支出-转移性支出。

**■农村居民家庭生活消费支出**

指农村住户用于物质生活和精神生活方面的支出。包括食品,衣着,居住,家庭设备用品及服务,医疗保健,交通和通信,文化教育娱乐用品及服务,其他商品和服务等消费支出。

**■恩格尔系数**

指食品支出占全部消费支出的比重,是反映人们生活水平高低的一项重要指标。国际上常用恩格尔系数来衡量一个国家和地区人民生活水平和富足程度。联合国粮农组织提出的标准,恩格尔系数在59%以上为贫困型阶段,50-59%为温饱型阶段;40-49%为小康型阶段;30-39%为富裕型阶段;30%以下为最富裕阶段。

**■平均消费倾向**

指居民消费支出占可支配收入的比重。在实际计算居民家庭平均消费倾向时,收入通常以居民家庭可支配收入来表示。消费倾向是度量居民生活水平的重要指标,一般来说,居民收入越高,消费倾向越低;收入越低,消费倾向越高。在收入既定的前提下,居民消费倾向越高,表明消费欲望越强烈,对经济增长的拉动作用越大;反之,则相反。

# EXPLANATORY NOTES ON MAIN STATISTICAL INDICATORS

## Part 1 Data of Survey on Income, Expenditure and Living Conditions of Residents in Shanghai ( New Statistics Scope, from Chart 2–1 to 2–18 )

### ■Disposable Income of Households (usual resident households in urban/rural areas)

It refers to the income of households for purpose of final expenditure and savings. It includes income both in cash and in kind. By sources of income, disposable income includes four categories: income from wages and salaries, net business income, net income from properties and net income from transfer.

### ■Consumption Expenditure of Households (usual resident households in urban/rural areas)

It refers to all expenditure of households for living expenditure to satisfy family daily living. It includes expenditure in cash and in kind. It includes eight categories: food, tobacco and liquor; clothing; residence; household facilities, articles and services; transportation and communications; education, culture and recreation; health care and medical services, and miscellaneous goods and services.

## Part 2 Historical Data of Urban and Rural Household Survey ( Old Statistics Scope, From Chart 2–19 to 2–40 )

### ■Disposable Income of Urban Households

It refers to the actual income at the disposal of members of the urban households which can be used for final consumption, other non–compulsory expenditure and savings. This equals to total income minus income tax, personal contribution to social security and subsidy for keeping diaries in being a sample household.

### ■Consumption Expenditure of Urban Households

It refers to total expenditure of urban households for consumption in daily life, including expenditure on the eight categories of food; clothing; housing; household appliances; transportation and communication; education, culture and recreation, medical care, and miscellaneous goods and services.

### ■Disposable Income of Rural Households

It refers to the income of the rural households after first distribution and redistribution, which can be used for final consumption, other non–compulsory expenditure and savings.

Disposable Income of rural households = total income – household operation expenses – taxes and fees–depreciation of fixed assets for production – expenses on properties – expenses on transfers.

### ■Consumption Expenditure of Rural Households

It refers to total expenditure of rural households for consumption in daily life, including expenditure on the eight categories of food; clothing; housing; household appliances; transportation and communication; education, culture and recreation, medical care, and miscellaneous goods and services.

## ■Engel's Coefficient

It refers to the percentage of expenditure on food to the total consumption. It is an important indicator which reflects the living level of people. Internationally, it is often used to measure the living and prosperity level of people in a country or region. According to the standard provided by FAO, countries(regions) whose Engel's coefficient is over 59% are of the poor stage; 50–59% are of the subsistence stage; 40–49% are of the well–off stage; 30–39% are of the rich stage; below 30% are of the very rich stage.

## ■Average Propensity to Consume

It refers to the percentage of income that went for consumption. Usually, we select a household's disposable income as the income when we calculate this gauge. Propensity to consume is an important measurement of living standard. Generally speaking, the higher income will generate the lower propensity to consume, and the lower income will generate the higher propensity to consume. Given the fixed income, the higher propensity to consume indicates a stronger desire for consumption, which in turn will give a bigger push to the economic growth, and the other way around, the opposite will be true.

# Chapter 3
# 第三篇



# 价格指数
## PRICE INDEX

# 简要说明

**一、本篇资料的主要内容**

本篇价格指数资料，反映生产、流通、消费、投资与交易等环节的价格变动趋势和变动幅度。主要包括居民消费价格指数、商品零售价格指数、工业生产者出厂价格指数、工业生产者购进价格指数、固定资产投资价格指数、房地产价格指数、农产品生产者价格指数等。

**二、本篇的资料来源**

价格指数编制由国家统计局上海调查总队消费价格调查处、生产价格调查处、农业调查处组织实施，依据国家统计局统一制定的价格统计调查制度，由上海调查总队直接以及通过区县调查队从基层采集原始价格数据汇总后上报。

**三、居民消费、商品零售价格指数调查方法**

编制居民消费、商品零售价格指数的资料采用抽样调查和重点调查相结合的方法取得，即在全市选择不同经济区域和分布合理的商品销售或服务网点，以及有代表性的商品或服务作为样本，对其市场价格进行定期调查，以样本推断总体。目前，居民消费、商品零售价格调查已涉及全市16个区。

1. 价格调查点的抽选方法：对全市消费市场进行摸底调查、掌握市场的基本情况（经营品种、销售额等指标）基础上，将各种类型的商场（店）、超市、农贸市场、服务网点以销售额（成交额或经营规模）为标志，从高到低排队，依据所需调查点的数量进行等距抽样。选择经营品种齐全、销售额大的商场（店）、超市、农贸市场、服务网点作为价格调查点。

2. 代表规格品根据全市的消费情况确定，必须遵循以下原则：(1)选择消费量较大的消费项目；(2)价格变动趋势和变动程度有较强的代表性，即选中规格品与未选中规格品的价格变动特征愈相关愈好；(3)在市场销售份额大体相等的情况下，同一基本分类的规格品之间，性质差异愈大愈好，价格变动特征的相关性愈低愈好；(4)生产和销售前景较好；(5)选中的工业消费品必须是合格产品，工业产品包装上必须有注册商标、产地、规格等级等标识。

目前，居民消费价格调查分为8大类，268个基本分类，全市每月共调查1500种以上的规格品价格；商品零售价格分为16个大类，197个基本分类，全市每月调查900种以上的规格品价格。

3. 价格调查方法：居民消费、商品零售价格调查是抽样调查，主要方法是定人、定点、定时直接调查。

4. 权数的确定：居民消费价格指数的权数主要根据全市城镇居民家庭消费支出构成确定；商品零售价格指数的权数主要根据全市社会商品零售额资料确定。

5. 指数计算方法：使用链式拉氏公式计算，每5年更换1次基期，目前固定基期为2020年。

**四、工业生产者价格指数调查方法**

工业生产者价格包括工业企业产品第一次出售时的出厂价格（以下简称工业生产者出厂价格）和企业作为中间投入的原材料、燃料、动力购进价格（以下简称工业生产者购进价格）。该项调查采用重点调查与典型调查相结合的调查方法，重点调查对象为规模以上工业法人企业；典型调查对象规模以下工业法人企业。

1. 选择代表企业的原则：(1)按工业行业选择调查企业，各中类行业原则上都要有调查企业；(2)大型企业应尽量都选上(或占相当大比重);(3)选择生产正常、稳定的企业作为调查对象。根据以上原则,上海共选择近 1000 家工业企业进行工业生产者价格调查。

2. 选择代表产品的原则:(1)按工业行业选择基本分类和代表产品;(2)选择对国计民生影响大的产品;(3)选择生产较为稳定的产品;(4)选择有发展前景的产品;(5)选择具有地方特色的产品。根据《工业生产者价格调查目录》,上海工业生产者出厂价格调查涵盖全市 35 个工业大类行业,500 余个基本分类的 1000 余种产品;工业生产者购进价格调查涵盖 9 大类,400 余个基本分类的 1000 余种产品。

3. 工业生产者价格调查采用企业网上直报的形式。

**五、农产品生产者价格指数**

农产品生产者价格是指农产品生产者直接出售其产品时实际获得的单位产品价格。农产品生产者价格调查采用抽样调查和重点调查相结合的方法。内容包括被调查单位生产并出售的主要农产品。农产品代表产品的选择涵盖农、林、牧、渔四大类、各中类以及 90%以上的小类,一般是生产量和销售量大的对国计民生影响大、稳定性强的产品,具有发展前景的新产品和具有地方特色的产品。代表品一般稳定五年。调查周期为季度。

# BRIEF INTRODUCTION

## I. Main Contents

Data on price indices in this chapter show the changing trends and the changing rates in the prices of production, trade, consumption, investment and transaction, mainly including consumer price indices, retail price indices, producer price indices for industrial products, purchasing price indices for industrial producers, price indices for investment in fixed assets, house price indices, producer price indices for farm products.

## II. Sources of Data

Statistics on price indices, organized and compiled by NBS Survey Office in Shanghai, are collected from the grassroots units or survey offices in districts and counties in accordance with the scheme of price survey system stipulated by the National Bureau of Statistics, and then statistics are tabulated and reported to the higher agencies.

## III. Consumer Price Indices and Retail Price Indices

Data for compilation of the consumer price indices and the retail price indices in Shanghai are collected through a combination of sample surveys and surveys of key units. Areas distributed in the city's economic regions, representative commodities and representative services are selected as samples. Regular surveys are conducted to collect data on their market prices. Population parameters are inferred on the basis of the sample data. At present, 16 districts in Shanghai are all included in the survey of the consumer price indices and the retail price indices.

(1) The selection of sample survey areas: Based on the basic conditions (including product varieties, their sales and etc.) the city's consumer market, the city's consumer market, shops, supermarkets, wet markets and service outlets of different varieties are ranked by sales (turnover or scales) and then selected on the number of survey areas needed via systematic sampling method schemes. The price survey areas should be shops, supermarkets, wet markets and service outlets with a wide range of products and big sales.

(2) The goods are selected on the city's consumption conditions, following these principles: (a) goods sold in large quantities (b) Representative for the price changing trends and the changing rates, which means selected goods are highly relevant with those unselected (c) Under the conditions of similar market shares, the bigger the differences in nature among goods and the lower the price relevance, the better (d) Good production and sales outlook (e) Qualified industrial goods, with registered trademark, origin and grade printed on the packaging.

At present, data are collected on more than 1500 specifications each month in the city under 268 basic headings in 8 categories in the consumer price surveys. For the retail price surveys, data are collected on more than 900 specifications each month under 197 basic headings in 16 categories.

(3) Method of data collection: Sample surveys are used for the consumer price indices and the retail price indices, with method of direct survey with fixed people, fixed location and fixed time period.

(4) Determination of the weights: The weights of the consumer price indices are determined according to the composition of the consumption expenditures of Shanghai's urban and rural households. The weights of the retail price indices are determined mainly according to the total retail sales of commodities in the city.

(5) Method of calculation: the approach of the chain Lapsers with 2020 being a base period.

**IV. Producer Price Indices**

Producer prices include Producer Prices for Industrial Products, which are the prices of manufactured goods when they are sold for the first time, and Purchasing Prices for Industrial Producers, which are prices paid by industrial enterprises when they purchase productive inputs such as raw materials, fuels and power from the market or from other enterprises. Ethologically, the survey is a combination of the key enterprises´ survey and typical enterprises' survey, where key enterprises refer to those industrial enterprises above set scale and typical enterprises refer to those industrial enterprises under set scale.

(1) Principles for the selection of representative enterprises: (a) Enterprises to be covered in the survey are selected by industrial sectors. In principle, every second-level classification should have representative enterprises; (b) All (or a majority of) large-scale enterprises should be selected; (c) Enterprises selected should be those with normal and stable production. According to these principles, nearly 1000 enterprises in Shanghai are selected for this survey.

(2) Principle for the selection of representative goods: (a) The goods are selected by industrial sectors; (b) The selected goods should have great importance in the national economy and people's living conditions; (c) The production of the goods selected should be stable; (d) The prospects of the goods selected should be promising; (e) The goods selected should be of local specialties.

(3) Online direct reporting method is used for the data collection of Producer Price survey.

**V. Producer Price Indices for Farm Products**

Producer price indices for farm products refers to the actual price per unit through directly selling their products by producers of farm products. The survey program of Price Index for Farm Products is a combined use of sampling survey and typical units´ survey. It covers main farm products produced and sold by the units surveyed. Representative farm products include those in Agriculture, Forestry, Animal Husbandry and Fishery, 90% of small classification in medium-sized classification. The products are generally with large production and sales, having great impact on the national economy and people´s living conditions, with strong stability, with promising to new products and with local characters. Representative products are for 5 years. The survey is conducted quarterly.

# 各种价格指数(1978~2021，以上年价格为100)
## Price Indices(preceding year=100)

表3-1

| 年 份 year | 居民消费价格指数 Residents Consumer Price Indices | 商品零售价格指数 Retail Price Indices | 工业生产者出厂价格指数 Producer Price Indices for Industrial Products | 工业生产者购进价格指数 Purchasing PriceIndices for Industrial Producers | 新建商品住宅销售价格指数 Price Index for Newly Built Commodity Residential Housing | 二手住宅销售价格指数 Price Index for Existing Residential Housing | 农产品生产者价格指数 Producer Price Indices of Farm Products |
|---|---|---|---|---|---|---|---|
| 1978 | 100.5 | 100.1 | | | | | |
| 1980 | 105.9 | 106.5 | | | | | |
| 1985 | 115.2 | 116.4 | | | | | |
| 1986 | 106.3 | 106.7 | | | | | |
| 1987 | 108.1 | 108.8 | | | | | |
| 1988 | 120.1 | 121.3 | | | | | |
| 1989 | 115.9 | 116.7 | | | | | |
| 1990 | 106.3 | 104.8 | | | | | |
| 1991 | 110.5 | 109.5 | | | | | |
| 1992 | 110.0 | 109.7 | 110.4 | 109.6 | | | |
| 1993 | 120.2 | 117.5 | 128.0 | 129.2 | | | |
| 1994 | 123.9 | 117.5 | 118.2 | 121.6 | | | |
| 1995 | 118.7 | 113.0 | 107.9 | 113.3 | | | |
| 1996 | 109.2 | 105.0 | 97.6 | 97.6 | | | |
| 1997 | 102.8 | 98.8 | 97.8 | 98.6 | | | |
| 1998 | 100.0 | 95.1 | 93.9 | 94.1 | | | |
| 1999 | 101.5 | 97.3 | 97.6 | 97.1 | | | |
| 2000 | 102.5 | 96.4 | 102.5 | 107.1 | | | |
| 2001 | 100.0 | 98.6 | 96.7 | 98.7 | | | |
| 2002 | 100.5 | 98.7 | 96.4 | 97.7 | | | |
| 2003 | 100.1 | 99.0 | 101.4 | 106.4 | | | |
| 2004 | 102.2 | 100.9 | 103.6 | 116.4 | | | 110.8 |
| 2005 | 101.0 | 99.4 | 101.7 | 106.8 | | | 105.7 |
| 2006 | 101.2 | 100.2 | 100.6 | 104.8 | | | 101.9 |
| 2007 | 103.2 | 102.4 | 101.2 | 104.1 | | | 110.2 |
| 2008 | 105.8 | 105.3 | 102.2 | 110.3 | | | 109.7 |
| 2009 | 99.6 | 99.4 | 93.8 | 89.8 | | | 102.2 |
| 2010 | 103.1 | 101.7 | 102.3 | 111.2 | | | 107.1 |
| 2011 | 105.2 | 104.1 | 102.9 | 107.5 | 102.5 | 102.2 | 110.9 |
| 2012 | 102.8 | 101.2 | 98.4 | 94.7 | 98.8 | 99.1 | 101.4 |
| 2013 | 102.3 | 100.2 | 98.2 | 96.5 | 114.2 | 109.7 | 104.1 |
| 2014 | 102.7 | 100.9 | 98.9 | 95.9 | 107.0 | 104.6 | 99.5 |
| 2015 | 102.4 | 101.1 | 96.1 | 90.6 | 103.5 | 104.0 | 102.4 |
| 2016 | 103.2 | 100.8 | 98.8 | 97.7 | 132.8 | 130.0 | 106.6 |
| 2017 | 101.7 | 100.9 | 103.5 | 108.9 | 110.2 | 109.6 | 98.4 |
| 2018 | 101.6 | 101.6 | 101.7 | 105.2 | 99.8 | 98.2 | 100.5 |
| 2019 | 102.5 | 100.4 | 98.8 | 98.7 | 102.0 | 99.7 | 105.6 |
| 2020 | 101.7 | 100.9 | 98.3 | 96.9 | 103.6 | 103.5 | 106.7 |
| 2021 | 101.2 | 101.3 | 102.1 | 107.3 | 104.5 | 108.6 | 104.4 |

注：国家统计局从1993年开始编制固定资产投资价格指数。从2011年起，工业品价格出厂价格指数和原材料燃料动力购进价格指数，分别改为工业生产者出厂价格指数和工业生产者购进价格指数。

Note：Price Indices for Investment in Fixed Assets have been compiled by The National Bureau of Statistics since 1993. And since 2011, Producer Price Index for Industrial Products and Purchasing Price Indices of Raw Materials, Fuels and Power have been Changed to Producer Price Indices for Industrial Products and Purchasing Price Indices for Industrial Producers respectively.

# 各种价格定基指数(1978~2021)
## Fixed-base Price Indices

表 3-2

| 年 份<br>Year | 居民消费价格指数<br>(以 1978 年价格为 100)<br>Residents Consumer Price Indices<br>(1978=100) | 商品零售价格指数<br>(以 1978 年价格为 100)<br>Retail Price Indices<br>(1978=100) | 工业生产者出厂价格指数<br>(以 2000 年价格为 100)<br>Producer Price Indices for Industrial Products<br>(2000=100) | 工业生产者购进价格指数<br>(以 2000 年价格为 100)<br>Purchasing Price Indices for Industrial Producers<br>(2000=100) |
|---|---|---|---|---|
| 1978 | 100.0 | 100.0 | | |
| 1980 | 106.9 | 107.6 | | |
| 1985 | 128.2 | 130.4 | | |
| 1986 | 136.3 | 139.1 | | |
| 1987 | 147.3 | 151.4 | | |
| 1988 | 176.9 | 183.6 | | |
| 1989 | 205.1 | 214.3 | | |
| 1990 | 218.0 | 224.6 | | |
| 1991 | 240.9 | 245.9 | | |
| 1992 | 265.0 | 269.8 | | |
| 1993 | 318.5 | 317.0 | | |
| 1994 | 394.6 | 372.4 | | |
| 1995 | 468.4 | 420.9 | | |
| 1996 | 511.5 | 441.9 | | |
| 1997 | 525.8 | 436.6 | | |
| 1998 | 525.8 | 415.2 | | |
| 1999 | 533.7 | 404.0 | | |
| 2000 | 547.0 | 389.5 | | |
| 2001 | 547.0 | 384.0 | 96.7 | 98.7 |
| 2002 | 549.7 | 379.0 | 93.2 | 96.4 |
| 2003 | 550.1 | 375.4 | 94.5 | 102.6 |
| 2004 | 561.9 | 378.8 | 97.9 | 119.4 |
| 2005 | 567.3 | 376.7 | 99.6 | 127.5 |
| 2006 | 574.2 | 377.3 | 100.2 | 133.6 |
| 2007 | 592.3 | 386.5 | 101.4 | 139.1 |
| 2008 | 626.5 | 407.1 | 103.6 | 153.4 |
| 2009 | 624.0 | 404.8 | 97.2 | 137.8 |
| 2010 | 643.4 | 411.7 | 99.4 | 153.2 |
| 2011 | 676.7 | 428.4 | 102.3 | 164.7 |
| 2012 | 695.9 | 433.6 | 100.7 | 156.0 |
| 2013 | 711.9 | 434.3 | 98.9 | 150.5 |
| 2014 | 730.7 | 438.0 | 97.8 | 144.3 |
| 2015 | 748.4 | 442.8 | 94.0 | 130.7 |
| 2016 | 772.6 | 446.3 | 92.9 | 127.7 |
| 2017 | 785.7 | 450.3 | 96.2 | 139.1 |
| 2018 | 798.3 | 457.5 | 97.8 | 146.3 |
| 2019 | 818.2 | 459.3 | 96.6 | 144.4 |
| 2020 | 832.3 | 463.4 | 95.0 | 139.9 |
| 2021 | 842.2 | 469.6 | 97.0 | 150.1 |

# 居民消费分类价格指数(1978~2015，以上年价格为100)

表3-3

| 年　份<br>Year | 居民消费<br>价格指数<br>Residents Consumer<br>Price Indices | 食　品<br>Food | 烟　酒<br>Cigarettes and<br>Liquors | 衣　着<br>Clothing |
|---|---|---|---|---|
| 1978 | 100.5 | 100.1 | | 99.9 |
| 1980 | 105.9 | 106.6 | | 99.9 |
| 1985 | 115.2 | 125.1 | | 100.5 |
| 1986 | 106.3 | 109.9 | | 101.6 |
| 1987 | 108.1 | 111.2 | | 107.5 |
| 1988 | 120.1 | 124.7 | | 121.8 |
| 1989 | 115.9 | 113.3 | | 123.8 |
| 1990 | 106.3 | 103.6 | | 110.9 |
| 1991 | 110.5 | 112.7 | | 106.3 |
| 1992 | 110.0 | 113.1 | | 109.8 |
| 1993 | 120.2 | 121.1 | | 119.2 |
| 1994 | 123.9 | 130.2 | | 117.4 |
| 1995 | 118.7 | 124.4 | | 109.0 |
| 1996 | 109.2 | 109.7 | | 108.8 |
| 1997 | 102.8 | 99.3 | | 101.0 |
| 1998 | 100.0 | 97.7 | | 93.0 |
| 1999 | 101.5 | 97.6 | | 98.2 |
| 2000 | 102.5 | 98.1 | | 94.9 |
| 2001 | 100.0 | 100.3 | 98.9 | 98.9 |
| 2002 | 100.5 | 102.9 | 98.9 | 97.5 |
| 2003 | 100.1 | 101.3 | 99.8 | 97.5 |
| 2004 | 102.2 | 108.3 | 98.3 | 94.2 |
| 2005 | 101.0 | 104.5 | 99.7 | 92.1 |
| 2006 | 101.2 | 102.5 | 100.2 | 106.4 |
| 2007 | 103.2 | 109.4 | 100.7 | 101.3 |
| 2008 | 105.8 | 115.3 | 101.7 | 101.6 |
| 2009 | 99.6 | 102.1 | 100.8 | 99.3 |
| 2010 | 103.1 | 107.7 | 101.1 | 98.6 |
| 2011 | 105.2 | 110.8 | 101.3 | 104.3 |
| 2012 | 102.8 | 105.8 | 101.4 | 103.0 |
| 2013 | 102.3 | 104.4 | 100.1 | 100.0 |
| 2014 | 102.7 | 103.2 | 101.0 | 103.7 |
| 2015 | 102.4 | 102.9 | 104.2 | 107.8 |

注：1、家庭设备用品及维修服务:1978~1993年为日用品类,1994~2000年为家庭设备及用品类。2、医疗保健和个人用品:1978~1993年为药及医药用品类,1994~2000年为医疗保健类。3、交通和通信:1994~2000年为交通和通信工具类。4、娱乐教育文化用品及服务:1978~1993年为文化娱乐用品类,1994~2000年为娱乐教育文化用品类。

Note: 1. Household Facilities, Articles and Repair Services is Daily Use Articles from 1978 to 1993 and Household Facilities and Articles from 1994 to 2000. 2. Medical and Health Services and Personal Articles is Medicines and Medical Products from 1978 to 1993 and Medical and Health Care from 1994 to 2000,3. Transport and Communication is Tools of Transport and Communication from 1994 to 2000. 4. Recreation, Education, Culture Articles and Services is Culture and Recreation Articles from 1978 to 1993 and Recreation, Education and Culture Articles from 1994 to 2000.

## Consumer Price Indices by Category( preceding year = 100 )

| 家庭设备用品及维修服务 Household Facilities, Articles and Repair Services | 医疗保健和个人用品 Medical and Health Services and Personal Articles | 交通和通信 Transportation and Communication | 娱乐教育文化用品及服务 Recreation, Education, Culture Articles and Services | 居 住 Housing |
|---|---|---|---|---|
| 100.2 | 100.0 | | 100.0 | |
| 100.1 | 99.3 | | 100.3 | |
| 102.0 | 103.1 | | 99.8 | |
| 102.4 | 106.3 | | 100.6 | |
| 106.2 | 102.6 | | 101.3 | |
| 113.9 | 107.8 | | 108.9 | |
| 108.3 | 115.8 | | 135.6 | |
| 108.6 | 103.0 | | 94.9 | |
| 112.5 | 97.7 | | 90.8 | |
| 101.3 | 106.9 | | 90.9 | |
| 108.5 | 107.6 | | 99.2 | |
| 110.8 | 112.3 | 103.5 | 115.6 | 120.3 |
| 103.5 | 108.2 | 93.4 | 103.2 | 120.1 |
| 99.9 | 107.6 | 98.6 | 105.3 | 109.7 |
| 92.4 | 103.3 | 99.5 | 96.9 | 120.3 |
| 93.1 | 102.6 | 94.9 | 92.8 | 113.4 |
| 97.6 | 101.0 | 81.4 | 95.7 | 105.8 |
| 96.6 | 99.9 | 93.3 | 92.1 | 103.3 |
| 97.2 | 97.4 | 98.1 | 102.1 | 102.3 |
| 97.7 | 97.6 | 96.9 | 100.8 | 100.0 |
| 98.4 | 100.0 | 96.3 | 100.3 | 101.1 |
| 97.8 | 100.0 | 96.5 | 99.9 | 101.6 |
| 100.8 | 100.3 | 97.5 | 98.3 | 102.9 |
| 102.7 | 101.1 | 97.3 | 98.2 | 102.9 |
| 103.3 | 100.2 | 96.9 | 97.3 | 104.5 |
| 108.3 | 103.1 | 97.5 | 98.2 | 102.5 |
| 101.5 | 99.4 | 97.5 | 98.0 | 96.6 |
| 101.1 | 103.7 | 97.4 | 100.9 | 103.5 |
| 107.1 | 104.1 | 100.2 | 99.2 | 105.4 |
| 103.5 | 100.6 | 100.8 | 99.3 | 102.8 |
| 101.3 | 100.0 | 100.4 | 100.1 | 103.9 |
| 101.8 | 100.4 | 100.1 | 101.8 | 104.6 |
| 102.9 | 99.3 | 97.6 | 100.3 | 104.6 |

# 居民消费分类价格指数(2016~2021，以上年价格为100)

表3-4

| 年 份<br>Year | 居民消费价格指数<br>Residents Consumer Price Indices | 食品烟酒<br>Food and Cigarettes and Liquors | 衣 着<br>Clothing | 居 住<br>Housing |
|---|---|---|---|---|
| 2016 | 103.2 | 103.7 | 100.8 | 105.1 |
| 2017 | 101.7 | 101.2 | 100.5 | 101.7 |
| 2018 | 101.6 | 102.3 | 98.3 | 100.2 |
| 2019 | 102.5 | 105.0 | 103.2 | 101.9 |
| 2020 | 101.7 | 105.3 | 100.9 | 100.8 |
| 2021 | 101.2 | 100.5 | 99.5 | 101.1 |

# 居民消费分类价格指数(1978~1993，以1978年价格为100)

表3-5

| 年 份<br>Year | 居民消费价格指数<br>Consumer Price Indices | 食 品<br>Food | 衣 着<br>Clothing | 日用品<br>Daily Use Articles |
|---|---|---|---|---|
| 1978 | 100.0 | 100.0 | 100.0 | 100.0 |
| 1979 | 100.9 | 101.7 | 100.0 | 100.2 |
| 1980 | 106.9 | 108.4 | 99.9 | 100.3 |
| 1981 | 108.3 | 109.8 | 99.3 | 99.6 |
| 1982 | 108.7 | 111.9 | 96.3 | 95.8 |
| 1983 | 108.9 | 113.6 | 90.9 | 94.4 |
| 1984 | 111.3 | 117.5 | 90.8 | 94.0 |
| 1985 | 128.2 | 147.0 | 91.2 | 95.8 |
| 1986 | 136.3 | 161.6 | 92.7 | 98.2 |
| 1987 | 147.3 | 179.7 | 99.6 | 104.2 |
| 1988 | 176.9 | 224.1 | 121.3 | 118.7 |
| 1989 | 205.1 | 253.9 | 150.2 | 128.6 |
| 1990 | 218.0 | 263.0 | 166.5 | 139.6 |
| 1991 | 240.9 | 296.5 | 177.1 | 157.1 |
| 1992 | 265.0 | 335.2 | 194.4 | 159.1 |
| 1993 | 318.5 | 406.0 | 231.7 | 172.7 |

注：由于居民消费价格分类从1978年来经历四次大调整，1978~1993年、1994~2000年、2001~2015年、2016~2018年四个阶段的居民消费价格分类内容不完全一致，因此在使用历年分类指数时注意数据口径衔接。

Note：Consumer Price Indices by Category has been adjusted for 4 times，so Consumer Price Indices by Category of the four periods（1978-1993，1994-2000，2001-2015 and 2016-2018）are not of the same calibre. Please notice the different calibres when use these data.

## Consumer Price Indices by Category(preceding year=100)

| 生活用品及服务<br>Living Articles and Services | 交通和通信<br>Transportation and Communication | 教育文化和娱乐<br>Education, Culture and Recreation | 医疗保健<br>Medical and Health Services | 其他用品和服务<br>Other Articles and Services |
|---|---|---|---|---|
| 101.2 | 97.0 | 102.7 | 109.0 | 103.3 |
| 101.5 | 100.7 | 100.9 | 106.6 | 102.6 |
| 101.4 | 104.0 | 103.1 | 102.4 | 102.4 |
| 100.9 | 97.8 | 101.2 | 103.3 | 103.3 |
| 99.8 | 96.6 | 101.1 | 101.2 | 102.9 |
| 100.7 | 104.0 | 102.7 | 98.9 | 100.9 |

## Consumer Price Indices by Category(1978=100)

| 文化娱乐用品<br>Culture and Recreation Articles | 书报杂志<br>Books, Newspaper and Magazines | 药品及医疗用品<br>Medicines and Medical Supplies | 燃　料<br>Fuels | 服务项目<br>Services |
|---|---|---|---|---|
| 100.0 | 100.0 | 100.0 | 100.0 | 100.0 |
| 101.5 | 100.0 | 99.5 | 100.0 | 100.3 |
| 101.7 | 100.0 | 98.8 | 100.0 | 100.4 |
| 101.9 | 100.0 | 99.3 | 100.0 | 100.5 |
| 100.7 | 100.0 | 108.0 | 100.0 | 100.7 |
| 100.1 | 100.0 | 110.1 | 100.0 | 101.3 |
| 98.9 | 100.0 | 116.3 | 100.0 | 104.0 |
| 98.7 | 125.7 | 119.8 | 100.0 | 109.7 |
| 99.3 | 144.3 | 127.4 | 100.0 | 112.3 |
| 100.5 | 144.3 | 130.7 | 102.8 | 113.9 |
| 109.6 | 172.0 | 141.0 | 106.3 | 125.1 |
| 148.6 | 319.4 | 163.2 | 106.5 | 135.3 |
| 140.9 | 364.5 | 168.2 | 123.7 | 165.0 |
| 128.0 | 377.6 | 164.2 | 209.5 | 196.2 |
| 116.4 | 415.3 | 175.5 | 268.2 | 220.7 |
| 115.5 | 438.2 | 188.9 | 421.8 | 305.3 |

## 居民消费分类价格指数(1994~2000，以1993年价格为100)

表3-6

| 年　份<br>Year | 居民消费价格指数<br>Consumer Price Indices | 食　品<br>Food | 衣　着<br>Clothing | 家庭设备用品及维修服务<br>Household Facilities, Articles and Repair Services |
|---|---|---|---|---|
| 1994 | 123.9 | 130.2 | 117.4 | 110.8 |
| 1995 | 147.1 | 162.0 | 128.0 | 114.7 |
| 1996 | 160.6 | 177.7 | 139.2 | 114.6 |
| 1997 | 165.1 | 176.4 | 140.6 | 105.9 |
| 1998 | 165.1 | 172.4 | 130.8 | 98.6 |
| 1999 | 167.6 | 168.2 | 128.4 | 96.2 |
| 2000 | 171.8 | 165.0 | 121.9 | 92.9 |

## 居民消费分类价格指数(2001~2015，以2000年价格为100)

表3-7

| 年　份<br>Year | 居民消费价格指数<br>Consumer Price Indices | 食　品<br>Food | 烟　酒<br>Cigarettes and Spirits Related Items | 衣　着<br>Clothing |
|---|---|---|---|---|
| 2001 | 100.0 | 100.3 | 98.9 | 98.9 |
| 2002 | 100.5 | 103.2 | 97.9 | 96.4 |
| 2003 | 100.6 | 104.6 | 97.6 | 94.0 |
| 2004 | 102.8 | 113.2 | 96.0 | 88.6 |
| 2005 | 103.7 | 118.3 | 95.6 | 81.6 |
| 2006 | 105.0 | 121.3 | 95.9 | 86.8 |
| 2007 | 108.3 | 132.7 | 96.5 | 88.0 |
| 2008 | 114.6 | 153.0 | 98.1 | 89.4 |
| 2009 | 114.1 | 156.1 | 98.9 | 88.8 |
| 2010 | 117.6 | 168.2 | 100.0 | 87.6 |
| 2011 | 123.7 | 186.3 | 101.3 | 91.3 |
| 2012 | 127.2 | 197.2 | 102.8 | 94.0 |
| 2013 | 130.2 | 205.8 | 102.9 | 94.0 |
| 2014 | 133.6 | 212.4 | 103.9 | 97.5 |
| 2015 | 136.9 | 218.5 | 108.2 | 105.1 |

## 居民消费分类价格指数(2016~2020，以2015年价格为100)

表3-8

| 年　份<br>Year | 居民消费价格指数<br>Consumer Price Indices | 食品烟酒<br>Food and Cigarettes and Liquors | 衣　着<br>Clothing | 居　住<br>Housing |
|---|---|---|---|---|
| 2016 | 103.2 | 103.7 | 100.8 | 105.1 |
| 2017 | 105.0 | 105.0 | 101.3 | 106.9 |
| 2018 | 106.6 | 107.4 | 99.6 | 107.2 |
| 2019 | 109.2 | 112.8 | 102.8 | 109.2 |
| 2020 | 111.1 | 118.7 | 103.7 | 110.1 |

## Consumer Price Indices by Category(1993=100)

| 医疗保健 Medical and Health Services | 交通和通信工具 Transportation and Communication Tools | 娱乐教育文化用品 Recreation, Education and Culture Articles | 居 住 Housing | 服务项目 Services |
|---|---|---|---|---|
| 112.3 | 103.5 | 115.6 | 120.3 | 120.6 |
| 121.5 | 96.7 | 119.3 | 144.5 | 150.4 |
| | | | | |
| 130.7 | 95.3 | 125.6 | 158.5 | 178.8 |
| 135.1 | 94.8 | 121.7 | 190.7 | 219.8 |
| 138.6 | 90.0 | 113.0 | 216.2 | 251.4 |
| 140.0 | 73.3 | 108.1 | 228.8 | 306.5 |
| 139.9 | 68.4 | 99.6 | 236.4 | 399.7 |

## Consumer Price Indices by Category(2000=100)

| 家庭设备用品及维修服务 Household Facilities, Articles and Repair Services | 医疗保健和个人用品 Medical and Health Services and Personal Articles | 交通和通信 Transportation and Communication | 娱乐教育文化用品及服务 Recreation, Education and Culture Articlesand Services | 居 住 Housing |
|---|---|---|---|---|
| 97.2 | 97.4 | 98.1 | 102.1 | 102.3 |
| 94.9 | 95.1 | 95.0 | 102.9 | 102.3 |
| 93.4 | 95.1 | 91.5 | 103.2 | 103.4 |
| 91.4 | 95.0 | 88.4 | 103.2 | 105.1 |
| 92.1 | 95.3 | 86.2 | 101.4 | 108.2 |
| | | | | |
| 94.6 | 96.3 | 83.8 | 99.6 | 111.3 |
| 97.7 | 96.6 | 81.2 | 96.9 | 116.3 |
| 105.8 | 99.6 | 79.2 | 95.2 | 119.3 |
| 107.4 | 99.0 | 77.2 | 93.2 | 115.2 |
| 108.6 | 102.7 | 75.2 | 94.1 | 119.2 |
| | | | | |
| 116.2 | 106.9 | 75.3 | 93.3 | 125.6 |
| 120.3 | 107.6 | 75.9 | 92.7 | 129.2 |
| 121.8 | 107.6 | 76.2 | 92.8 | 134.2 |
| 124.0 | 108.0 | 76.3 | 94.5 | 140.4 |
| 127.5 | 107.2 | 74.4 | 94.8 | 146.8 |

## Consumer Price Indices by Category(2015=100)

| 生活用品及服务 Living Articles and Services | 交通和通信 Transportation and Communication | 教育文化和娱乐 Education, Culture and Recreation | 医疗保健 Medical and Health Services | 其他用品和服务 Other Articles and Services |
|---|---|---|---|---|
| 101.2 | 97.0 | 102.7 | 109.0 | 103.3 |
| 102.7 | 97.7 | 103.6 | 116.2 | 106.0 |
| 104.2 | 101.6 | 106.8 | 119.0 | 108.5 |
| 105.1 | 99.3 | 108.2 | 122.9 | 112.1 |
| 104.9 | 95.9 | 109.4 | 124.4 | 115.4 |

# 居民消费分类价格指数(2001~2015，以上年价格为100)

表3-9

| 指 标 | Indicators | 2001年 | 2005年 | 2006年 | 2007年 |
|---|---|---|---|---|---|
| **居民消费价格指数** | **Consumer Price Indices** | **100.0** | **101.0** | **101.2** | **103.2** |
| #消费品价格指数 | Consumer Goods Price Indices | 98.6 | 100.4 | 101.2 | 104.0 |
| 服务项目价格指数 | Services Price Indices | 105.4 | 102.7 | 101.2 | 100.9 |
| **食 品** | **Food** | **100.3** | **104.5** | **102.5** | **109.4** |
| 粮 食 | Grain | 102.9 | 103.0 | 101.9 | 101.6 |
| 淀粉及制品 | Starch and Its Products | 103.6 | 105.2 | 95.6 | 101.8 |
| 干豆类及豆制品 | Dry Beans and Bean Products | 95.6 | 103.0 | 99.0 | 108.7 |
| 油 脂 | Oil or Fat | 84.5 | 91.2 | 97.6 | 129.8 |
| 肉禽及其制品 | Meat, Poultry and Their Products | 99.3 | 105.7 | 100.6 | 123.0 |
| 蛋 | Eggs | 102.4 | 105.8 | 95.4 | 121.8 |
| 水产品 | Aquatic Products | 100.1 | 114.2 | 102.0 | 101.4 |
| 菜 | Vegetables | 108.9 | 103.3 | 105.2 | 113.5 |
| 调味品 | Flavouring | 99.2 | 102.1 | 104.4 | 104.6 |
| 糖 | Sugars | 101.4 | 103.2 | 102.1 | 99.8 |
| 茶及饮料 | Tea and Beverages | 98.4 | 99.3 | 100.5 | 101.8 |
| 干鲜瓜果 | Dried and Fresh Fruit | 104.3 | 99.4 | 111.5 | 111.8 |
| 糕点饼干面包 | Cakes, Biscuits and Bread | 100.5 | 98.1 | 98.9 | 101.5 |
| 液体乳及乳制品 | Milk and Its Products | 100.8 | 100.8 | 102.3 | 106.2 |
| 在外用膳食品 | Dining Out | 98.0 | 104.5 | 102.5 | 107.6 |
| 其它食品 | Other Food | 99.2 | 101.1 | 102.8 | 100.9 |
| **烟 酒** | **Cigarettes and Liquors** | **98.9** | **99.7** | **100.2** | **100.7** |
| 烟 草 | Tobacco | 99.2 | 99.5 | 99.8 | 100.6 |
| 酒 | Liquors | 98.2 | 99.8 | 100.2 | 101.0 |
| **衣 着** | **Clothing** | **98.9** | **92.1** | **106.4** | **101.3** |
| 服 装 | Garments | 96.4 | 90.8 | 106.3 | 103.1 |
| 衣着材料 | Clothing Materials | 98.7 | 105.1 | 97.8 | 100.7 |
| 鞋袜帽 | Shoes, Socks and Hats | 106.2 | 94.5 | 107.9 | 95.4 |
| 衣着加工服务费 | Clothing Manufacturing Services | 100.0 | 103.4 | 100.0 | 102.0 |
| **家庭设备用品及维修服务** | **Household Facilities, Articles and Repair Services** | **97.2** | **100.8** | **102.7** | **103.3** |
| 耐用消费品 | Durable Consumer Goods | 94.7 | 98.6 | 101.2 | 102.9 |
| 室内装饰品 | Interior Decorations | 101.0 | 99.3 | 100.0 | 100.2 |
| 床上用品 | Bedding Articles | 100.5 | 96.9 | 100.6 | 103.1 |
| 家庭日用杂品 | Household Daily Use Articles | 98.6 | 103.4 | 102.8 | 102.1 |
| 家庭服务及加工维修服务 | Household Services and Processing and Repair Services | 100.0 | 109.8 | 112.0 | 108.5 |
| **医疗保健和个人用品** | **Medical and Health Services and Personal Articles** | **97.4** | **100.3** | **101.1** | **100.2** |
| 医疗保健 | Medical and Health Care | 96.5 | 100.4 | 98.1 | 98.4 |
| 个人用品及服务 | Personal Articles and Services | 99.8 | 100.2 | 107.1 | 103.0 |
| **交通和通信** | **Transportation and Communication** | **98.1** | **97.5** | **97.3** | **96.9** |
| 交 通 | Transportation | 102.3 | 99.9 | 98.9 | 98.8 |
| 通 信 | Communication | 94.4 | 94.9 | 94.9 | 94.3 |
| **娱乐教育文化用品及服务** | **Recreation, Education and Culture Articles and Services** | **102.1** | **98.3** | **98.2** | **97.3** |
| 文娱用耐用消费品及服务 | Durable Consumer Goods and Services for Recreation | 91.2 | 85.8 | 87.8 | 83.8 |
| 教 育 | Education | 109.6 | 99.5 | 100.0 | 99.8 |
| 文化娱乐类 | Recreation and Culture Articles | 105.2 | 102.6 | 101.6 | 99.8 |
| 旅 游 | Tourism | 96.2 | 107.0 | 103.0 | 103.4 |
| **居 住** | **Housing** | **102.3** | **102.9** | **102.9** | **104.5** |
| 建房及装修材料 | Construction and Decoration Materials | 97.5 | 103.9 | 107.0 | 106.9 |
| 住房租金 | Renting | | | | |
| 自有住房 | Self-owned House | 99.8 | 106.9 | 102.3 | 105.6 |
| 水、电、燃料 | Water, Electric Power and Fuels | 101.7 | 101.0 | 100.4 | 100.3 |

# Consumer Price Indices by Category(preceding year=100)

| 2008年 | 2009年 | 2010年 | 2011年 | 2012年 | 2013年 | 2014年 | 2015年 |
|---|---|---|---|---|---|---|---|
| **105.8** | **99.6** | **103.1** | **105.2** | **102.8** | **102.3** | **102.7** | **102.4** |
| 107.4 | 100.4 | 103.5 | 105.9 | 102.8 | 103.7 | 101.9 | 102.0 |
| 101.6 | 97.5 | 102.0 | 103.9 | 103.0 | 101.5 | 104.0 | 103.2 |
| **115.3** | **102.1** | **107.7** | **110.8** | **105.8** | **104.4** | **103.2** | **102.9** |
| 107.3 | 103.7 | 112.0 | 113.5 | 102.9 | 103.7 | 102.4 | 103.0 |
| 107.9 | 106.0 | 95.5 | 106.6 | 109.5 | 101.6 | 102.5 | 103.9 |
| 132.5 | 100.2 | 108.7 | 114.7 | 109.5 | 103.1 | 100.4 | 101.2 |
| 124.7 | 80.3 | 105.6 | 117.5 | 103.8 | 97.9 | 95.5 | 98.5 |
| 122.9 | 95.5 | 104.3 | 119.9 | 105.1 | 103.7 | 101.4 | 105.3 |
| 106.4 | 103.0 | 106.1 | 113.5 | 98.2 | 102.2 | 106.0 | 98.0 |
| 111.2 | 105.4 | 116.4 | 113.7 | 105.8 | 105.0 | 102.7 | 101.3 |
| 120.6 | 116.5 | 111.0 | 99.8 | 111.1 | 108.1 | 101.5 | 107.5 |
| 109.5 | 104.0 | 106.5 | 107.7 | 103.5 | 102.5 | 103.1 | 104.9 |
| 107.4 | 101.3 | 103.8 | 104.8 | 103.5 | 102.1 | 102.0 | 102.2 |
| 106.9 | 103.0 | 103.9 | 105.1 | 103.1 | 100.4 | 103.2 | 103.9 |
| 112.3 | 100.3 | 112.0 | 114.5 | 102.8 | 107.3 | 111.6 | 96.8 |
| 112.5 | 102.8 | 100.5 | 108.8 | 102.8 | 101.7 | 102.6 | 101.8 |
| 119.4 | 100.5 | 102.3 | 108.2 | 103.8 | 108.1 | 110.1 | 99.2 |
| 114.3 | 101.8 | 105.6 | 107.9 | 107.8 | 103.3 | 101.9 | 104.1 |
| 104.3 | 99.3 | 105.0 | 107.4 | 108.1 | 102.6 | 103.4 | 104.2 |
| **101.7** | **100.8** | **101.1** | **101.3** | **101.4** | **100.1** | **101.0** | **104.2** |
| 100.1 | 100.4 | 101.0 | 100.3 | 100.0 | 100.1 | 101.2 | 104.9 |
| 103.4 | 100.8 | 101.6 | 103.9 | 105.0 | 99.9 | 100.7 | 102.5 |
| **101.6** | **99.3** | **98.6** | **104.3** | **103.0** | **100.0** | **103.7** | **107.8** |
| 101.7 | 99.4 | 99.9 | 105.4 | 103.9 | 100.3 | 102.4 | 107.3 |
| 103.8 | 102.9 | 102.9 | 119.8 | 104.9 | 98.5 | 103.1 | 106.3 |
| 100.6 | 98.3 | 93.6 | 99.0 | 99.3 | 98.4 | 108.5 | 109.8 |
| 106.6 | 103.3 | 107.2 | 119.1 | 105.5 | 105.4 | 110.0 | 105.5 |
| **108.3** | **101.5** | **101.1** | **107.1** | **103.5** | **101.3** | **101.8** | **102.9** |
| 107.2 | 100.0 | 99.6 | 102.8 | 103.0 | 99.5 | 100.9 | 101.8 |
| 100.9 | 99.0 | 99.2 | 101.5 | 105.0 | 98.0 | 93.6 | 102.2 |
| 101.7 | 99.9 | 104.2 | 116.4 | 99.1 | 100.8 | 98.4 | 103.4 |
| 110.4 | 103.3 | 99.4 | 107.6 | 103.0 | 101.1 | 100.5 | 101.4 |
| 116.5 | 106.1 | 108.8 | 118.0 | 109.1 | 108.8 | 110.7 | 108.5 |
| **103.1** | **99.4** | **103.7** | **104.1** | **100.6** | **100.0** | **100.4** | **99.3** |
| 100.5 | 101.0 | 100.8 | 100.6 | 99.9 | 100.8 | 101.7 | 100.7 |
| 106.2 | 97.7 | 107.1 | 107.4 | 101.3 | 99.3 | 99.2 | 98.0 |
| **97.5** | **97.5** | **97.4** | **100.2** | **100.8** | **100.4** | **100.1** | **97.6** |
| 99.2 | 99.7 | 98.7 | 101.8 | 102.6 | 101.3 | 100.6 | 97.3 |
| 95.1 | 94.4 | 95.3 | 96.3 | 96.5 | 97.8 | 98.7 | 98.2 |
| **98.2** | **98.0** | **100.9** | **99.2** | **99.3** | **100.1** | **101.8** | **100.3** |
| 85.0 | 82.8 | 89.4 | 89.7 | 87.8 | 88.7 | 93.7 | 95.9 |
| 101.2 | 102.1 | 101.2 | 101.8 | 102.0 | 103.0 | 102.4 | 102.5 |
| 100.7 | 104.2 | 101.0 | 102.8 | 101.8 | 100.3 | 101.0 | 100.7 |
| 101.7 | 93.9 | 115.9 | 99.9 | 102.1 | 103.4 | 107.9 | 97.9 |
| **102.5** | **96.6** | **103.5** | **105.4** | **102.8** | **103.9** | **104.6** | **104.6** |
| 104.5 | 100.8 | 102.1 | 103.3 | 105.0 | 101.4 | 99.8 | 101.4 |
|  |  |  | 105.6 | 100.2 | 104.0 | 105.2 | 107.3 |
| 101.3 | 81.3 | 103.0 | 107.1 | 103.2 | 104.9 | 105.3 | 105.5 |
| 100.5 | 106.4 | 103.8 | 101.8 | 101.4 | 102.8 | 105.9 | 102.4 |

# 居民消费分类价格指数(2016~2020，以上年价格为100)
# Consumer Price Indices by Category(preceding year=100)

表3-10

| 指　标 | Indicators | 2016年 | 2017年 | 2018年 | 2019年 | 2020年 |
|---|---|---|---|---|---|---|
| **居民消费价格指数** | **Consumer Price Indices** | **103.2** | **101.7** | **101.6** | **102.5** | **101.7** |
| #消费品价格指数 | Consumer Goods Price Indices | 102.2 | 101.2 | 101.6 | 102.8 | 102.6 |
| 服务价格指数 | Services Price Indices | 104.5 | 102.3 | 101.6 | 102.0 | 100.5 |
| **食品烟酒** | **Food and Cigarettes and Liquors** | **103.7** | **101.2** | **102.3** | **105.0** | **105.3** |
| 食　品 | Food | 104.8 | 100.6 | 102.5 | 106.4 | 106.3 |
| 粮　食 | Grain | 100.9 | 101.7 | 100.3 | 100.7 | 101.5 |
| 薯　类 | Potato | 113.0 | 92.6 | 105.7 | 109.6 | 108.4 |
| 豆　类 | Beans | 100.4 | 100.1 | 105.4 | 111.3 | 99.9 |
| 食用油 | Edible Oil | 99.9 | 101.5 | 100.2 | 100.6 | 106.6 |
| 菜 | Vegetables | 110.6 | 94.9 | 107.1 | 103.5 | 105.9 |
| 畜肉类 | Meat | 108.3 | 99.3 | 98.8 | 118.7 | 131.0 |
| 禽肉类 | Poultry | 101.6 | 102.1 | 106.3 | 111.3 | 99.9 |
| 水产品 | Aquatic Products | 107.8 | 103.5 | 101.3 | 100.3 | 100.6 |
| 蛋　类 | Eggs | 98.4 | 98.5 | 108.6 | 105.2 | 96.7 |
| 奶　类 | Milk | 101.4 | 99.7 | 101.3 | 101.6 | 100.7 |
| 干鲜瓜果类 | Dried and Fresh Fruits | 101.8 | 104.0 | 102.9 | 107.4 | 94.4 |
| 糖果糕点类 | Sweets and Pastries | 102.3 | 103.3 | 101.9 | 100.7 | 101.9 |
| 调味品 | Flavouring | 104.8 | 105.2 | 100.4 | 100.2 | 103.6 |
| 其他食品 | Other Food | 102.3 | 100.7 | 103.7 | 102.3 | 100.4 |
| 茶及饮料 | Tea and Drinks | 100.8 | 101.0 | 103.2 | 101.6 | 101.8 |
| 烟　酒 | Cigarettes and Liquors | 102.2 | 102.3 | 101.3 | 101.0 | 102.8 |
| 在外餐饮 | Dining Out | 101.6 | 102.4 | 101.9 | 102.8 | 103.6 |
| **衣　着** | **Clothing** | **100.8** | **100.5** | **98.3** | **103.2** | **100.9** |
| 服　装 | Clothes | 101.3 | 100.2 | 98.6 | 103.6 | 101.5 |
| 服装材料 | Clothing Materials | 103.6 | 100.4 | 101.8 | 102.5 | 101.6 |
| 其他衣着及配件 | Other Clothing and fittings | 100.4 | 100.4 | 100.8 | 98.1 | 100.6 |
| 衣着加工服务费 | Clothing Manufacturing Services | 103.6 | 103.8 | 108.3 | 107.5 | 102.6 |
| 鞋　类 | Shoes | 98.8 | 101.2 | 95.6 | 102.1 | 98.6 |
| **居　住** | **Housing** | **105.1** | **101.7** | **100.2** | **101.9** | **100.8** |
| 租赁房房租 | Renting | 107.3 | 101.8 | 99.7 | 101.8 | 101.0 |
| 住房保养维修及管理 | House Maintenance and Management | 103.1 | 103.9 | 105.9 | 102.8 | 102.4 |
| 水电燃料 | Water, Electric Power and Fuels | 99.0 | 101.1 | 100.6 | 99.4 | 99.6 |
| 自有住房 | Self-owned House | 106.4 | 101.6 | 99.5 | 102.3 | 100.9 |
| **生活用品及服务** | **Household Facilities, Articles and Repair Services** | **101.2** | **101.5** | **101.4** | **100.9** | **99.8** |
| 家具及室内装饰品 | Furniture and Interior Decorations | 100.2 | 101.2 | 103.0 | 100.9 | 99.3 |
| 家用器具 | Household Appliances | 100.4 | 100.4 | 99.8 | 98.7 | 96.6 |
| 家用纺织品 | Home Textiles | 101.9 | 100.3 | 99.0 | 99.2 | 100.4 |
| 家庭日用杂品 | Home Daily Groceries | 100.5 | 101.6 | 102.1 | 100.7 | 100.4 |
| 个人护理用品 | Personal Care Articles | 99.6 | 100.5 | 100.4 | 101.6 | 101.0 |
| 家庭服务 | Family Services | 106.6 | 104.9 | 103.7 | 104.2 | 101.6 |
| **交通和通信** | **Transportation and Communication** | **97.0** | **100.7** | **104.0** | **97.8** | **96.6** |
| 交　通 | Transportation | 96.8 | 101.1 | 105.1 | 97.5 | 94.2 |
| 通　信 | Communication | 97.3 | 100.0 | 102.2 | 98.3 | 100.8 |
| **教育文化和娱乐** | **Education and Culture and Recreation** | **102.7** | **100.9** | **103.1** | **101.2** | **101.1** |
| 教　育 | Education | 104.6 | 104.6 | 106.9 | 103.9 | 102.5 |
| 文化娱乐 | Culture and Recreation | 101.6 | 98.6 | 100.7 | 99.4 | 100.1 |
| **医疗保健** | **Medical and Health Services** | **109.0** | **106.6** | **102.4** | **103.3** | **101.2** |
| 药品及医疗器具 | Drugs and Medical Devices | 110.6 | 102.2 | 101.1 | 102.9 | 102.4 |
| 医疗服务 | Medical Service | 107.3 | 111.6 | 103.8 | 103.6 | 100.0 |
| **其他用品和服务** | **Other Articles and Services** | **103.3** | **102.6** | **102.4** | **103.3** | **102.9** |
| 其他用品类 | Other Articles | 104.6 | 101.0 | 100.5 | 105.8 | 111.3 |
| 其他服务类 | Other Services | 102.5 | 103.6 | 103.6 | 101.8 | 97.4 |

# 居民消费分类价格指数(2021，以上年价格为100)
# Consumer Price Indices by Category(preceding year=100)

表3-11

| 指　标 | Indicators | 2021年 |
|---|---|---|
| **居民消费价格指数** | **Consumer Price Indices** | **101.2** |
| #消费品价格指数 | Consumer Goods Price Indices | 100.9 |
| 服务价格指数 | Services Price Indices | 101.5 |
| **食品烟酒** | **Food and Cigarettes and Liquors** | **100.5** |
| 食　品 | Food | 99.6 |
| 粮　食 | Grain | 99.1 |
| 薯　类 | Potato | 100.9 |
| 豆　类 | Beans | 117.3 |
| 食用油 | Edible Oil | 107.4 |
| 菜及食用菌 | Vegetables and Edible Mushrooms | 105.2 |
| 畜肉类 | Meat | 86.2 |
| 禽肉类 | Poultry | 89.7 |
| 水产品 | Aquatic Products | 105.4 |
| 蛋　类 | Eggs | 104.5 |
| 奶　类 | Milk | 103.7 |
| 干鲜瓜果类 | Dried and Fresh Fruits | 105.6 |
| 糖果糕点类 | Sweets and Pastries | 102.5 |
| 调味品 | Flavouring | 100.9 |
| 其他食品类 | Other Food | 100.4 |
| 茶及饮料 | Tea and Drinks | 101.0 |
| 烟　酒 | Cigarettes and Liquors | 104.0 |
| 在外餐饮 | Dining Out | 101.8 |
| **衣　着** | **Clothing** | **99.5** |
| 服　装 | Clothes | 99.4 |
| 鞋　类 | Shoes | 99.8 |
| **居　住** | **Housing** | **101.1** |
| 租赁房房租 | Renting | 101.1 |
| 住房保养维修及管理 | House Maintenance and Management | 102.3 |
| 水电燃料 | Water, Electric Power and Fuels | 101.0 |
| 自有住房 | Self-owned House | 101.0 |
| **生活用品及服务** | **Household Facilities, Articles and Repair Services** | **100.7** |
| 家具及室内装饰品 | Furniture and Interior Decorations | 101.6 |
| 家用器具 | Household Appliances | 102.0 |
| 家用纺织品 | Home Textiles | 97.8 |
| 家庭日用杂品 | Home Daily Groceries | 99.8 |
| 个人护理用品 | Personal Care Articles | 98.8 |
| 家庭服务 | Family Services | 103.4 |
| **交通通信** | **Transportation and Communication** | **104.0** |
| 交　通 | Transportation | 104.7 |
| 通　信 | Communication | 101.4 |
| **教育文化娱乐** | **Education and Culture and Recreation** | **102.7** |
| 教　育 | Education | 102.3 |
| 文化娱乐 | Culture and Recreation | 103.1 |
| **医疗保健** | **Medical and Health Services** | **98.9** |
| 药品及医疗器具 | Drugs and Medical Devices | 94.9 |
| 医疗服务 | Medical Service | 101.7 |
| **其他用品及服务** | **Other Articles and Services** | **100.9** |
| 其他用品 | Other Articles | 102.8 |
| 其他服务 | Other Services | 99.1 |

# 居民消费分类价格指数(2001~2015，以2000年价格为100)

表3-12

| 指标 | Indicators | 2001年 | 2005年 |
|---|---|---|---|
| **居民消费价格指数** | **Consumer Price Indices** | **100.0** | **103.7** |
| #消费品价格指数 | Consumer Goods Price Indices | 98.6 | 100.8 |
| 服务项目价格指数 | Services Price Indices | 105.4 | 114.7 |
| **食品** | **Food** | **100.3** | **118.3** |
| 粮食 | Grain | 102.9 | 141.0 |
| 淀粉及制品 | Starch and Its Products | 103.6 | 142.8 |
| 干豆类及豆制品 | Dry Beans and Bean Products | 95.6 | 119.4 |
| 油脂 | Oil or Fat | 84.5 | 90.8 |
| 肉禽及其制品 | Meat, Poultry and Their Products | 99.3 | 126.8 |
| 蛋 | Eggs | 102.4 | 135.6 |
| 水产品 | Aquatic Products | 100.1 | 134.0 |
| 菜 | Vegetables | 108.9 | 122.0 |
| 调味品 | Flavouring | 99.2 | 103.7 |
| 糖 | Sugars | 101.4 | 107.3 |
| 茶及饮料 | Tea and Beverages | 98.4 | 95.8 |
| 干鲜瓜果 | Dried and Fresh Fruit | 104.3 | 121.0 |
| 糕点饼干面包 | Cakes, Biscuits and Bread | 100.5 | 99.6 |
| 液体乳及乳制品 | Milk and Its Products | 100.8 | 100.0 |
| 在外用膳食品 | Dining Out | 98.0 | 111.8 |
| 其它食品 | Other Food | 99.2 | 99.3 |
| **烟酒** | **Cigarettes and Liquors** | **98.9** | **95.7** |
| 烟草 | Tobacco | 99.2 | 93.7 |
| 酒 | Liquors | 98.2 | 96.7 |
| **衣着** | **Clothing** | **98.9** | **81.6** |
| 服装 | Garments | 96.4 | 78.6 |
| 衣着材料 | Clothing Materials | 98.7 | 102.4 |
| 鞋袜帽 | Shoes, Socks and Hats | 106.2 | 86.8 |
| 衣着加工服务费 | Clothing Manufacturing Services | 100.0 | 104.5 |
| **家庭设备用品及维修服务** | **Household Facilities, Articles and Repair Services** | **97.2** | **92.1** |
| 耐用消费品 | Durable Consumer Goods | 94.7 | 86.8 |
| 室内装饰品 | Interior Decorations | 101.0 | 98.5 |
| 床上用品 | Bedding Articles | 100.5 | 99.4 |
| 家庭日用杂品 | Household Daily Use Articles | 98.6 | 93.9 |
| 家庭服务及加工维修服务 | Household Services and Processing and Repair Services | 100.0 | 108.5 |
| **医疗保健和个人用品** | **Medical and Health Services and Personal Articles** | **97.4** | **95.3** |
| 医疗保健 | Medical and Health Care | 96.5 | 91.6 |
| 个人用品及服务 | Personal Articles and Services | 99.8 | 105.7 |
| **交通和通信** | **Transportation and Communication** | **98.1** | **86.2** |
| 交通 | Transportation | 102.3 | 100.2 |
| 通信 | Communication | 94.4 | 74.6 |
| **娱乐教育文化用品及服务** | **Recreation, Education and Culture Articles and Services** | **102.1** | **101.4** |
| 文娱用耐用消费品及服务 | Durable Consumer Goods and Services for Recreation | 91.2 | 55.1 |
| 教育 | Education | 109.6 | 122.2 |
| 文化娱乐类 | Recreation and Culture Articles | 105.2 | 122.7 |
| 旅游 | Tourism | 96.2 | 101.4 |
| **居住** | **Housing** | **102.3** | **108.2** |
| 建房及装修材料 | Construction and Decoration Materials | 97.5 | 104.5 |
| 自有住房 | Self-owned House | 99.8 | 97.8 |
| 水、电、燃料 | Water, Electric Power and Fuels | 101.7 | 109.3 |

# Consumer Price Indices by Category (2000 = 100)

| 2006 年 | 2007 年 | 2008 年 | 2009 年 | 2010 年 | 2011 年 | 2012 年 | 2013 年 | 2014 年 | 2015 年 |
|---|---|---|---|---|---|---|---|---|---|
| **105.0** | **108.3** | **114.6** | **114.1** | **117.7** | **123.7** | **127.3** | **130.2** | **133.6** | **136.9** |
| 102.1 | 106.2 | 114.0 | 114.4 | 118.4 | 125.4 | 128.8 | 133.6 | 136.2 | 138.9 |
| 116.1 | 117.1 | 119.0 | 116.0 | 118.4 | 123.0 | 126.7 | 128.6 | 133.8 | 138.0 |
| **121.3** | **132.7** | **153.0** | **156.1** | **168.2** | **186.3** | **197.2** | **205.8** | **212.4** | **218.5** |
| 143.7 | 146.0 | 156.5 | 162.3 | 181.7 | 206.3 | 212.4 | 220.2 | 225.3 | 232.1 |
| 136.5 | 139.0 | 150.0 | 158.9 | 151.8 | 161.8 | 177.2 | 180.0 | 184.5 | 191.7 |
| 118.2 | 128.5 | 170.3 | 170.7 | 185.5 | 212.8 | 233.1 | 240.4 | 241.3 | 244.1 |
| 88.7 | 115.1 | 143.5 | 115.2 | 121.6 | 142.9 | 148.3 | 145.2 | 138.8 | 136.6 |
| 127.6 | 156.9 | 192.7 | 184.1 | 192.0 | 230.2 | 242.1 | 251.0 | 254.5 | 267.9 |
| 129.4 | 157.6 | 167.7 | 172.6 | 183.1 | 207.8 | 204.0 | 208.4 | 220.9 | 216.4 |
| 136.6 | 138.5 | 154.0 | 162.3 | 189.0 | 214.8 | 227.4 | 238.7 | 245.2 | 248.3 |
| 128.4 | 145.7 | 175.6 | 204.7 | 227.1 | 226.7 | 251.9 | 272.2 | 276.3 | 297.0 |
| 108.3 | 113.3 | 124.0 | 129.0 | 137.4 | 147.9 | 153.1 | 156.9 | 161.7 | 169.7 |
| 109.6 | 109.4 | 117.5 | 119.0 | 123.5 | 129.4 | 133.9 | 136.7 | 139.5 | 142.6 |
| 96.3 | 98.0 | 104.7 | 107.8 | 112.0 | 117.7 | 121.4 | 121.9 | 125.8 | 130.7 |
| 134.9 | 150.8 | 169.4 | 170.0 | 190.4 | 218.0 | 224.1 | 240.5 | 268.3 | 259.5 |
| 98.5 | 100.0 | 112.5 | 115.6 | 116.1 | 126.4 | 129.9 | 132.2 | 135.5 | 137.9 |
| 102.3 | 108.7 | 129.8 | 130.5 | 133.5 | 144.4 | 149.8 | 162.0 | 178.4 | 177.1 |
| 114.6 | 123.4 | 141.1 | 143.6 | 151.7 | 163.7 | 176.5 | 182.4 | 185.8 | 193.5 |
| 102.1 | 103.0 | 107.4 | 106.6 | 111.9 | 120.3 | 129.9 | 133.3 | 137.9 | 143.7 |
| **95.9** | **96.5** | **98.2** | **98.9** | **100.0** | **101.3** | **102.8** | **102.8** | **103.9** | **108.2** |
| 93.5 | 94.1 | 94.2 | 94.5 | 95.4 | 95.7 | 95.6 | 95.8 | 96.9 | 101.6 |
| 96.9 | 97.9 | 101.2 | 102.0 | 103.7 | 107.8 | 113.2 | 113.1 | 113.9 | 116.8 |
| **86.8** | **88.0** | **89.4** | **88.8** | **87.5** | **91.3** | **94.0** | **93.9** | **97.5** | **105.1** |
| 83.5 | 86.1 | 87.6 | 87.1 | 87.0 | 91.6 | 95.2 | 95.5 | 97.8 | 104.9 |
| 100.1 | 100.8 | 104.6 | 107.7 | 110.8 | 132.7 | 139.2 | 137.1 | 141.3 | 150.2 |
| 93.7 | 89.4 | 89.9 | 88.4 | 82.7 | 81.9 | 81.3 | 80.0 | 86.8 | 95.4 |
| 104.5 | 106.6 | 113.6 | 117.4 | 125.8 | 149.9 | 158.1 | 166.5 | 183.2 | 193.2 |
| **94.6** | **97.7** | **105.8** | **107.4** | **108.6** | **116.2** | **120.2** | **121.8** | **123.9** | **127.5** |
| 87.8 | 90.4 | 96.9 | 96.9 | 96.5 | 99.2 | 102.1 | 101.6 | 102.6 | 104.4 |
| 98.5 | 98.7 | 99.6 | 98.6 | 97.8 | 99.3 | 104.2 | 102.1 | 95.6 | 97.7 |
| 100.0 | 103.1 | 104.8 | 104.7 | 109.1 | 126.9 | 125.8 | 126.7 | 124.7 | 128.9 |
| 96.5 | 98.6 | 108.8 | 112.4 | 111.8 | 120.3 | 123.9 | 125.3 | 125.9 | 127.7 |
| 121.5 | 131.8 | 153.5 | 162.9 | 177.2 | 209.1 | 228.1 | 248.3 | 275.0 | 298.4 |
| **96.4** | **96.6** | **99.6** | **99.1** | **102.7** | **106.9** | **107.6** | **107.6** | **108.0** | **107.2** |
| 89.8 | 88.4 | 88.9 | 89.8 | 90.5 | 91.0 | 90.9 | 91.6 | 93.2 | 93.9 |
| 113.2 | 116.6 | 123.8 | 121.0 | 129.6 | 139.2 | 141.0 | 140.0 | 138.8 | 136.0 |
| **83.8** | **81.2** | **79.2** | **77.2** | **75.2** | **75.3** | **76.0** | **76.2** | **76.3** | **74.4** |
| 99.1 | 97.9 | 97.2 | 96.9 | 95.6 | 97.4 | 99.9 | 101.3 | 101.8 | 99.1 |
| 70.8 | 66.8 | 63.5 | 59.9 | 57.2 | 55.0 | 53.1 | 52.0 | 51.3 | 50.4 |
| **99.6** | **96.9** | **95.2** | **93.3** | **94.1** | **93.3** | **92.7** | **92.8** | **94.5** | **94.8** |
| 48.4 | 40.5 | 34.4 | 28.5 | 25.5 | 22.9 | 20.1 | 17.8 | 16.7 | 16.0 |
| 122.2 | 122.0 | 123.5 | 126.1 | 127.6 | 129.9 | 132.5 | 136.5 | 139.7 | 143.1 |
| 124.7 | 124.5 | 125.4 | 130.6 | 132.0 | 135.7 | 138.1 | 138.6 | 140.0 | 140.9 |
| 104.5 | 108.1 | 109.9 | 103.1 | 119.6 | 119.4 | 121.9 | 126.1 | 136.1 | 133.2 |
| **111.3** | **116.3** | **119.3** | **115.2** | **119.2** | **125.6** | **129.2** | **134.2** | **140.4** | **146.8** |
| 111.8 | 119.4 | 124.8 | 125.7 | 128.3 | 132.6 | 139.2 | 141.2 | 140.9 | 143.0 |
| 100.1 | 105.7 | 107.0 | 87.0 | 89.6 | 96.0 | 99.0 | 103.9 | 109.4 | 115.4 |
| 109.7 | 110.0 | 110.6 | 117.6 | 122.1 | 124.3 | 126.0 | 129.5 | 137.1 | 140.5 |

# 居民消费分类价格指数(2016~2020，以2015年价格为100)

## Consumer Price Indices by Category(2015=100)

表3-13

| 指　标 | Indicators | 2016年 | 2017年 | 2018年 | 2019年 | 2020年 |
|---|---|---|---|---|---|---|
| **居民消费价格指数** | **Consumer Price Indices** | **103.2** | **105.0** | **106.6** | **109.2** | **111.1** |
| #消费品价格指数 | Consumer Goods Price Indices | 102.2 | 103.4 | 105.1 | 108.0 | 110.9 |
| 服务价格指数 | Services Price Indices | 104.5 | 107.0 | 108.7 | 110.9 | 111.5 |
| **食品烟酒** | **Food and Cigarettes and Liquors** | **103.7** | **105.0** | **107.4** | **112.8** | **118.7** |
| 食　品 | Food | 104.8 | 105.5 | 108.1 | 115.1 | 122.3 |
| 粮　食 | Grain | 100.9 | 102.6 | 102.9 | 103.7 | 105.3 |
| 薯　类 | Potato | 113.0 | 104.6 | 110.6 | 121.2 | 131.4 |
| 豆　类 | Beans | 100.4 | 100.5 | 105.9 | 117.9 | 117.7 |
| 食用油 | Edible Oil | 99.9 | 101.4 | 101.7 | 102.3 | 109.1 |
| 菜 | Vegetables | 110.6 | 105.0 | 112.5 | 116.4 | 123.3 |
| 畜肉类 | Meat | 108.3 | 107.5 | 106.3 | 126.2 | 165.3 |
| 禽肉类 | Poultry | 101.6 | 103.7 | 110.2 | 122.6 | 122.5 |
| 水产品 | Aquatic Products | 107.8 | 111.6 | 113.0 | 113.3 | 114.0 |
| 蛋　类 | Eggs | 98.4 | 96.9 | 105.3 | 110.7 | 107.1 |
| 奶　类 | Milk | 101.4 | 101.1 | 102.5 | 104.1 | 104.9 |
| 干鲜瓜果类 | Dried and Fresh Fruits | 101.8 | 105.9 | 108.9 | 117.0 | 110.5 |
| 糖果糕点类 | Sweets and Pastries | 102.3 | 105.6 | 107.6 | 108.4 | 110.4 |
| 调味品 | Flavouring | 104.8 | 110.2 | 110.7 | 110.8 | 114.8 |
| 其他食品 | Other Food | 102.3 | 103.0 | 106.8 | 109.3 | 109.7 |
| 茶及饮料 | Tea and Drinks | 100.8 | 101.8 | 105.0 | 106.7 | 108.6 |
| 烟　酒 | Cigarettes and Liquors | 102.2 | 104.5 | 105.9 | 106.9 | 109.9 |
| 在外餐饮 | Dining Out | 101.6 | 104.1 | 106.0 | 109.0 | 112.9 |
| **衣　着** | **Clothing** | **100.8** | **101.3** | **99.6** | **102.8** | **103.7** |
| 服　装 | Clothes | 101.3 | 101.5 | 100.1 | 103.7 | 105.3 |
| 服装材料 | Clothing Materials | 103.6 | 104.0 | 105.9 | 108.5 | 110.3 |
| 其他衣着及配件 | Other Clothing and fittings | 100.4 | 100.8 | 101.6 | 99.7 | 100.3 |
| 衣着加工服务费 | Clothing Manufacturing Services | 103.6 | 107.5 | 116.5 | 125.2 | 128.5 |
| 鞋　类 | Shoes | 98.8 | 100.0 | 95.6 | 97.6 | 96.3 |
| **居　住** | **Housing** | **105.1** | **106.9** | **107.2** | **109.2** | **110.1** |
| 租赁房房租 | Renting | 107.3 | 109.2 | 108.9 | 110.9 | 112.0 |
| 住房保养维修及管理 | House Maintenance and Management | 103.1 | 107.1 | 113.4 | 116.6 | 119.3 |
| 水电燃料 | Water, Electric Power and Fuels | 99.0 | 100.1 | 100.7 | 100.1 | 99.7 |
| 自有住房 | Self-owned House | 106.4 | 108.1 | 107.6 | 110.0 | 111.0 |
| **生活用品及服务** | **Household Facilities, Articles and Repair Services** | **101.2** | **102.7** | **104.2** | **105.1** | **104.9** |
| 家具及室内装饰品 | Furniture and Interior Decorations | 100.2 | 101.4 | 104.5 | 105.4 | 104.7 |
| 家用器具 | Household Appliances | 100.4 | 100.8 | 100.7 | 99.3 | 96.0 |
| 家用纺织品 | Home Textiles | 101.9 | 102.2 | 101.2 | 100.4 | 100.8 |
| 家庭日用杂品 | Home Daily Groceries | 100.5 | 102.1 | 104.3 | 105.0 | 105.4 |
| 个人护理用品 | Personal Care Articles | 99.6 | 100.1 | 100.5 | 102.2 | 103.2 |
| 家庭服务 | Family Services | 106.6 | 111.8 | 116.0 | 120.9 | 122.8 |
| **交通和通信** | **Transportation and Communication** | **97.0** | **97.7** | **101.6** | **99.3** | **95.9** |
| 交　通 | Transportation | 96.8 | 97.8 | 102.8 | 100.2 | 94.4 |
| 通　信 | Communication | 97.3 | 97.4 | 99.5 | 97.8 | 98.6 |
| **教育文化和娱乐** | **Education and Culture and Recreation** | **102.7** | **103.6** | **106.8** | **108.2** | **109.4** |
| 教　育 | Education | 104.6 | 109.4 | 117.0 | 121.5 | 124.6 |
| 文化娱乐 | Culture and Recreation | 101.6 | 100.2 | 100.9 | 100.2 | 100.3 |
| **医疗保健** | **Medical and Health Services** | **109.0** | **116.2** | **119.0** | **122.9** | **124.4** |
| 药品及医疗器具 | Drugs and Medical Devices | 110.6 | 113.0 | 114.3 | 117.6 | 120.5 |
| 医疗服务 | Medical Service | 107.3 | 119.7 | 124.2 | 128.7 | 128.7 |
| **其他用品和服务** | **Other Articles and Services** | **103.3** | **106.0** | **108.5** | **112.1** | **115.4** |
| 其他用品类 | Other Articles | 104.6 | 105.6 | 106.1 | 112.2 | 124.9 |
| 其他服务类 | Other Services | 102.5 | 106.2 | 110.1 | 112.1 | 109.2 |

# 商品零售价格指数(2016~2021，以上年价格为100)
# Classified Retail Price Indices (preceding year=100)

表3-14

| 指　标 | Indicators | 2016年 | 2017年 | 2018年 | 2019年 | 2020年 | 2021年 |
|---|---|---|---|---|---|---|---|
| **商品零售价格指数** | **Retail Price Indices** | **100.8** | **100.9** | **101.6** | **100.4** | **100.9** | **101.3** |
| 食　品 | Food | 104.1 | 101.1 | 102.3 | 105.2 | 105.9 | 100.5 |
| 粮　食 | Grain | 100.9 | 101.7 | 100.3 | 100.7 | 101.5 | 99.1 |
| 薯　类 | Potato | 113.0 | 92.6 | 105.7 | 109.6 | 108.4 | 100.9 |
| 豆　类 | Beans | 100.4 | 100.1 | 105.4 | 111.3 | 99.9 | 117.3 |
| 食用油 | Edible Oil | 99.9 | 101.5 | 100.2 | 100.6 | 106.6 | 107.4 |
| 菜 | Vegetables | 110.6 | 94.9 | 107.1 | 103.5 | 105.9 | 105.2 |
| 畜肉类 | Meat | 108.3 | 99.3 | 98.8 | 118.7 | 131.0 | 86.2 |
| 禽肉类 | Poultry | 101.6 | 102.1 | 106.3 | 111.3 | 99.9 | 89.7 |
| 水产品 | Aquatic Products | 107.8 | 103.5 | 101.3 | 100.3 | 100.6 | 105.4 |
| 蛋　类 | Eggs | 98.4 | 98.5 | 108.6 | 105.2 | 96.7 | 104.5 |
| 奶　类 | Milk | 101.4 | 99.7 | 101.3 | 101.6 | 100.7 | 103.7 |
| 干鲜瓜果类 | Dried and Fresh Fruits | 101.8 | 104.0 | 102.9 | 107.4 | 94.4 | 105.6 |
| 糖果糕点类 | Sweets and Cakes | 102.3 | 103.3 | 101.9 | 100.7 | 101.9 | 102.5 |
| 调味品 | Flavouring | 104.8 | 105.2 | 100.4 | 100.2 | 103.6 | 100.9 |
| 其他食品类 | Other Food | 102.3 | 100.7 | 103.7 | 102.3 | 100.4 | 100.4 |
| 在外餐饮 | Dining Out | 101.6 | 102.4 | 101.9 | 102.8 | 103.6 | 101.8 |
| 饮料、烟酒 | Beverages, Tobacco and Liquors | 102.0 | 102.0 | 101.6 | 101.0 | 102.6 | 103.2 |
| 服装、鞋帽 | Garments, Shoes and Hats | 100.7 | 100.4 | 98.0 | 103.1 | 100.8 | 99.4 |
| 纺织品 | Textile Products | 102.4 | 100.3 | 99.2 | 99.1 | 100.1 | 98.3 |
| 家用电器及音像器材 | Household Appliances and Audio-video Equipment | 99.2 | 99.6 | 97.9 | 99.5 | 97.7 | 101.9 |
| 文化办公用品 | Culture and Office Articles | 103.2 | 100.1 | 100.4 | 97.8 | 101.4 | 101.6 |
| 日用品 | Daily Use Articles | 100.4 | 101.0 | 101.0 | 101.4 | 100.7 | 100.6 |
| 体育娱乐用品 | Sports and Recreation Articles | 99.5 | 101.2 | 101.3 | 99.5 | 100.4 | 100.3 |
| 交通、通信用品 | Transport and Communication Products | 97.1 | 98.6 | 100.4 | 95.6 | 98.5 | 101.2 |
| 家　具 | Furniture | 100.1 | 101.2 | 103.2 | 100.9 | 99.3 | 101.9 |
| 化妆品 | Cosmetics | 99.4 | 100.4 | 100.4 | 101.7 | 100.9 | 98.9 |
| 金银饰品 | Gold and Silver Ornament | 107.4 | 101.7 | 100.6 | 109.6 | 117.1 | 102.8 |
| 中西药品及医疗保健用品 | Traditional Chinese and Western Medicines, Medical and Health Care Articles | 111.0 | 102.2 | 101.2 | 103.1 | 102.4 | 94.4 |
| 书报杂志及电子出版物 | Newspapers and Magazines and Electronic Publications | 101.1 | 99.7 | 106.0 | 105.8 | 106.5 | 99.9 |
| 燃　料 | Fuels | 95.6 | 108.2 | 110.9 | 94.5 | 88.2 | 112.9 |
| 建筑材料及五金电料 | Building Materials and Hardware | 99.6 | 100.7 | 105.3 | 102.3 | 101.8 | 104.4 |

# 商品零售价格指数(2001~2015，以上年价格为100)

表3-15

| 指 标 | Indicators | 2001年 | 2005年 | 2006年 |
|---|---|---|---|---|
| **商品零售价格指数** | **Retail Price Indices** | **98.6** | **99.4** | **100.2** |
| 食 品 | Food | 98.4 | 104.7 | 102.7 |
| 粮 食 | Grain | 100.1 | 102.1 | 102.4 |
| 淀粉及制品 | Starch and Its Products | 100.4 | 105.2 | 95.6 |
| 干豆类及豆制品 | Dry Beans and Bean Products | 111.3 | 103.6 | 99.5 |
| 油 脂 | Oil and Fat | 81.4 | 91.2 | 97.6 |
| 肉禽及其制品 | Meat Poultry and Their Products | 100.4 | 105.5 | 100.6 |
| 蛋 | Eggs | 110.7 | 105.8 | 95.4 |
| 水产品 | Aquatic Products | 90.1 | 114.4 | 102.0 |
| 菜 | Vegetables | 107.1 | 103.4 | 105.2 |
| 调味品 | Flavouring | 99.5 | 102.1 | 104.4 |
| 糖 | Sugars | 104.4 | 103.8 | 103.8 |
| 干鲜瓜果 | Dried and Fresh Fruits | 107.3 | 99.4 | 111.5 |
| 糕点饼干面包 | Cakes, Biscuits and Bread | 99.8 | 98.4 | 98.9 |
| 液体乳及乳制品 | Milk and Its Products | 99.8 | 100.8 | 102.3 |
| 在外用膳食品 | Dining Out | 100.7 | 104.4 | 102.5 |
| 其它食品 | Other Food | 99.5 | 101.1 | 102.8 |
| 饮料、烟酒 | Beverages, Tobacco and Liquors | 98.4 | 99.6 | 100.1 |
| 服装、鞋帽 | Garments, Shoes and Hats | 107.7 | 92.6 | 106.6 |
| 纺织品 | Textile Products | 98.8 | 99.4 | 100.1 |
| 家用电器及音像器材 | Household Appliances and Audio-video Equipment | 95.0 | 93.1 | 92.6 |
| 文化办公用品 | Culture and Office Articles | 98.7 | 91.6 | 95.2 |
| 日用品 | Daily Use Articles | 99.0 | 100.5 | 102.5 |
| 体育娱乐用品 | Sports and Recreation Articles | 99.1 | 94.7 | 95.6 |
| 交通、通信用品 | Transportation and Communication Products | 97.4 | 88.5 | 87.5 |
| 家 具 | Furniture | 90.4 | 100.1 | 101.2 |
| 化妆品 | Cosmetics | 100.7 | 96.1 | 98.0 |
| 金银珠宝 | Gold and Silver Jewellery | 87.2 | 107.3 | 114.7 |
| 中西药品及医疗保健用品 | Traditional Chinese and Western Medicines, Medical and Health Care Articles | 98.7 | 97.7 | 97.6 |
| 书报杂志及电子出版物 | Newspapers and Magazines and Electronic Publications | 99.5 | 98.0 | 100.8 |
| 燃 料 | Fuels | 111.4 | 109.1 | 110.0 |
| 建筑材料及五金电料 | Building Materials and Hardware | 101.8 | 104.0 | 106.1 |

## Classified Retail Price Indices (preceding year = 100)

| 2007年 | 2008年 | 2009年 | 2010年 | 2011年 | 2012年 | 2013年 | 2014年 | 2015年 |
|---|---|---|---|---|---|---|---|---|
| **102.4** | **105.3** | **99.4** | **101.7** | **104.1** | **101.2** | **100.2** | **100.9** | **101.1** |
| 109.6 | 115.3 | 102.0 | 107.6 | 111.0 | 105.9 | 104.5 | 103.2 | 102.8 |
| 101.4 | 107.3 | 103.7 | 112.0 | 113.3 | 103.0 | 103.6 | 102.0 | 103.0 |
| 101.8 | 107.9 | 106.0 | 95.5 | 106.6 | 109.5 | 101.6 | 102.5 | 103.9 |
| 108.6 | 132.5 | 100.2 | 108.7 | 114.7 | 109.5 | 103.1 | 100.4 | 101.2 |
| 129.8 | 124.7 | 80.3 | 105.6 | 117.3 | 103.8 | 97.5 | 95.0 | 98.0 |
| 123.0 | 122.9 | 95.6 | 104.2 | 119.9 | 105.1 | 103.7 | 101.4 | 105.3 |
| 121.8 | 106.4 | 103.0 | 106.1 | 113.5 | 98.2 | 102.2 | 106.0 | 98.0 |
| 101.4 | 110.8 | 105.2 | 116.1 | 113.7 | 105.8 | 105.0 | 102.7 | 101.3 |
| 113.5 | 120.6 | 116.5 | 111.0 | 99.8 | 111.1 | 108.0 | 101.5 | 107.5 |
| 104.6 | 109.5 | 104.0 | 106.5 | 107.5 | 103.5 | 102.4 | 103.1 | 104.8 |
| 99.1 | 107.4 | 101.3 | 103.8 | 104.8 | 103.5 | 102.0 | 102.0 | 102.2 |
| 111.8 | 112.3 | 100.3 | 112.1 | 114.5 | 102.8 | 107.3 | 111.6 | 96.8 |
| 101.5 | 112.5 | 102.8 | 100.5 | 108.8 | 102.8 | 101.7 | 102.6 | 101.8 |
| 106.2 | 119.4 | 100.4 | 102.3 | 108.2 | 103.8 | 108.1 | 110.1 | 99.2 |
| 107.6 | 114.3 | 101.8 | 105.6 | 107.9 | 107.8 | 103.3 | 101.9 | 104.1 |
| 100.9 | 104.3 | 99.3 | 105.0 | 107.4 | 108.1 | 102.6 | 103.4 | 104.2 |
| 100.9 | 102.7 | 101.2 | 101.9 | 102.3 | 102.1 | 100.1 | 101.4 | 103.9 |
| 101.2 | 101.5 | 99.2 | 98.4 | 103.9 | 102.9 | 99.9 | 103.6 | 107.9 |
| 102.6 | 102.1 | 100.5 | 103.9 | 117.6 | 99.5 | 100.6 | 99.1 | 104.1 |
| 92.2 | 94.7 | 90.8 | 92.4 | 96.0 | 96.2 | 94.9 | 96.5 | 99.3 |
| 93.9 | 94.9 | 93.9 | 97.7 | 94.7 | 94.1 | 94.9 | 98.2 | 99.2 |
| 101.8 | 105.8 | 102.4 | 100.3 | 106.2 | 102.1 | 100.2 | 99.9 | 101.5 |
| 92.9 | 92.2 | 92.1 | 95.9 | 103.8 | 100.0 | 98.6 | 98.6 | 99.4 |
| 90.8 | 89.5 | 91.1 | 94.0 | 98.3 | 95.4 | 96.8 | 98.8 | 97.8 |
| 101.8 | 108.2 | 99.9 | 101.1 | 104.2 | 103.3 | 99.7 | 102.6 | 101.8 |
| 101.2 | 101.8 | 100.5 | 101.0 | 104.8 | 101.1 | 100.8 | 102.3 | 100.1 |
| 106.2 | 110.3 | 98.6 | 111.7 | 107.9 | 99.2 | 93.7 | 93.7 | 95.2 |
| 98.0 | 100.7 | 100.6 | 99.8 | 99.4 | 100.0 | 101.0 | 101.7 | 100.6 |
| 103.6 | 101.8 | 111.4 | 103.2 | 102.1 | 102.1 | 100.9 | 100.6 | 101.7 |
| 103.0 | 112.0 | 102.1 | 112.8 | 107.2 | 102.0 | 99.3 | 99.8 | 91.2 |
| 107.6 | 106.6 | 97.9 | 103.3 | 104.2 | 102.6 | 100.6 | 99.3 | 99.6 |

# 商品零售价格指数(2001~2015，以2000年价格为100)

表3-16

| 指　标 | Indicators | 2001年 | 2005年 | 2006年 |
|---|---|---|---|---|
| **商品零售价格指数** | **Retail Price Indices** | **98.6** | **96.7** | **96.9** |
| 食　品 | Food | 98.4 | 113.9 | 116.9 |
| 粮　食 | Grain | 100.1 | 128.1 | 131.1 |
| 淀粉及制品 | Starch and Its Products | 100.4 | 125.2 | 119.6 |
| 干豆类及豆制品 | Dry Beans and Bean Products | 111.3 | 139.3 | 138.6 |
| 油　脂 | Oil and Fat | 81.4 | 88.8 | 86.7 |
| 肉禽及其制品 | Meat Poultry and Their Products | 100.4 | 125.5 | 126.2 |
| 蛋 | Eggs | 110.7 | 141.0 | 134.5 |
| 水产品 | Aquatic Products | 90.1 | 116.7 | 119.0 |
| 菜 | Vegetables | 107.1 | 114.3 | 120.3 |
| 调味品 | Flavouring | 99.5 | 103.8 | 108.4 |
| 糖 | Sugars | 104.4 | 108.8 | 113.0 |
| 干鲜瓜果 | Dried and Fresh Fruits | 107.3 | 128.8 | 143.6 |
| 糕点饼干面包 | Cakes, Biscuits and Bread | 99.8 | 99.4 | 98.3 |
| 液体乳及乳制品 | Milk and Its Products | 99.8 | 101.5 | 103.8 |
| 在外用膳食品 | Dining Out | 100.7 | 107.9 | 110.6 |
| 其它食品 | Other Food | 99.5 | 98.9 | 101.7 |
| 饮料、烟酒 | Beverages, Tobacco and Liquors | 98.4 | 94.1 | 94.2 |
| 服装、鞋帽 | Garments, Shoes and Hats | 107.7 | 86.0 | 91.6 |
| 纺织品 | Textile Products | 98.8 | 99.5 | 99.6 |
| 家用电器及音像器材 | Household Appliances and Audio-video Equipment | 95.0 | 73.9 | 68.4 |
| 文化办公用品 | Culture and Office Articles | 98.7 | 72.2 | 68.7 |
| 日用品 | Daily Use Articles | 99.0 | 96.9 | 99.3 |
| 体育娱乐用品 | Sports and Recreation Articles | 99.1 | 86.6 | 82.8 |
| 交通、通信用品 | Transportation and Communication Products | 97.4 | 68.5 | 59.9 |
| 家　具 | Furniture | 90.4 | 88.4 | 89.5 |
| 化妆品 | Cosmetics | 100.7 | 93.7 | 91.8 |
| 金银珠宝 | Gold and Silver Jewellery | 87.2 | 107.5 | 123.3 |
| 中西药品及医疗保健用品 | Traditional Chinese and Western Medicines, Medical and Health Care Articles | 98.7 | 90.1 | 88.0 |
| 书报杂志及电子出版物 | Newspapers and Magazines and Electronic Publications | 99.5 | 94.5 | 95.2 |
| 燃　料 | Fuels | 111.4 | 150.8 | 165.9 |
| 建筑材料及五金电料 | Building Materials and Hardware | 101.8 | 115.9 | 123.0 |

# Classified Retail Price Indices(2000 = 100)

| 2007年 | 2008年 | 2009年 | 2010年 | 2011年 | 2012年 | 2013年 | 2014年 | 2015年 |
|---|---|---|---|---|---|---|---|---|
| **99.2** | **104.5** | **103.9** | **105.7** | **110.0** | **111.3** | **111.5** | **112.5** | **113.7** |
| 128.1 | 147.7 | 150.7 | 162.3 | 180.1 | 190.7 | 199.2 | 205.6 | 211.4 |
| 133.0 | 142.6 | 147.9 | 165.7 | 187.7 | 193.3 | 200.4 | 204.4 | 210.5 |
| 121.8 | 131.4 | 139.3 | 133.0 | 141.8 | 155.3 | 157.7 | 161.7 | 168.0 |
| 150.5 | 199.5 | 199.9 | 217.3 | 249.2 | 273.0 | 281.5 | 282.6 | 285.9 |
| 112.5 | 140.3 | 112.6 | 118.9 | 139.5 | 144.8 | 141.2 | 134.1 | 131.4 |
| 155.2 | 190.7 | 182.2 | 190.0 | 227.8 | 239.5 | 248.3 | 251.8 | 265.1 |
| 163.9 | 174.3 | 179.5 | 190.4 | 216.1 | 212.1 | 216.7 | 229.7 | 225.1 |
| 120.7 | 133.8 | 140.7 | 163.4 | 185.8 | 196.6 | 206.5 | 212.1 | 214.7 |
| 136.5 | 164.5 | 191.7 | 212.8 | 212.4 | 236.1 | 255.0 | 258.8 | 278.3 |
| 113.4 | 124.1 | 129.2 | 137.6 | 147.9 | 153.1 | 156.8 | 161.7 | 169.5 |
| 112.0 | 120.3 | 121.8 | 126.4 | 132.5 | 137.2 | 139.9 | 142.7 | 145.9 |
| 160.5 | 180.2 | 180.8 | 202.6 | 231.9 | 238.4 | 255.8 | 285.4 | 276.1 |
| 99.8 | 112.2 | 115.4 | 115.9 | 126.1 | 129.6 | 131.9 | 135.2 | 137.7 |
| 110.3 | 131.7 | 132.3 | 135.3 | 146.3 | 151.8 | 164.2 | 180.8 | 179.5 |
| 119.0 | 136.1 | 138.6 | 146.4 | 157.9 | 170.3 | 176.0 | 179.3 | 186.7 |
| 102.6 | 107.0 | 106.2 | 111.5 | 119.8 | 129.4 | 132.8 | 137.3 | 143.2 |
| 95.0 | 97.6 | 98.8 | 100.6 | 102.9 | 105.1 | 105.3 | 106.7 | 110.9 |
| 92.8 | 94.1 | 93.4 | 91.9 | 95.5 | 98.2 | 98.1 | 101.7 | 109.7 |
| 102.2 | 104.4 | 104.9 | 109.0 | 128.2 | 127.5 | 128.3 | 127.1 | 132.4 |
| 63.1 | 59.8 | 54.3 | 50.2 | 48.1 | 46.3 | 43.9 | 42.4 | 42.1 |
| 64.5 | 61.2 | 57.5 | 56.2 | 53.2 | 50.1 | 47.5 | 46.7 | 46.3 |
| 101.1 | 107.0 | 109.7 | 110.0 | 116.8 | 119.2 | 119.5 | 119.4 | 121.2 |
| 76.9 | 70.9 | 65.3 | 62.6 | 65.0 | 65.0 | 64.1 | 63.3 | 62.9 |
| 54.4 | 48.7 | 44.4 | 41.7 | 41.0 | 39.1 | 37.9 | 37.4 | 36.6 |
| 91.1 | 98.6 | 98.5 | 99.6 | 103.7 | 107.2 | 106.9 | 109.6 | 111.6 |
| 92.9 | 94.6 | 95.0 | 96.0 | 100.6 | 101.7 | 102.5 | 104.9 | 105.0 |
| 131.0 | 144.4 | 142.4 | 159.1 | 171.7 | 170.2 | 159.5 | 149.5 | 142.3 |
| 86.2 | 86.8 | 87.3 | 87.1 | 86.6 | 86.5 | 87.5 | 88.9 | 89.5 |
| 98.6 | 100.4 | 111.8 | 115.4 | 117.8 | 120.3 | 121.4 | 122.2 | 124.2 |
| 170.9 | 191.5 | 195.5 | 220.5 | 236.4 | 241.1 | 239.4 | 238.9 | 217.7 |
| 132.3 | 141.1 | 138.2 | 142.7 | 148.7 | 152.6 | 153.5 | 152.4 | 151.8 |

# 商品零售价格指数(2016~2021，以2015年价格为100)
# Classified Retail Price Indices(2015=100)

表3-17

| 指 标 | Indicators | 2016年 | 2017年 | 2018年 | 2019年 | 2020年 | 2021年 |
|---|---|---|---|---|---|---|---|
| **商品零售价格指数** | **Retail Price Indices** | **100.8** | **101.7** | **103.3** | **103.7** | **104.7** | **106.1** |
| 食 品 | Food | 104.1 | 105.2 | 107.6 | 113.2 | 119.9 | 120.5 |
| 粮 食 | Grain | 100.9 | 102.6 | 102.9 | 103.7 | 105.3 | 104.3 |
| 薯 类 | Potato | 113.0 | 104.6 | 110.6 | 121.2 | 131.4 | 132.6 |
| 豆 类 | Beans | 100.4 | 100.5 | 105.9 | 117.9 | 117.7 | 138.1 |
| 食用油 | Edible Oil | 99.9 | 101.4 | 101.7 | 102.3 | 109.1 | 117.1 |
| 菜 | Vegetables | 110.6 | 105.0 | 112.5 | 116.4 | 123.3 | 129.8 |
| 畜肉类 | Meat | 108.3 | 107.5 | 106.3 | 126.2 | 165.3 | 142.4 |
| 禽肉类 | Poultry | 101.6 | 103.7 | 110.2 | 122.6 | 122.5 | 109.9 |
| 水产品 | Aquatic Products | 107.8 | 111.6 | 113.0 | 113.3 | 114.0 | 120.2 |
| 蛋 类 | Eggs | 98.4 | 96.9 | 105.3 | 110.7 | 107.1 | 111.8 |
| 奶 类 | Milk | 101.4 | 101.1 | 102.5 | 104.1 | 104.9 | 108.8 |
| 干鲜瓜果类 | Dried and Fresh Fruits | 101.8 | 105.9 | 108.9 | 117.0 | 110.5 | 116.6 |
| 糖果糕点类 | Sweets and Cakes | 102.3 | 105.6 | 107.6 | 108.4 | 110.4 | 113.2 |
| 调味品 | Flavouring | 104.8 | 110.2 | 110.7 | 110.8 | 114.8 | 115.9 |
| 其他食品类 | Other Food | 102.3 | 103.0 | 106.8 | 109.3 | 109.7 | 110.2 |
| 在外餐饮 | Dining Out | 101.6 | 104.1 | 106.0 | 109.0 | 112.9 | 114.9 |
| 饮料、烟酒 | Beverages,Tobacco and Liquors | 102.0 | 104.0 | 105.7 | 106.7 | 109.5 | 113.0 |
| 服装、鞋帽 | Garments,Shoes and Hats | 100.7 | 101.2 | 99.2 | 102.2 | 103.0 | 102.4 |
| 纺织品 | Textile Products | 102.4 | 102.8 | 101.9 | 101.0 | 101.1 | 99.4 |
| 家用电器及音像器材 | Household Appliances and Audio-video Equipment | 99.2 | 98.8 | 96.7 | 96.3 | 94.1 | 95.9 |
| 文化办公用品 | Culture and Office Articles | 103.2 | 103.3 | 103.7 | 101.4 | 102.9 | 104.5 |
| 日用品 | Daily Use Articles | 100.4 | 101.4 | 102.4 | 103.8 | 104.5 | 105.2 |
| 体育娱乐用品 | Sports and Recreation Articles | 99.5 | 100.8 | 102.1 | 101.6 | 102.0 | 102.3 |
| 交通、通信用品 | Transportation and Communication Products | 97.1 | 95.7 | 96.1 | 91.9 | 90.5 | 91.6 |
| 家 具 | Furniture | 100.1 | 101.4 | 104.6 | 105.5 | 104.8 | 106.8 |
| 化妆品 | Cosmetics | 99.4 | 99.7 | 100.2 | 101.9 | 102.8 | 101.7 |
| 金银饰品 | Gold and Silver Ornament | 107.4 | 109.2 | 109.8 | 120.4 | 140.9 | 144.9 |
| 中西药品及医疗保健用品 | Traditional Chinese and Western Medicines, Medical and Health Care Articles | 111.0 | 113.4 | 114.8 | 118.4 | 121.2 | 114.4 |
| 书报杂志及电子出版物 | Newspapers and Magazines and Electronic Publications | 101.1 | 100.8 | 106.9 | 113.1 | 120.4 | 120.3 |
| 燃 料 | Fuels | 95.6 | 103.5 | 114.7 | 108.4 | 95.6 | 107.9 |
| 建筑材料及五金电料 | Building Materials and Hardware | 99.6 | 100.3 | 105.6 | 108.1 | 110.0 | 114.9 |

# 工业生产者出厂价格指数（1992~2021，以上年价格为100）
# Producer Price Indices for Industrial Products(preceding year=100)

表3-18

| 指 标 | Indicators | 1992年 | 1995年 | 1996年 | 1997年 | 1998年 |
|---|---|---|---|---|---|---|
| **工业生产者出厂价格指数** | **Producer Price Index of Industries** | **110.4** | **107.9** | **97.6** | **97.8** | **93.9** |
| **按轻重工业分** | **Grouped by Light and Heavy Industries** | | | | | |
| 轻工业 | Light Industry | 105.8 | 112.3 | 96.3 | 97.1 | 93.4 |
| 以农产品为原料 | Using Farm Products as Raw Materials | 108.2 | 114.9 | 101.7 | 100.5 | 93.0 |
| 以非农产品为原料 | Using Non-farm Products as Raw Materials | 103.3 | 109.6 | 90.5 | 94.0 | 93.9 |
| 重工业 | Heavy Industry | 115.2 | 104.4 | 98.6 | 98.4 | 94.2 |
| 采 掘 | Mining and Quarrying | | | | | |
| 原 料 | Raw Material | 119.0 | 102.4 | 95.8 | 99.5 | 91.6 |
| 加 工 | Processing | 109.2 | 108.8 | 104.1 | 97.3 | 96.5 |
| **按用途分** | **Grouped by Uses** | | | | | |
| 生产资料 | Means of Production | 112.4 | 107.3 | 95.8 | 96.9 | 92.9 |
| 采 掘 | Mining and Quarrying | | | | | |
| 原 料 | Raw Material | 113.7 | 106.3 | 92.5 | 97.8 | 92.0 |
| 加 工 | Processing | 109.7 | 110.0 | 104.3 | 95.7 | 94.3 |
| 生活资料 | Consumer Goods | 107.4 | 108.9 | 100.3 | 99.1 | 95.4 |
| 食 品 | Food | 115.5 | 112.8 | 106.2 | 102.9 | 100.9 |
| 衣 着 | Clothing | 105.6 | 113.7 | 98.3 | 101.5 | 88.3 |
| 一般日用品 | Non-Durable Consumer Goods | 105.9 | 111.8 | 102.0 | 98.1 | 96.0 |
| 耐用消费品 | Durable Consumer Goods | 104.8 | 94.4 | 95.9 | 96.3 | 98.0 |

表 3-18 续表 1 Continued

| 指 标 | Indicators | 1999 年 | 2000 年 | 2001 年 | 2002 年 | 2003 年 |
|---|---|---|---|---|---|---|
| **工业生产者出厂价格指数** | **Producer Price Index of Industries** | **97.6** | **102.5** | **96.7** | **96.4** | **101.4** |
| **按轻重工业分** | **Grouped by Light and Heavy Industries** | | | | | |
| 轻工业 | Light Industry | 99.3 | 99.9 | 97.8 | 97.0 | 99.2 |
| 以农产品为原料 | Using Farm Products as Raw Materials | 100.1 | 99.4 | 99.8 | 98.9 | 101.0 |
| 以非农产品为原料 | Using Non-farm Products as Raw Materials | 98.4 | 100.2 | 95.4 | 94.9 | 98.3 |
| 重工业 | Heavy Industry | 96.5 | 104.3 | 96.1 | 96.1 | 102.9 |
| 采 掘 | Mining and Quarrying | | | 100.0 | 100.4 | 112.6 |
| 原 料 | Raw Material | 96.4 | 110.9 | 98.7 | 98.1 | 108.0 |
| 加 工 | Processing | 96.5 | 99.0 | 94.7 | 95.0 | 100.9 |
| **按用途分** | **Grouped by Uses** | | | | | |
| 生产资料 | Means of Production | 96.4 | 105.4 | 96.3 | 95.8 | 103.1 |
| 采 掘 | Mining and Quarrying | | | 100.0 | 100.4 | 112.6 |
| 原 料 | Raw Material | 97.9 | 110.8 | 97.9 | 97.6 | 107.5 |
| 加 工 | Processing | 94.5 | 99.0 | 94.9 | 94.7 | 101.5 |
| 生活资料 | Consumer Goods | 99.5 | 98.0 | 97.3 | 97.3 | 98.1 |
| 食 品 | Food | 101.3 | 98.2 | 102.6 | 102.6 | 100.1 |
| 衣 着 | Clothing | 100.8 | 99.9 | 99.6 | 99.8 | 99.7 |
| 一般日用品 | Non-Durable Consumer Goods | 100.0 | 97.4 | 97.2 | 97.1 | 99.3 |
| 耐用消费品 | Durable Consumer Goods | 97.6 | 97.3 | 95.1 | 94.7 | 96.1 |

表 3-18 续表 2　Continued

| 指　标 | Indicators | 2004 年 | 2005 年 | 2006 年 | 2007 年 | 2008 年 | 2009 年 |
|---|---|---|---|---|---|---|---|
| **工业生产者出厂价格指数** | **Producer Price Index of Industries** | **103.6** | **101.7** | **100.6** | **101.2** | **102.2** | **93.8** |
| **按轻重工业分** | **Grouped by Light and Heavy Industries** | | | | | | |
| 轻工业 | Light Industry | 101.0 | 100.6 | 98.8 | 100.0 | 99.1 | 94.8 |
| 以农产品为原料 | Using Farm Products as Raw Materials | 103.2 | 100.4 | 100.6 | 103.1 | 103.6 | 101.1 |
| 以非农产品为原料 | Using Non-farm Products as Raw Materials | 99.8 | 100.7 | 98.2 | 99.1 | 97.9 | 93.1 |
| 重工业 | Heavy Industry | 105.0 | 102.3 | 102.4 | 102.3 | 105.2 | 92.9 |
| 采　掘 | Mining and Quarrying | 119.3 | 124.5 | 114.7 | 101.5 | 125.8 | 82.5 |
| 原　料 | Raw Material | 113.1 | 109.7 | 108.2 | 104.0 | 110.7 | 91.8 |
| 加　工 | Processing | 102.3 | 99.9 | 100.3 | 101.7 | 102.8 | 93.5 |
| **按用途分** | **Grouped by Uses** | | | | | | |
| 生产资料 | Means of Production | 106.1 | 103.2 | 101.2 | 101.4 | 102.5 | 92.1 |
| 采　掘 | Mining and Quarrying | 119.3 | 124.5 | 114.7 | 101.5 | 125.8 | 82.5 |
| 原　料 | Raw Material | 112.8 | 109.8 | 107.8 | 103.9 | 110.2 | 92.0 |
| 加　工 | Processing | 103.7 | 100.9 | 99.6 | 100.9 | 100.5 | 92.2 |
| 生活资料 | Consumer Goods | 98.7 | 98.7 | 98.9 | 100.2 | 101.3 | 100.6 |
| 食　品 | Food | 101.3 | 100.6 | 100.5 | 104.8 | 105.3 | 102.0 |
| 衣　着 | Clothing | 102.5 | 101.4 | 100.4 | 101.7 | 102.2 | 100.3 |
| 一般日用品 | Non-Durable Consumer Goods | 101.3 | 100.7 | 100.9 | 101.0 | 102.2 | 101.9 |
| 耐用消费品 | Durable Consumer Goods | 94.6 | 95.7 | 95.4 | 95.6 | 97.2 | 98.5 |

表3-18续表3 Continued

| 指　标 | Indicators | 2010年 | 2011年 | 2012年 | 2013年 | 2014年 | 2015年 |
|---|---|---|---|---|---|---|---|
| **工业生产者出厂价格指数** | **Producer Price Index of Industries** | **102.3** | **102.9** | **98.4** | **98.2** | **98.9** | **96.1** |
| **按轻重工业分** | **Grouped by Light and Heavy Industries** | | | | | | |
| 轻工业 | Light Industry | 97.1 | 103.9 | 100.7 | 99.2 | 99.1 | 98.6 |
| 以农产品为原料 | Using Farm Products as Raw Materials | 102.6 | 104.6 | 101.8 | 99.9 | 99.8 | 98.8 |
| 以非农产品为原料 | Using Non-farm Products as Raw Materials | 95.6 | 103.3 | 99.8 | 98.5 | 98.6 | 98.5 |
| 重工业 | Heavy Industry | 106.9 | 102.6 | 97.9 | 98.0 | 98.8 | 95.5 |
| 采　掘 | Mining and Quarrying | 116.9 | 115.0 | 100.1 | 103.9 | 102.2 | 85.2 |
| 原　料 | Raw Material | 116.8 | 110.3 | 99.1 | 97.6 | 98.2 | 86.8 |
| 加　工 | Processing | 102.9 | 100.6 | 97.6 | 98.1 | 99.0 | 97.7 |
| **按用途分** | **Grouped by Uses** | | | | | | |
| 生产资料 | Means of Production | 102.7 | 102.8 | 98.1 | 97.9 | 98.7 | 95.1 |
| 采　掘 | Mining and Quarrying | 116.9 | 115.0 | 100.1 | 103.9 | 102.2 | 85.2 |
| 原　料 | Raw Material | 116.6 | 110.3 | 99.1 | 97.6 | 98.1 | 86.6 |
| 加　工 | Processing | 99.2 | 100.8 | 97.8 | 98.0 | 98.9 | 97.4 |
| 生活资料 | Consumer Goods | 100.7 | 102.9 | 99.5 | 99.2 | 99.4 | 99.3 |
| 食　品 | Food | 104.4 | 105.5 | 103.3 | 99.9 | 100.4 | 99.3 |
| 衣　着 | Clothing | 100.6 | 101.9 | 99.6 | 100.2 | 100.4 | 100.0 |
| 一般日用品 | Non-Durable Consumer Goods | 101.7 | 105.1 | 100.9 | 97.5 | 99.2 | 98.7 |
| 耐用消费品 | Durable Consumer Goods | 97.6 | 100.2 | 96.2 | 99.7 | 98.9 | 99.6 |

**表 3-18 续表 4** Continued

| 指　标 | Indicators | 2016 年 | 2017 年 | 2018 年 | 2019 年 | 2020 年 | 2021 年 |
|---|---|---|---|---|---|---|---|
| **工业生产者出厂价格指数** | **Producer Price Index of Industries** | **98.8** | **103.5** | **101.7** | **98.8** | **98.3** | **102.1** |
| **按轻重工业分** | **Grouped by Light and Heavy Industries** | | | | | | |
| 轻工业 | Light Industry | 99.8 | 101.2 | 100.5 | 101.3 | 101.4 | 100.8 |
| 以农产品为原料 | Using Farm Products as Raw Materials | 100.4 | 101.1 | 101.9 | 101.7 | 101.6 | 102.3 |
| 以非农产品为原料 | Using Non-farm Products as Raw Materials | 99.2 | 101.4 | 99.2 | 101.0 | 101.2 | 99.8 |
| 重工业 | Heavy Industry | 98.6 | 104.1 | 102.0 | 98.1 | 97.5 | 102.4 |
| 采　掘 | Mining and Quarrying | 92.8 | 110.7 | 116.4 | 98.2 | 83.7 | 97.6 |
| 原　料 | Raw Material | 96.8 | 114.6 | 107.5 | 92.9 | 90.4 | 114.3 |
| 加　工 | Processing | 99.0 | 101.6 | 100.6 | 99.4 | 99.1 | 99.7 |
| **按用途分** | **Grouped by Uses** | | | | | | |
| 生产资料 | Means of Production | 98.5 | 104.9 | 102.3 | 98.1 | 98.1 | 104.8 |
| 采　掘 | Mining and Quarrying | 92.8 | 110.7 | 116.4 | 98.2 | 83.7 | 97.6 |
| 原　料 | Raw Material | 97.3 | 113.0 | 107.4 | 92.4 | 89.7 | 114.1 |
| 加　工 | Processing | 98.8 | 102.8 | 100.9 | 99.6 | 100.3 | 102.2 |
| 生活资料 | Consumer Goods | 99.7 | 100.3 | 100.2 | 100.4 | 98.9 | 96.1 |
| 食　品 | Food | 100.3 | 100.7 | 101.0 | 101.9 | 102.7 | 103 |
| 衣　着 | Clothing | 101.2 | 98.1 | 100.2 | 103.4 | 99.1 | 98.8 |
| 一般日用品 | Non-Durable Consumer Goods | 100.9 | 104.3 | 100.9 | 103.7 | 103.9 | 99.7 |
| 耐用消费品 | Durable Consumer Goods | 98.6 | 98.3 | 99.4 | 97.6 | 94.3 | 92.2 |

# 工业生产者出厂价格指数（2009~2021，以 2000 年价格为 100）

表 3-19

| 类　别 | Types | 2009 年 | 2010 年 |
|---|---|---|---|
| **工业生产者出厂价格指数** | **Producer Price Indices for Industrial Products** | **97.2** | **99.4** |
| **按轻重工业分** | **Grouped by Light and Heavy Industries** | | |
| 轻工业 | Light Industry | 88.7 | 86.1 |
| 以农产品为原料 | Using Farm Products as Raw Materials | 112.2 | 115.1 |
| 以非农产品为原料 | Using Non-farm Products as Raw Materials | 79.3 | 75.8 |
| 重工业 | Heavy Industry | 104.7 | 111.9 |
| 采　掘 | Mining and Quarrying | 203 | 237.3 |
| 原　料 | Raw Material | 148.3 | 173.2 |
| 加　工 | Processing | 91.1 | 93.7 |
| **按用途分** | **Grouped by Uses** | | |
| 生产资料 | Means of Production | 101.0 | 103.7 |
| 生活资料 | Consumer Goods | 91.4 | 92.0 |
| #食　品 | Food | 121.5 | 126.8 |
| 衣　着 | Clothing | 107.8 | 108.4 |
| 一般日用品 | Non-Durable Consumer Goods | 101.5 | 103.2 |
| 耐用消费品 | Durable Consumer Goods | 68.5 | 66.9 |

# Producer Price Indices for Industrial Products(2000 = 100)

| 2011 年 | 2012 年 | 2013 年 | 2014 年 | 2015 年 | 2016 年 | 2017 年 | 2018 年 | 2019 年 | 2020 年 | 2021 年 |
|---|---|---|---|---|---|---|---|---|---|---|
| **102.3** | **100.7** | **98.9** | **97.8** | **94.0** | **92.9** | **96.2** | **97.8** | **96.6** | **95.0** | **97.0** |
| | | | | | | | | | | |
| 89.5 | 90.1 | 89.4 | 88.6 | 87.4 | 87.2 | 88.2 | 88.7 | 89.9 | 91.2 | 91.9 |
| 120.4 | 122.6 | 122.5 | 122.3 | 120.8 | 121.3 | 122.6 | 124.9 | 127.0 | 129.0 | 132.0 |
| 78.3 | 78.1 | 76.9 | 75.8 | 74.7 | 74.1 | 75.1 | 74.5 | 75.2 | 76.1 | 75.9 |
| 114.8 | 112.4 | 110.2 | 108.9 | 104.0 | 102.5 | 106.7 | 108.9 | 106.8 | 104.1 | 106.6 |
| 272.9 | 273.2 | 283.9 | 290.1 | 247.2 | 229.4 | 253.9 | 295.5 | 290.2 | 242.9 | 237.1 |
| 191.0 | 189.3 | 184.8 | 181.5 | 157.5 | 152.5 | 174.8 | 188.0 | 174.7 | 157.9 | 180.5 |
| 94.3 | 92.0 | 90.3 | 89.4 | 87.3 | 86.4 | 87.8 | 88.3 | 87.8 | 87 | 86.7 |
| | | | | | | | | | | |
| 106.6 | 104.6 | 102.4 | 101.1 | 96.1 | 94.7 | 99.3 | 101.6 | 99.7 | 97.8 | 102.5 |
| 94.7 | 94.2 | 93.4 | 92.8 | 92.2 | 91.9 | 92.2 | 92.4 | 92.8 | 91.8 | 88.2 |
| 133.8 | 138.2 | 138.1 | 138.7 | 137.7 | 138.1 | 139.1 | 140.5 | 143.2 | 147.1 | 151.5 |
| 110.5 | 110.1 | 110.3 | 110.7 | 110.7 | 112.0 | 109.9 | 110.1 | 113.8 | 112.8 | 111.4 |
| 108.5 | 109.5 | 106.8 | 105.9 | 104.5 | 105.4 | 109.9 | 110.9 | 115.0 | 119.5 | 119.1 |
| 67.0 | 64.5 | 64.3 | 63.6 | 63.3 | 62.4 | 61.3 | 61.0 | 59.5 | 56.1 | 51.7 |

# 主要工业行业工业品出厂价格指数(1992~2021，以上年价格为100)

表3-20

| 指　标 | Indicators | 1992年 | 1995年 |
|---|---|---|---|
| **按工业行业分** | **Grouped by Industrial Sector** | | |
| 石油和天然气开采业③ | Mining of Petroleum and Natural Gas | | |
| 农副食品加工业 | Processing of Food from Agricultural Products | 117.3 | 115.2 |
| 食品制造业 | Manufacture of Foodstuff | | |
| 酒、饮料和精制茶制造业 | Manufacture of Wine, Beverages and Refined Tea | 106.8 | 119.7 |
| 烟草制品业 | Manufacture of Tobacco | 113.7 | 109.7 |
| 纺织业① | Manufacture of Textile | 105.5 | 112.2 |
| 纺织服装、服饰业① | Manufacture of Textile Wearing Apparel | | |
| 皮革、毛皮、羽毛及其制品和制鞋业① | Manufacture of Leather, Fur, Feather Products and Footwear | 111.8 | 129.6 |
| 木材加工和木、竹、藤、棕、草制品业 | Processing of Timber, Manufacture of Wood, Bamboo, Rattan, Palm and Straw Products | 102.8 | 86.1 |
| 家具制造业 | Manufacture of Furniture | 117.7 | |
| 造纸和纸制品业 | Manufacture of Paper and Paper Products | 100.7 | 151.0 |
| 印刷和记录媒介复制业② | Printing, Replication of Recording Media | | |
| 文教、工美、体育和娱乐用品制造业① | Manufacture of Culture, Education, Art, Sports and Recreation Products | 117.9 | 98.8 |
| 石油加工、炼焦和核燃料加工业 | Processing of Petroleum, Coking and Processing of Nuclear Fuel | 121.3 | 94.1 |
| 化学原料和化学制品制造业 | Manufacture of Raw Chemical Materials and Chemical Products | 109.4 | 124.5 |
| 医药制造业 | Manufacture of Medicines | 98.9 | 113.3 |
| 化学纤维制造业 | Manufacture of Chemical Fibers | 99.1 | 133.6 |
| 橡胶和塑料制品业① | Manufacture of Rubber and Plastic Products | 103.4 | 110.3 |
| 非金属矿物制品业 | Manufacture of Non-metallic Mineral Products | 113.6 | 98.5 |
| 黑色金属冶炼和压延加工业① | Smelting and Pressing of Ferrous Metals | 116.7 | 93.7 |
| 有色金属冶炼和压延加工业 | Smelting and Pressing of Non-ferrous Metals | 112.3 | 130.8 |
| 金属制品业① | Manufacture of Metal Products | 104.4 | 110.4 |
| 通用设备制造业① | Manufacture of General Purpose Machinery | 109.1 | 105.5 |
| 专用设备制造业① | Manufacture of Special Purpose Machinery | | 105.5 |
| 汽车制造业⑤ | Manufacture of Automotives | | |
| 铁路、船舶、航空航天和其他运输设备制造业⑤ | Manufacture of Railroads, Ships, Aerospace and other Transportation Equipment | | |
| 电气机械和器材制造业① | Manufacture of Electrical Machinery and Equipment | 111.9 | 122.7 |
| 计算机、通信和其他电子设备制造业 | Manufacture of Communication Equipment, Computers and Other Electronic Equipment | 94.8 | 65.2 |
| 仪器仪表制造业① | Manufacture of Measuring Instruments | 99.8 | 106.2 |
| 其他制造业① | Other Manufacturing | | |
| 废弃资源综合利用业④ | Comprehensive Utilization of Waste Resources | | |
| 金属制品、机械和设备修理业⑤ | Repairing of Metal Products, Machinery and Equipment | | |
| 电力、热力生产和供应业 | Production and Supply of Electric Power and Thermal Power | 138.0 | 117.3 |
| 燃气生产和供应业 | Production and Supply of Gas | 115.7 | 152.5 |
| 水的生产和供应业 | Production and Supply of Water | 121.5 | 124.5 |

注：①2012年起按新口径编制。
②2000起新增印刷业记录媒介的复制。
③2001年起新增石油和天然气开采业。
④2003年起新增废弃资源综合利用业。
⑤2012年起新增汽车制造业,铁路、船舶、航空航天和其他运输设备制造业,金属制品、机械和设备修理业。

Note: ①These indices have been calculated in accordance with new methods since 2012.
②Printing, Replication of Recording Media has been added since 2000.
③Mining of Petroleum and Natural Gas has been added since 2001.
④Comprehensive Utilization of Waste Resources has been added since 2003.
⑤Manufacture of Automotives, Manufacture of Railroads, Ships, Aerospace and other Transportation Equipment, Repairing of Metal Products, Machinery and Equipment have been added since 2012.

## Producer Price Indices for Industrial Products by Sector (preceding year = 100)

| 1996年 | 1997年 | 1998年 | 1999年 | 2000年 | 2001年 | 2002年 | 2003年 | 2004年 | 2005年 | 2006年 | 2007年 |
|---|---|---|---|---|---|---|---|---|---|---|---|
| | | | | | 100.0 | 100.4 | 112.6 | 119.3 | 124.5 | 114.7 | 101.5 |
| 105.9 | 101.2 | 94.7 | 95.1 | 89.6 | 101.8 | 100.0 | 107.7 | 113.3 | 101.2 | 100.3 | 120.6 |
| | 102.8 | 95.4 | 101.4 | 100.4 | 101.1 | 99.7 | 99.7 | 101.5 | 101.1 | 101.1 | 102.7 |
| 93.0 | 93.7 | 103.3 | 95.9 | 95.5 | 99.5 | 99.6 | 101.8 | 99.4 | 100.7 | 101.8 | 100.4 |
| 106.4 | 107.1 | 107.5 | 110.7 | 109.8 | 108.4 | 110.6 | 100.0 | 103.3 | 102.4 | 101.1 | 100.9 |
| 99.4 | 100.8 | 93.9 | 98.0 | 100.3 | 97.6 | 96.0 | 101.9 | 104.1 | 100.4 | 100.3 | 100.7 |
| | 95.3 | 68.7 | 104.7 | 97.6 | 99.2 | 100.3 | 100.4 | 101.8 | 101.1 | 100.2 | 102.3 |
| 96.9 | 113.8 | 97.4 | 96.4 | 97.5 | 100.9 | 99.0 | 98.8 | 101.0 | 100.7 | 101.0 | 100.2 |
| 70.9 | 90.1 | 77.9 | 95.8 | 96.0 | 97.1 | 96.2 | 97.9 | 97.9 | 101.4 | 101.7 | 104.6 |
| | 84.7 | 91.7 | 99.8 | 100.6 | 99.7 | 96.7 | 98.9 | 100.6 | 101.1 | 100.6 | 101.0 |
| 101.3 | 83.5 | 91.9 | 94.6 | 110.0 | 95.8 | 94.0 | 98.1 | 99.2 | 98.5 | 99.6 | 100.2 |
| | | | | 100.4 | 99.8 | 95.8 | 99.2 | 98.9 | 100.0 | 97.2 | 97.6 |
| 105.0 | 97.6 | 98.4 | 107.0 | 110.0 | 100.0 | 99.0 | 99.9 | 100.6 | 101.1 | 99.6 | 100.3 |
| 100.3 | 109.7 | 90.5 | 106.3 | 134.6 | 100.2 | 98.8 | 119.0 | 117.6 | 120.1 | 113.4 | 104.9 |
| 88.7 | 99.9 | 89.2 | 100.7 | 117.1 | 96.7 | 97.0 | 106.4 | 113.4 | 110.1 | 103.5 | 104.0 |
| 99.1 | 96.4 | 102.5 | 108.4 | 91.0 | 98.9 | 98.2 | 94.8 | 94.9 | 99.4 | 98.7 | 103.1 |
| 66.6 | 92.2 | 89.3 | 104.3 | 115.9 | 91.7 | 90.9 | 108.7 | 115.7 | 107.6 | 99.1 | 101.7 |
| 104.9 | 96.1 | 98.3 | 97.0 | 97.5 | 98.8 | 99.6 | 99.7 | 98.7 | 102.0 | 102.1 | 100.9 |
| 98.8 | 104.8 | 90.3 | 94.4 | 108.4 | 102.2 | 96.4 | 100.1 | 105.3 | 95.6 | 96.9 | 101.9 |
| 97.9 | 95.6 | 93.8 | 94.1 | 104.5 | 99.4 | 97.4 | 119.6 | 122.0 | 111.0 | 97.1 | 108.7 |
| 89.9 | 91.1 | 84.9 | 93.4 | 110.4 | 92.8 | 95.7 | 106.1 | 123.2 | 113.7 | 145.0 | 106.7 |
| 101.0 | 94.5 | 97.3 | 97.8 | 98.1 | 98.5 | 97.2 | 99.9 | 109.7 | 104.8 | 103.9 | 107.6 |
| 105.9 | 97.9 | 97.6 | 95.6 | 98.7 | 96.6 | 97.5 | 98.0 | 101.0 | 101.8 | 100.7 | 100.5 |
| | 100.6 | 96.5 | 94.3 | 100.4 | 99.8 | 98.1 | 97.7 | 98.8 | 99.0 | 98.7 | 99.7 |
| 93.1 | 99.0 | 95.1 | 91.6 | 97.4 | 97.6 | 95.4 | 97.6 | 102.9 | 101.8 | 105.8 | 102.3 |
| 83.6 | 82.6 | 86.7 | 88.4 | 92.9 | 87.1 | 88.6 | 95.0 | 95.3 | 94.8 | 95.9 | 96.2 |
| 99.5 | 101.8 | 95.9 | 95.0 | 96.6 | 97.4 | 96.3 | 97.7 | 98.3 | 98.1 | 98.0 | 99.2 |
| | 86.0 | 92.8 | 105.9 | 96.6 | 93.8 | 103.4 | 105.2 | 110.3 | 102.4 | 108.7 | 102.0 |
| | | | | | | | 109.0 | 110.2 | 101.4 | 90.7 | 109.1 |
| 111.7 | 113.1 | 99.1 | 95.8 | 98.3 | 100.1 | 99.6 | 99.3 | 101.9 | 101.3 | 101.0 | 100.7 |
| 112.9 | 122.4 | 107.5 | 99.3 | 100.0 | 101.1 | 100.8 | 107.1 | 104.1 | 100.2 | 106.8 | 103.8 |
| 100.0 | 116.3 | 114.6 | 121.2 | 100.0 | 100.7 | 117.0 | 100.0 | 100.0 | 100.0 | 100.1 | 100.0 |

表 3-20 续表 Continued

| 指 标 | Indicators | 2008 年 | 2009 年 |
|---|---|---|---|
| **按工业行业分** | **Grouped by Industrial Sector** | | |
| 石油和天然气开采业③ | Mining of Petroleum and Natural Gas | 125.8 | 82.5 |
| 农副食品加工业 | Processing of Food from Agricultural Products | 120.7 | 87.3 |
| 食品制造业 | Manufacture of Foodstuff | 106.8 | 104.3 |
| 酒、饮料和精制茶制造业 | Manufacture of Wine, Beverages and Refined Tea | 100.7 | 101.2 |
| 烟草制品业 | Manufacture of Tobacco | 100.0 | 105.2 |
| 纺织业① | Manufacture of Textile | 100.7 | 100.4 |
| 纺织服装、服饰业① | Manufacture of Textile Wearing Apparel | 102.3 | 100.7 |
| 皮革、毛皮、羽毛及其制品和制鞋业① | Manufacture of Leather, Fur, Feather Products and Footwear | 100.3 | 99.0 |
| 木材加工和木、竹、藤、棕、草制品业 | Processing of Timber, Manufacture of Wood, Bamboo, Rattan, Palm and Straw Products | 104.6 | 103.5 |
| 家具制造业 | Manufacture of Furniture | 100.1 | 98.4 |
| 造纸和纸制品业 | Manufacture of Paper and Paper Products | 103.8 | 105.7 |
| 印刷和记录媒介复制业② | Printing, Replication of Recording Media | 102.2 | 99.8 |
| 文教、工美、体育和娱乐用品制造业① | Manufacture of Culture, Education, Art, Sports and Recreation Products | 100.3 | 99.5 |
| 石油加工、炼焦和核燃料加工业 | Processing of Petroleum, Coking and Processing of Nuclear Fuel | 122.4 | 95.1 |
| 化学原料和化学制品制造业 | Manufacture of Raw Chemical Materials and Chemical Products | 104.9 | 87.0 |
| 医药制造业 | Manufacture of Medicines | 105.6 | 100.8 |
| 化学纤维制造业 | Manufacture of Chemical Fibers | 100.4 | 88.2 |
| 橡胶和塑料制品业① | Manufacture of Rubber and Plastic Products | 100.1 | 102.1 |
| 非金属矿物制品业 | Manufacture of Non-metallic Mineral Products | 105.7 | 97.9 |
| 黑色金属冶炼和压延加工业① | Smelting and Pressing of Ferrous Metals | 114.1 | 79.6 |
| 有色金属冶炼和压延加工业 | Smelting and Pressing of Non-ferrous Metals | 92.2 | 83.2 |
| 金属制品业① | Manufacture of Metal Products | 101.9 | 95.1 |
| 通用设备制造业① | Manufacture of General Purpose Machinery | 101.6 | 98.6 |
| 专用设备制造业① | Manufacture of Special Purpose Machinery | 101.1 | 101.9 |
| 汽车制造业⑤ | Manufacture of Automotives | | |
| 铁路、船舶、航空航天和其他运输设备制造业⑤ | Manufacture of Railroads, Ships, Aerospace and other Transportation Equipment | | |
| 电气机械和器材制造业① | Manufacture of Electrical Machinery and Equipment | 101.4 | 96.6 |
| 计算机、通信和其他电子设备制造业 | Manufacture of Communication Equipment, Computers and Other Electronic Equipment | 94.5 | 88.4 |
| 仪器仪表制造业① | Manufacture of Measuring Instruments | 100.1 | 98.0 |
| 其他制造业① | Other Manufacturing | 111.2 | 99.8 |
| 废弃资源综合利用业④ | Comprehensive Utilization of Waste Resources | 133.2 | 75.0 |
| 金属制品、机械和设备修理业⑤ | Repairing of Metal Products, Machinery and Equipment | | |
| 电力、热力生产和供应业 | Production and Supply of Electric Power and Thermal Power | 102.0 | 103.7 |
| 燃气生产和供应业 | Production and Supply of Gas | 104.8 | 110.1 |
| 水的生产和供应业 | Production and Supply of Water | 101.3 | 120.9 |

| 2010年 | 2011年 | 2012年 | 2013年 | 2014年 | 2015年 | 2016年 | 2017年 | 2018年 | 2019年 | 2020年 | 2021年 |
|---|---|---|---|---|---|---|---|---|---|---|---|
| 116.9 | 115.0 | 100.1 | 103.9 | 102.2 | 85.2 | 92.8 | 110.7 | 116.4 | 98.2 | 83.7 | 97.6 |
| 106.9 | 119.6 | 104.0 | 99.0 | 96.3 | 92.2 | 100.9 | 100.4 | 102.1 | 103.8 | 106.3 | 116.2 |
| 104.8 | 106.7 | 103.7 | 101.9 | 102.1 | 100.7 | 100.0 | 102.6 | 101.9 | 101.4 | 100.7 | 101.7 |
| 104.4 | 103.2 | 105.3 | 95.9 | 98.5 | 97.7 | 99.6 | 103.6 | 107.6 | 100.4 | 99.9 | 101.0 |
| 103.7 | 100.0 | 103.0 | 100.6 | 100.0 | 100.0 | 100.1 | 100.0 | 100.5 | 102.4 | 103.3 | 100.5 |
| 102.2 | 104.3 | 98.3 | 98.8 | 98.5 | 97.9 | 101.6 | 107.5 | 109.8 | 97.5 | 97.8 | 102.2 |
| 100.9 | 102.4 | 99.4 | 100.1 | 100.3 | 99.6 | 102.3 | 98.9 | 99.6 | 103.0 | 100.6 | 99.4 |
| 100.0 | 100.1 | 99.4 | 101.7 | 101.6 | 100.4 | 98.2 | 96.4 | 101.3 | 104.2 | 96.9 | 97.6 |
| 99.8 | 106.2 | 103.5 | 100.3 | 102.7 | 101.4 | 99.2 | 99.0 | 99.1 | 98.1 | 94.9 | 98.0 |
| 93.1 | 102.8 | 100.3 | 99.8 | 100.0 | 100.2 | 101.3 | 100.6 | 101.0 | 98.0 | 99.3 | 100.1 |
| 100.5 | 105.0 | 101.1 | 97.8 | 99.0 | 99.0 | 99.7 | 106.3 | 104.4 | 100.4 | 99.3 | 100.5 |
| 99.8 | 101.4 | 99.3 | 98.0 | 100.1 | 98.8 | 99.3 | 100.6 | 99.4 | 101.5 | 100.8 | 108.9 |
| 101.4 | 107.0 | 102.8 | 93.0 | 95.0 | 97.5 | 109.7 | 103.3 | 101.6 | 114.5 | 116.8 | 98.7 |
| 121.2 | 116.7 | 102.3 | 98.2 | 95.3 | 73.9 | 91.3 | 114.5 | 120.2 | 95.7 | 80.8 | 121.1 |
| 117.2 | 110.9 | 96.8 | 96.8 | 99.0 | 87.3 | 100.2 | 116.3 | 102.8 | 89.0 | 94.8 | 115.9 |
| 100.3 | 103.1 | 101.8 | 97.3 | 100.2 | 101.5 | 99.5 | 109.1 | 100.4 | 101.9 | 102.4 | 96.1 |
| 115.7 | 113.6 | 91.2 | 98.1 | 97.0 | 91.7 | 89.9 | 115.3 | 110.7 | 90.1 | 83.3 | 119.9 |
| 101.5 | 107.6 | 99.9 | 99.3 | 98.0 | 95.4 | 97.1 | 102.0 | 101.1 | 98.8 | 97.1 | 102.5 |
| 102.6 | 108.0 | 95.4 | 97.1 | 100.5 | 95.6 | 96.2 | 109.6 | 113.8 | 104.2 | 101.6 | 106.1 |
| 115.1 | 110.1 | 88.0 | 98.4 | 97.7 | 86.0 | 96.8 | 119.4 | 103.4 | 96.4 | 100.5 | 129.4 |
| 127.8 | 112.8 | 91.0 | 93.8 | 95.9 | 91.0 | 93.7 | 113.0 | 102.3 | 100.6 | 100.6 | 118.4 |
| 107.3 | 103.2 | 98.6 | 96.2 | 96.5 | 95.7 | 99.8 | 108.4 | 103.7 | 99.6 | 99.5 | 105.4 |
| 99.5 | 98.9 | 99.4 | 98.1 | 98.9 | 99.6 | 100.7 | 101.0 | 102.8 | 102.4 | 99.8 | 100.9 |
| 99.7 | 100.5 | 100.6 | 99.5 | 101.0 | 101.9 | 101.7 | 99.9 | 100.3 | 102.5 | 100.7 | 96.7 |
|  |  | 96.3 | 98.5 | 99.7 | 99.0 | 98.5 | 98.1 | 99.1 | 97.2 | 94.7 | 94.4 |
|  |  | 98.5 | 98.0 | 99.3 | 99.5 | 98.9 | 100.3 | 100.2 | 101.2 | 107.2 | 94.9 |
| 100.9 | 100.8 | 98.1 | 97.4 | 98.4 | 97.9 | 96.7 | 99.2 | 98.5 | 98.1 | 97.7 | 102.8 |
| 91.5 | 98.1 | 99.4 | 98.3 | 98.5 | 99.3 | 99.4 | 99.8 | 98.3 | 99.3 | 101.3 | 95.5 |
| 99.6 | 101.4 | 98.8 | 99.8 | 99.8 | 99.6 | 100.8 | 101.5 | 100.1 | 99.1 | 100.6 | 99.5 |
| 112.1 | 116.3 | 100.5 | 99.9 | 100.1 | 101.6 | 93.6 | 106.8 | 99.7 | 98.2 | 94.8 | 103.7 |
| 113.0 | 123.2 | 86.6 | 91.2 | 95.0 | 74.4 | 92.9 | 98.0 | 100.8 | 100.1 | 100.8 | 100.5 |
|  |  | 97.3 | 99.1 | 101.2 | 97.5 | 104.2 | 104.9 | 97.8 | 105.3 | 104 | 98.2 |
| 101.6 | 100.9 | 102.4 | 99.8 | 101.4 | 98.8 | 96.9 | 100.4 | 99.0 | 98.5 | 94.2 | 99.9 |
| 104.2 | 109.0 | 97.0 | 93.8 | 98.8 | 100.2 | 98.0 | 96.3 | 98.5 | 99.7 | 98.1 | 100.6 |
| 112.7 | 110.1 | 100.8 | 104.7 | 118.0 | 101.2 | 99.7 | 99.8 | 98.2 | 101.6 | 101.3 | 103.9 |

# 主要工业行业工业品出厂价格指数(2009~2021，以2000年价格为100)

表3-21

| 指 标 | Indicators | 2009年 | 2010年 |
|---|---|---|---|
| **按工业行业分** | **Grouped by Industrial Sector** | | |
| 石油和天然气开采业 | Mining of Petroleum and Natural Gas | 203.0 | 237.3 |
| 农副食品加工业 | Processing of Food from Agricultural Products | 160.3 | 171.4 |
| 食品制造业 | Manufacture of Foodstuff | 119.2 | 124.9 |
| 酒、饮料和精制茶制造业 | Manufacture of Wine, Beverages and Refined Tea | 105.1 | 109.7 |
| 烟草制品业 | Manufacture of Tobacco | 136.2 | 141.2 |
| 纺织业 | Manufacture of Textile | 101.9 | 104.1 |
| 纺织服装、服饰业 | Manufacture of Textile Wearing Apparel | 108.6 | 109.6 |
| 皮革、毛皮、羽毛及其制品和制鞋业 | Manufacture of Leather, Fur, Feather Products and Footwear | 100.9 | 100.9 |
| 木材加工和木、竹、藤、棕、草制品业 | Processing of Timber, Manufacture of Wood, Bamboo, Rattan, Palm and Straw Products | 104.4 | 104.2 |
| 家具制造业 | Manufacture of Furniture | 97.1 | 90.4 |
| 造纸和纸制品业 | Manufacture of Paper and Paper Products | 94.7 | 95.2 |
| 印刷和记录媒介复制业 | Printing, Replication of Recording Media | 90.8 | 90.6 |
| 文教、工美、体育和娱乐用品制造业 | Manufacture of Culture, Education, Art, Sports and Recreation Products | 100.3 | 101.7 |
| 石油加工、炼焦和核燃料加工业 | Processing of Petroleum, Coking and Processing of Nuclear Fuel | 230.2 | 279.0 |
| 化学原料和化学制品制造业 | Manufacture of Raw Chemical Materials and Chemical Products | 122.5 | 143.6 |
| 医药制造业 | Manufacture of Medicines | 94.2 | 94.5 |
| 化学纤维制造业 | Manufacture of Chemical Fibers | 100.8 | 116.6 |
| 橡胶和塑料制品业 | Manufacture of Rubber and Plastic Products | 103.9 | 105.5 |
| 非金属矿物制品业 | Manufacture of Non-metallic Mineral Products | 101.3 | 103.9 |
| 黑色金属冶炼和压延加工业 | Smelting and Pressing of Ferrous Metals | 150.4 | 173.1 |
| 有色金属冶炼和压延加工业 | Smelting and Pressing of Non-ferrous Metals | 156.7 | 200.3 |
| 金属制品业 | Manufacture of Metal Products | 119.1 | 127.8 |
| 通用设备制造业 | Manufacture of General Purpose Machinery | 96.2 | 95.7 |
| 专用设备制造业 | Manufacture of Special Purpose Machinery | 94.9 | 94.6 |
| 汽车制造业 | Manufacture of Automotives | | |
| 铁路、船舶、航空航天和其他运输设备制造业 | Manufacture of Railroads, Ships, Aerospace and other Transportation Equipment | | |
| 电气机械和器材制造业 | Manufacture of Electrical Machinery and Equipment | 93.1 | 93.9 |
| 计算机、通信和其他电子设备制造业 | Manufacture of Communication Equipment, Computers and Other Electronic Equipment | 55.2 | 50.5 |
| 仪器仪表制造业 | Manufacture of Measuring Instruments | 81.6 | 81.3 |
| 其他制造业 | Other Manufacturing | 126.2 | 141.5 |
| 废弃资源综合利用业 | Comprehensive Utilization of Waste Resources | 120.5 | 136.2 |
| 金属制品、机械和设备修理业 | Repairing of Metal Products, Machinery and Equipment | | |
| 电力、热力生产和供应业 | Production and Supply of Electric Power and Thermal Power | 109.9 | 111.7 |
| 燃气生产和供应业 | Production and Supply of Gas | 145.6 | 151.7 |
| 水的生产和供应业 | Production and Supply of Water | 144.4 | 162.7 |

## Producer Price Indices for Industrial Products by Sector(2000 = 100)

| 2011 年 | 2012 年 | 2013 年 | 2014 年 | 2015 年 | 2016 年 | 2017 年 | 2018 年 | 2019 年 | 2020 年 | 2021 年 |
|---|---|---|---|---|---|---|---|---|---|---|
| 272.9 | 273.2 | 283.9 | 290.1 | 247.2 | 229.4 | 253.9 | 295.5 | 290.2 | 242.9 | 237.1 |
| 205.0 | 213.2 | 211.1 | 203.3 | 187.4 | 189.1 | 189.9 | 193.9 | 201.3 | 214.0 | 248.7 |
| 133.3 | 138.2 | 140.8 | 143.8 | 144.8 | 144.8 | 148.6 | 151.4 | 153.5 | 154.6 | 157.2 |
| 113.2 | 119.2 | 114.3 | 112.6 | 110.0 | 109.6 | 113.5 | 122.2 | 122.7 | 122.6 | 123.8 |
| 141.2 | 145.4 | 146.3 | 146.3 | 146.3 | 146.4 | 146.4 | 147.1 | 150.6 | 155.6 | 156.4 |
| 108.6 | 106.8 | 105.5 | 103.9 | 101.7 | 103.3 | 111.0 | 122.0 | 119.0 | 116.4 | 119.0 |
| 112.2 | 111.5 | 111.6 | 111.9 | 111.5 | 114.1 | 112.8 | 112.4 | 115.8 | 116.5 | 115.8 |
| 101.0 | 100.4 | 102.1 | 103.7 | 104.1 | 102.2 | 98.5 | 99.8 | 104.0 | 100.8 | 98.4 |
| 110.7 | 114.6 | 114.9 | 118.0 | 119.7 | 118.7 | 117.5 | 116.4 | 114.2 | 108.4 | 106.2 |
| 92.9 | 93.2 | 93.0 | 93.0 | 93.2 | 94.4 | 95.0 | 95.9 | 94.0 | 93.3 | 93.4 |
| 100.0 | 101.1 | 98.9 | 97.9 | 96.9 | 96.6 | 102.7 | 107.2 | 107.6 | 106.8 | 107.3 |
| 91.9 | 91.3 | 89.5 | 89.6 | 88.5 | 87.9 | 88.4 | 87.9 | 89.2 | 89.9 | 97.9 |
| 108.8 | 111.8 | 104.0 | 98.8 | 96.3 | 105.6 | 109.1 | 110.8 | 126.9 | 148.2 | 146.3 |
| 325.6 | 333.1 | 327.1 | 311.7 | 230.3 | 210.3 | 240.8 | 289.6 | 277.1 | 223.9 | 271.1 |
| 159.3 | 154.2 | 149.3 | 147.8 | 129.0 | 129.3 | 150.4 | 154.6 | 137.6 | 130.4 | 151.1 |
| 97.4 | 99.2 | 96.5 | 96.7 | 98.2 | 97.7 | 106.6 | 107.0 | 109.0 | 111.6 | 107.2 |
| 132.5 | 120.8 | 118.5 | 114.9 | 105.4 | 94.8 | 109.3 | 121.0 | 109.0 | 90.8 | 108.9 |
| 113.5 | 113.4 | 112.6 | 110.3 | 105.2 | 102.1 | 104.1 | 105.3 | 104.0 | 101.0 | 103.5 |
| 112.2 | 107.0 | 103.9 | 104.4 | 99.8 | 96.0 | 105.2 | 119.7 | 124.7 | 126.7 | 134.4 |
| 190.6 | 167.7 | 165.0 | 161.2 | 138.6 | 134.2 | 160.2 | 165.7 | 159.7 | 160.5 | 207.7 |
| 225.9 | 205.6 | 192.9 | 185.0 | 168.4 | 157.8 | 178.3 | 182.5 | 183.6 | 184.7 | 218.7 |
| 131.9 | 130.1 | 125.2 | 120.8 | 115.6 | 115.4 | 125.1 | 129.7 | 129.2 | 128.6 | 135.5 |
| 94.6 | 94.0 | 92.2 | 91.2 | 90.8 | 91.4 | 92.3 | 94.9 | 97.2 | 97.0 | 97.9 |
| 95.1 | 95.7 | 95.2 | 96.2 | 98.0 | 99.7 | 99.6 | 99.9 | 102.4 | 103.1 | 99.7 |
|  | 96.3 | 94.9 | 94.6 | 93.7 | 92.3 | 90.5 | 89.8 | 87.3 | 82.7 | 78.1 |
|  | 98.5 | 96.5 | 95.8 | 95.3 | 94.3 | 94.6 | 94.8 | 95.9 | 102.8 | 97.6 |
| 94.7 | 92.9 | 90.5 | 89.1 | 87.2 | 84.3 | 83.6 | 82.4 | 80.8 | 78.9 | 81.1 |
| 49.5 | 49.2 | 48.4 | 47.7 | 47.4 | 47.1 | 47.0 | 46.2 | 45.9 | 46.5 | 44.4 |
| 82.4 | 81.4 | 81.2 | 81.0 | 80.7 | 81.3 | 82.5 | 82.6 | 81.9 | 82.4 | 82.0 |
| 164.6 | 165.4 | 165.2 | 165.4 | 168.0 | 157.2 | 167.9 | 167.4 | 164.4 | 155.9 | 161.7 |
| 167.8 | 145.3 | 132.5 | 125.9 | 93.7 | 87.0 | 85.3 | 85.9 | 86.0 | 86.7 | 87.1 |
|  | 97.3 | 96.4 | 97.6 | 95.2 | 99.2 | 104.1 | 101.8 | 107.2 | 111.5 | 109.5 |
| 112.7 | 115.4 | 115.2 | 116.8 | 115.4 | 111.8 | 112.2 | 111.2 | 109.5 | 103.1 | 103.0 |
| 165.4 | 160.4 | 150.5 | 148.7 | 149.0 | 146.0 | 140.6 | 138.5 | 138.1 | 135.5 | 136.3 |
| 179.1 | 180.5 | 189.0 | 223.0 | 225.7 | 225.0 | 224.6 | 220.5 | 224.0 | 226.9 | 235.7 |

# 工业生产者购进价格指数(1992~2021，以上年价格为100)

表3-22

| 指　标 | Indicators | 1992年 | 1995年 | 1996年 |
|---|---|---|---|---|
| **工业生产者购进价格指数** | **Purchasing Price Index of Industries** | **109.6** | **113.3** | **97.6** |
| 燃料、动力类 | Fuel and Power | 117.9 | 107.6 | 109.9 |
| 黑色金属材料类 | Ferrous Metals | 112.1 | 99.1 | 96.0 |
| #钢　材 | Rolled-steel | 117.8 | 98.8 | 98.5 |
| 有色金属材料类 | Nonferrous Metals | 109.9 | 131.7 | 87.3 |
| 化工原料类 | Chemical Raw Materials | 87.8 | 124.1 | 93.7 |
| 木材及纸浆类 | Timber and Paper Pulps | 103.9 | 121.3 | 102.8 |
| 建筑材料类及非金属矿类 | Building Materials and Nonmetal Minerals | 109.1 | 92.1 | 123.9 |
| 其它工业原材料及半成品类 | Other Industrial Raw and Processed Materials | | | |
| 农副产品类 | Agricultural Materials | 110.7 | 123.3 | 100.6 |
| 纺织原料类 | Textile Raw Materials | 101.6 | 114.8 | 90.0 |

表3-22续表　Continued

| 指　标 | Indicators | 2008年 | 2009年 | 2010年 |
|---|---|---|---|---|
| **工业生产者购进价格指数** | **Purchasing Price Index of Industries** | **110.3** | **89.8** | **111.2** |
| 燃料、动力类 | Fuel and Power | 135.6 | 76.0 | 129.0 |
| 黑色金属材料类 | Ferrous Metals | 117.0 | 86.7 | 113.9 |
| #钢　材 | Rolled-steel | 114.1 | 87.8 | 105.0 |
| 有色金属材料类 | Nonferrous Metals | 96.4 | 86.3 | 129.4 |
| 化工原料类 | Chemical Raw Materials | 105.9 | 87.5 | 116.0 |
| 木材及纸浆类 | Timber and Paper Pulps | 102.6 | 96.3 | 103.4 |
| 建筑材料类及非金属矿类 | Building Materials and Nonmetal Minerals | 109.0 | 98.6 | 105.4 |
| 其它工业原材料及半成品类 | Other Industrial Raw and Processed Materials | 102.3 | 96.7 | 102.3 |
| 农副产品类 | Agricultural Materials | 107.6 | 100.0 | 108.2 |
| 纺织原料类 | Textile Raw Materials | 103.2 | 99.2 | 106.4 |

# Purchasing Price Indices for Industrial Producers (preceding year=100)

| 1997年 | 1998年 | 1999年 | 2000年 | 2001年 | 2002年 | 2003年 | 2004年 | 2005年 | 2006年 | 2007年 |
|---|---|---|---|---|---|---|---|---|---|---|
| **98.6** | **94.1** | **97.1** | **107.1** | **98.7** | **97.7** | **106.4** | **116.4** | **106.8** | **104.8** | **104.1** |
| 103.2 | 97.4 | 102.1 | 116.7 | 99.9 | 101.6 | 107.7 | 124.8 | 124.1 | 110.9 | 104.3 |
| 98.3 | 99.0 | 96.0 | 96.7 | 104.5 | 100.1 | 113.7 | 134.6 | 103.2 | 92.7 | 106.6 |
| 94.8 | 98.0 | 94.4 | 102.6 | 99.7 | 96.9 | 108.9 | 123.2 | 109.9 | 95.9 | 104.4 |
| 96.4 | 83.3 | 98.5 | 111.4 | 93.2 | 95.1 | 102.5 | 119.9 | 112.2 | 139.1 | 107.2 |
| 96.4 | 86.0 | 100.8 | 123.5 | 90.4 | 92.7 | 107.3 | 114.3 | 111.1 | 103.2 | 105.2 |
| 105.3 | 75.2 | 92.9 | 101.6 | 94.9 | 97.6 | 99.3 | 100.9 | 101.5 | 100.3 | 102.0 |
| 90.9 | 91.9 | 102.1 | 99.5 | 101.6 | 96.3 | 103.0 | 115.1 | 88.9 | 99.8 | 102.7 |
| 96.0 | 92.3 | 100.7 | 104.6 | 100.9 | 97.7 | 98.9 | 103.0 | 99.3 | 103.3 | 102.2 |
| 119.5 | 92.2 | 93.8 | 97.2 | 99.3 | 99.5 | 109.2 | 110.4 | 98.1 | 105.1 | 106.7 |
| 96.0 | 100.2 | 87.1 | 96.9 | 96.8 | 94.5 | 102.0 | 104.9 | 101.8 | 100.5 | 101.8 |

| 2011年 | 2012年 | 2013年 | 2014年 | 2015年 | 2016年 | 2017年 | 2018年 | 2019年 | 2020年 | 2021年 |
|---|---|---|---|---|---|---|---|---|---|---|
| **107.5** | **94.7** | **96.5** | **95.9** | **90.6** | **97.7** | **108.9** | **105.2** | **98.7** | **96.9** | **107.3** |
| 117.9 | 98.9 | 90.4 | 93.9 | 68.3 | 91.3 | 121.5 | 117.2 | 95.7 | 83.4 | 125.6 |
| 110.9 | 85.2 | 96.3 | 89.7 | 81.7 | 101.1 | 117.7 | 103.2 | 101.1 | 101.9 | 116.2 |
| 105.9 | 93.6 | 95.2 | 95.5 | 89.5 | 101.4 | 116.9 | 103.6 | 95.9 | 99.5 | 112.7 |
| 113.8 | 91.0 | 93.0 | 93.4 | 88.8 | 99.6 | 111.1 | 103.6 | 107.3 | 110.8 | 116.1 |
| 110.5 | 96.4 | 97.2 | 96.8 | 89.4 | 97.2 | 110.9 | 105.4 | 93.9 | 92.8 | 111.8 |
| 103.6 | 98.1 | 99.5 | 99.3 | 99.3 | 98.3 | 104.9 | 103.7 | 96.8 | 98.1 | 105.9 |
| 116.0 | 93.7 | 98.9 | 102.3 | 94.2 | 98.1 | 111.5 | 109.2 | 102.0 | 98.7 | 109.4 |
| 100.9 | 97.1 | 97.3 | 98.0 | 97.0 | 99.0 | 102.2 | 101.2 | 99.0 | 99.5 | 99.8 |
| 111.7 | 102.5 | 99.5 | 97.1 | 94.1 | 94.4 | 104.4 | 100.5 | 101.3 | 103.9 | 115.4 |
| 110.6 | 99.1 | 100.1 | 99.9 | 100.2 | 100.8 | 102.7 | 101.4 | 101.5 | 97.9 | 101.7 |

# 工业生产者购进价格指数(2009~2021，以2000年价格为100)

表3-23

| 指 标 | Indicators | 2009年 | 2010年 | 2011年 |
|---|---|---|---|---|
| **工业生产者购进价格指数** | **Purchasing Price Index of Industries** | **137.8** | **153.2** | **164.7** |
| 燃料、动力类 | Fuel and Power | 201.9 | 260.5 | 307.1 |
| 黑色金属材料类 | Ferrous Metals | 165.4 | 188.4 | 208.9 |
| #钢 材 | Rolled-steel | 142.9 | 150.0 | 158.9 |
| 有色金属材料类 | Nonferrous Metals | 151.5 | 196.0 | 223.0 |
| 化工原料类 | Chemical Raw Materials | 114.9 | 133.3 | 147.3 |
| 木材及纸浆类 | Timber and Paper Pulps | 95.2 | 98.4 | 101.9 |
| 建筑材料类及非金属矿类 | Building Materials and Nonmetal Minerals | 113.5 | 119.6 | 138.7 |
| 其它工业原材料及半成品类 | Other Industrial Raw and Processed Materials | 104.1 | 106.5 | 107.5 |
| 农副产品类 | Agricultural Materials | 141.0 | 152.6 | 170.5 |
| 纺织原料类 | Textile Raw Materials | 104.5 | 111.2 | 123.0 |

# 房地产价格指数(1998~2010)(以上年价格为100)

表3-24

| 指 标 | Indicators | 1998年 | 1999年 |
|---|---|---|---|
| **房屋销售价格指数** | **House Price Indices** | **95.7** | **96.2** |
| 新建房 | Newly Built Property | 95.7 | 96.0 |
| 住 宅 | Residential Housing | 95.7 | 96.3 |
| #普通住宅 | Ordinary Residence Housing | 97.6 | 97.6 |
| 多层住宅 | Multi-storey Housing | 99.0 | 98.7 |
| 高层住宅 | High-rise Housing | 95.6 | 94.6 |
| 高档住宅 | High-grade Residence Housing | 85.2 | 88.2 |
| 非住宅 | Non-residential Property | 96.1 | 91.7 |
| #办公楼 | Office Building | 92.0 | 90.3 |
| 商业营业用房 | Commercial Building | | |
| 二手房 | Existing Property | 94.4 | 96.6 |
| 住 宅 | Residence Housing | 94.4 | 96.6 |

注：按照国家统计局调查制度规定，从2008年开始，“商品房”改为“新建房”，“商业娱乐用房”改为“商业营业用房”。

Note: Since the year of 2008, “Commodity property” has been renamed as “New Built Property”, and “Commercial/Recreational Building” has been renames as“Commercial Building”.

## Purchasing Price Indices for Industrial Producers (2000 = 100)

| 2012 年 | 2013 年 | 2014 年 | 2015 年 | 2016 年 | 2017 年 | 2018 年 | 2019 年 | 2020 年 | 2021 年 |
|---|---|---|---|---|---|---|---|---|---|
| **156.0** | **150.5** | **144.3** | **130.7** | **127.7** | **139.1** | **146.3** | **144.4** | **139.9** | **150.1** |
| 303.7 | 274.5 | 257.8 | 176.1 | 160.8 | 195.4 | 228.9 | 219.2 | 182.8 | 229.6 |
| 178.0 | 171.4 | 153.7 | 125.6 | 127.0 | 149.5 | 154.3 | 156.0 | 159.0 | 184.8 |
| 148.7 | 141.6 | 135.2 | 121.0 | 122.7 | 143.4 | 148.6 | 142.5 | 141.8 | 159.8 |
| 202.9 | 188.7 | 176.2 | 156.5 | 155.9 | 173.2 | 179.4 | 192.5 | 213.3 | 247.6 |
| 142.0 | 138.0 | 133.6 | 119.4 | 116.1 | 128.8 | 135.8 | 127.5 | 118.3 | 132.3 |
| 100.1 | 99.6 | 98.9 | 98.2 | 96.5 | 101.2 | 105.0 | 101.6 | 99.7 | 105.6 |
| 130.0 | 128.6 | 131.6 | 124.0 | 121.6 | 135.6 | 148.1 | 151.1 | 149.1 | 163.1 |
| 104.4 | 101.6 | 99.6 | 96.6 | 95.6 | 97.7 | 98.9 | 97.9 | 97.4 | 97.2 |
| 174.8 | 173.9 | 168.9 | 158.9 | 150.0 | 156.6 | 157.5 | 159.5 | 165.7 | 191.2 |
| 121.9 | 122.0 | 121.9 | 122.1 | 123.1 | 126.4 | 128.2 | 130.1 | 127.4 | 129.6 |

## House Price Indices (Preceding Year = 100)

| 2000 年 | 2001 年 | 2002 年 | 2003 年 | 2004 年 | 2005 年 | 2006 年 | 2007 年 | 2008 年 | 2009 年 | 2010 年 |
|---|---|---|---|---|---|---|---|---|---|---|
| **98.6** | **104.4** | **107.3** | **120.1** | **115.9** | **109.7** | **98.7** | **103.4** | **105.9** | **100.8** | **107.3** |
| 98.5 | 101.8 | 108.2 | 120.5 | 115.8 | 109.2 | 97.0 | 103.1 | 105.3 | 100.6 | 106.8 |
| 98.5 | 102.1 | 108.7 | 121.4 | 115.8 | 109.2 | 96.8 | 103.4 | 105.7 | 101.1 | 107.6 |
| 98.2 | 102.6 | 109.0 | 122.3 | 117.3 | 110.0 | 92.7 | 105.2 | 107.9 | 101.1 | 109.0 |
| 99.9 | 104.6 | 109.5 | 125.0 | 115.3 | 108.6 | 88.9 | 104.7 | 108.0 | 101.1 | 108.5 |
| 96.1 | 101.3 | 108.6 | 123.1 | 118.1 | 110.5 | 93.0 | 105.6 | 107.7 | 101.1 | 109.4 |
| 95.9 | 97.8 | 103.9 | 114.6 | 118.3 | 110.3 | 99.7 | 103.3 | 105.7 | 101.5 | 105.5 |
| 98.2 | 98.3 | 103.8 | 111.7 | 116.1 | 108.5 | 98.6 | 102.1 | 103.9 | 99.0 | 102.2 |
| 98.4 | 96.8 | 103.3 | 116.0 | 115.8 | 107.9 | 100.1 | 102.8 | 103.8 | 99.0 | 103.5 |
| 99.4 | 101.9 | 103.1 | 112.4 | 117.2 | 108.7 | 97.3 | 101.2 | 104.1 | 99.1 | 101.4 |
| 99.1 | 110.8 | 105.7 | 121.6 | 117.5 | 110.6 | 101.8 | 103.8 | 106.8 | 101.1 | 107.8 |
| 99.1 | 110.8 | 105.7 | 121.6 | 117.5 | 110.6 | 101.8 | 103.8 | 106.8 | 101.1 | 107.8 |

# 房地产价格指数(2011~2021)(以上年价格为100)

表3-25

| 指 标 | Indicators | 2011年 | 2012年 | 2013年 |
|---|---|---|---|---|
| **新建商品住宅** | **Newly Built Commodity Residential Housing** | **102.5** | **98.8** | **114.2** |
| #90平米以下 | Below 90 Sq. M | 104.2 | 99.2 | 114.9 |
| 90~144平米 | 90-144 Sq. M | 102.8 | 98.7 | 113.5 |
| 144平米以上 | Above 144 Sq. M | 101.5 | 98.7 | 114.5 |
| **二手住宅** | **Existing Residential Housing** | **102.2** | **99.1** | **109.7** |
| #90平米以下 | Below 90 Sq. M | 102.8 | 99.5 | 110.5 |
| 90~144平米 | 90-144 Sq. M | 102.2 | 99.6 | 109.2 |
| 144平米以上 | Above 144 Sq. M | 100.5 | 97.5 | 108.6 |

注：根据国家统计局规定，2011年开始，房地产价格统计调查采用新方法，数据来源渠道、指标设置、计算方法等进行了较大的调整。

Note: New methodology has been adopted to the statistics of house price since 2011, when crucial changes were made to data source, indicator definition and mouthed of computation.

## House Price Indices (Preceding Year=100)

| 2014年 | 2015年 | 2016年 | 2017年 | 2018年 | 2019年 | 2020年 | 2021年 |
|---|---|---|---|---|---|---|---|
| **107.0** | **103.5** | **132.8** | **110.2** | **99.8** | **102.0** | **103.6** | **104.5** |
| 108.0 | 104.1 | 134.7 | 110.4 | 100.4 | 101.8 | 103.0 | 104.1 |
| 106.7 | 104.4 | 133.0 | 111.0 | 99.0 | 102.1 | 103.6 | 104.5 |
| 106.6 | 102.5 | 131.9 | 109.4 | 100.3 | 101.9 | 103.9 | 104.6 |
| **104.6** | **104.0** | **130.0** | **109.6** | **98.2** | **99.7** | **103.5** | **108.6** |
| 105.2 | 104.4 | 130.7 | 110.5 | 97.4 | 99.3 | 103.2 | 109.0 |
| 104.5 | 103.8 | 129.2 | 109.2 | 98.7 | 100.3 | 104.3 | 108.4 |
| 103.2 | 103.4 | 129.9 | 108.2 | 99.4 | 99.5 | 103.0 | 107.8 |

# 农产品生产者价格指数(2004~2021，以上年价格为100)
# Producer Price Indices of Farm Products (preceding year=100)

表3-26

| 年 份 year | 总指数 General Index | #种植业 Planting Products | #粮 食 Cereal | 牧 业 Animal Husbandry Products | #生 猪 hogs | 渔 业 Fishery Products |
|---|---|---|---|---|---|---|
| 2004 | 110.8 | 108.1 | 184.3 | 107.8 | 127.6 | 114.7 |
| 2005 | 105.7 | 108.2 | 108.8 | 102.1 | 96.9 | 104.9 |
| 2006 | 101.9 | 104.1 | 104.7 | 94.4 | 88.0 | 107.5 |
| 2007 | 110.2 | 106.2 | 102.8 | 128.8 | 147.7 | 102.6 |
| 2008 | 109.7 | 105.5 | 106.3 | 113.0 | 115.0 | 116.0 |
| 2009 | 102.2 | 108.7 | 104.9 | 90.1 | 81.2 | 101.0 |
| 2010 | 107.1 | 110.5 | 119.6 | 100.0 | 97.2 | 107.3 |
| 2011 | 110.9 | 106.1 | 109.8 | 121.4 | 132.5 | 113.2 |
| 2012 | 101.4 | 103.4 | 103.3 | 94.4 | 88.1 | 104.1 |
| 2013 | 104.1 | 104.5 | 105.5 | 101.9 | 99.6 | 106.9 |
| 2014 | 99.5 | 98.8 | 100.9 | 99.8 | 89.4 | 99.7 |
| 2015 | 102.4 | 102.4 | 99.8 | 103.6 | 112.7 | 100.9 |
| 2016 | 106.6 | 105.3 | 98.4 | 110.1 | 121.0 | 106.4 |
| 2017 | 98.4 | 95.6 | 99.2 | 91.0 | 85.7 | 115.6 |
| 2018 | 100.5 | 102.8 | 99.9 | 93.0 | 84.8 | 102.5 |
| 2019 | 105.6 | 102.8 | 102.3 | 126.7 | 150.2 | 96.7 |
| 2020 | 106.7 | 101.5 | 101.0 | 129.1 | 161.3 | 103.2 |
| 2021 | 104.4 | 108.3 | 101.8 | 87.9 | 63.7 | 109.0 |

# 主要统计指标解释

## ■居民消费价格指数

是度量一组代表性消费商品及服务项目价格水平随着时间而变动的相对数,反映居民家庭购买的消费品及服务价格水平的变动情况。它是宏观经济分析和决策、价格总水平监测和调控以及国民经济核算的重要指标。其按年度计算的变动率通常被用来作为反映通货膨胀或紧缩程度的指标。

现行的居民消费价格指数按用途分为八个大类,包括食品烟酒、衣着、居住、生活用品及服务、交通通信、教育文化娱乐、医疗保健、其他用品及服务。

## ■商品零售价格指数

是反映一定时期内城乡商品零售价格变动趋势和程度的相对数。商品零售价格的变动直接影响城乡居民的生活支出和国家的财政收入,影响居民购买力和市场供需的平衡,影响消费与积累的比例关系。因此,该指数可以从一个侧面对上述经济活动进行观察和分析。

## ■工业生产者出厂价格指数

是反映一定时期内全部工业产品出厂价格的变动趋势和程度的统计指标,包括工业企业售给本企业以外所有单位的各种产品和直接售给居民用于生活消费的产品,可用于扣除工业总产值及增加值中价格变动因素的影响。

## ■工业生产者购进价格指数

是反映工业企业作为生产投入,从物资交易市场和能源、原材料生产企业购买原材料、燃料和动力产品的价格变动趋势和程度的统计指标,可用于扣除工业企业物质消耗成本中价格变动因素的影响。

## ■新建商品住宅销售价格指数

是反映新建的、用于居住的进入房地产市场进行交易的房屋,第一次进行产权登记时的实际交易价格(合同价格)的变动趋势和程度的统计指标,由成本、税金、利润等组成。

## ■二手住宅销售价格指数

是反映用于居住的进入房地产市场进行交易的房屋,再次进行产权登记时的实际交易价格的变动趋势和程度的统计指标。

■农产品生产者价格指数

是反映一定时期内，农产品生产者出售农产品价格水平变动趋势及幅度的相对数。该指数可以客观反映农产品生产价格水平和结构变动情况，满足农业与国民经济核算需要。其中某代表品生产价格指数是通过对全部有出售该产品行为的调查单位的个体指数进行几何平均求得的，类价格指数是通过对其所属的类(或代表品)的价格指数进行加权平均求得的。季度累计价格指数的计算方法与分季指数的计算方法相同。

# EXPLANATORY NOTES ON MAIN STATISTICAL INDICATORS

## ■Consumer Price Index

It is an index that reflects the time-based change of prices of a group of representative consumption commodities and services. It is an important reference factor for macro-economic analysis and strategy, monitoring and adjustment of overall price level and the national economic budgeting. The year-on-year change of the index is often a norm reflecting the inflation or deflation.

The current CPI covers eight categories of goods and services: Food, Cigarettes and Liquors, Clothing, Housing, Living Articles and Services, Transportation and Communication, Education, Culture and Recreation, Medical and Health Services, and Other Articles and Services.

## ■Retail Price Index

It reflects the trend and degree of change in retail prices of commodities during a given period. The change in retail prices of commodities directly affect the living expenditure of urban and rural residents, government revenue, purchasing power of residents and the equilibrium of market supply and demand, and the ratio of consumption to accumulation. Therefore, the retail price indices are useful to analyse the changes of the above economic activities.

## ■Producer Price Index for Industrial Products

Producer Price Index for Industrial Products reflects the trend and degree of changes in general sales prices of all industrial products during a given period, including sales of industrial products by an industrial enterprise to all units outside this enterprise, as well as sales of consumer goods to residents. It can be used to remove the impact of price changes on gross output value and value-added of the industrial sector.

## ■Purchasing Price Index for Industrial Producers

Purchasing Price Index for Industrial Producers reflects the trend and degree of changes in prices paid by industrial enterprises when they purchase productive inputs such as raw materials, fuels and power from the market or from other enterprises during a given period. It can be used to measure the real consumption of inputs of industrial enterprises by removing the impact of price changes.

## ■Price Index for Newly Built Commodity Residential Housing

Price Index for Newly Built Commodity Residential Housing reflects the trend and degree of changes in the trade prices of newly built commodity housing for residential use at their first registration of property right , including costs, taxes and profits.

## ■Price Index for Existing Residential Housing

Price Index for Existing Residential Housing reflects the trend and degree of changes in the trade prices of existing housing for residential use at their successive registration of property right.

## ■Producer Price Index for Farm Products

It reflects the trend and degree of changes in producers' prices received by farmers when they sell farm products during a given period. These indices depict the change in the level and structure of producer prices for farm products of the country and meet the needs of agricultural statistics and national accounts statistics. The producer price index for a given product is calculated as the geometrical mean of individual indices for all surveyed units which sell such product, and the indices for a product category is obtained as the weighted mean of price indices for all products in the category. Method for calculating accumulative quarterly indices is the same as for calculating the individual quarterly indices.

# Chapter 4
# 第四篇

上 海 调 查 年 鉴 SHANGHAI SURVEY YEARBOOK

# 农 业
# AGRICULTURE

# 简要说明

## 一、本篇资料的主要内容

本篇资料反映本市农业生产和农村经济的基本情况，内容主要包括农林牧渔业产值、农作物播种面积、主要农产品产量、农业机械拥有量、农业产业化组织、自然村数量等方面的统计资料。

## 二、本篇的资料来源

主要由上海市统计局和国家统计局上海调查总队根据《农村统计报表制度》和《农业农村调查报表制度》的有关资料和上海市农业委员会的相关资料整理提供。

## 三、本篇资料的统计范围

农业统计范围为上海市行政区域和上海光明食品（集团）有限公司所属的域外农场，包括闵行区、宝山区、嘉定区、松江区、金山区、青浦区、奉贤区、崇明区和浦东新区（农村）行政区域范围内所有建制乡镇、行政村和涉农街道、居委会辖区内的生产经营单位和农户；上海光明食品（集团）、上海水产（集团）总公司、青东农场、前卫农场、上实现代农业园区以及其他中央属、市属和军委系统的农业生产（经营）活动单位。

1. 种植业：指对各种农作物的种植活动。包括谷物、豆类、薯类、棉花、油料、糖料、麻类、烟叶、蔬菜、园艺作物、水果、坚果、饮料和香料作物、中草药及其他作物的种植。

2. 林业：包括林木的栽培（不包括茶园、桑园和果园的栽培、管理和收获等活动），木材和竹材的采运，林产品的采集。

3. 牧业：包括牲畜饲养和放牧，家禽饲养以及野生动物的捕猎和饲养。

4. 渔业：包括水生动物和海藻类植物的养殖和捕捞。

5. 农林牧渔服务业：指对种植业、林业、牧业、渔业生产活动进行的各种支持性服务。但不包括各种科学技术和专业性技术服务活动。

农村社会经济统计范围包括除城关镇以外所有乡镇的社会经济活动。

《农村统计报表制度》和《农业农村调查报表制度》包括的三部分内容：

一是农林牧渔业统计调查。包括农作物播种面积、主要农作物产量、农产量抽样调查等内容，调查方法由统计部门确定。其中，水果、林业、渔业、农业机械和部分畜牧业数据来源为农委相关部门，调查方法由资料来源相关部门确定。

二是农业产值综合统计。包括农业总产值、农林牧渔业中间消耗、农产品出口、种源农业等内容，调查方法由统计部门确定。

三是农村社会经济基本情况统计。包括乡镇社会经济基本情况、行政村基本情况等内容。上海参照国家统计局《县域社会经济基本情况统计报表制度》充实部分指标进行调查。

# BRIEF INTRODUCTION

**Ⅰ. Main Contents**

The data in this chapter reflect the basic conditions of agricultural production and rural economy in Shanghai. The main contents include output of agriculture, forestry, animal husbandry and fishery, sown area of farm crops, output of major agricultural products, agricultural machinery, condition of agricultural industrialization organization, number of villages.

**Ⅱ. Sources of Data**

Data in this chapter are provided by Shanghai Municipal Statistics Bureau and the Survey Office of the National Bureau of Statistics in Shanghai using data from the Statistical Survey System on Rural Areas and Agricultural Industry and data provided by Shanghai Municipal Agricultural Commission.

**Ⅲ. Statistical Scopes**

Data on agriculture cover the whole Shanghai Municipality and enclave farm belonging to Shanghai Bright Food (Group), including Minhang, Baoshan, Jiading, Songjiang, Jinshan, Qingpu, Fengxian, Chongming districts, and Pudong New Area (rural area). Included in agriculture statistics are production activities in agriculture by rural production units and by rural households; production activities of farms in counties, villages and rural communities; production activities in agriculture undertaken by Shanghai Bright Food (Group), Shanghai Fisheries (Group) Corporation, the Qingdong Farm, the Qianwei Farm, SIIC Modern Agriculture Park and agricultural production units owned by the central government, municipal government and military agencies.

(1) Agriculture: it refers to cultivation of farm crops, including cereals, beans, tuber crops, cotton, oil-bearing crops, sugar crops, hemp, tobacco leaves, vegetables, gardening plants, fruits, nuts, crops for beverages and spices, medicinal herbs and other farm crops.

(2) Forestry: it includes the planting of trees (excluding activities of planting, managing and harvesting of tea, mulberry fields and fruits), cutting and transport of timber and bamboo and collection of forest products.

(3) Animal husbandry: it includes the raising and grazing of domestic animals and poultry, and the hunting and raising of wild animals.

(4) Fishery: it includes cultivation and catching of aquatic animals and seaweed.

(5) Services in support of agriculture, forestry, animal husbandry and fishery: they include supporting services to production activities in agriculture, forestry, animal husbandry and fishery but do not include activities of science and technology and professional services.

Rural social and economic statistics cover social and economic activities in all townships except towns, where county governments are located..

Statistical Survey System on Rural Areas and Agricultural Industry consists of three parts:

First, it includes statistics on agriculture, forestry, animal husbandry and fishery, including agricultural production area, main crop output and sampling survey of agricultural products, whose survey methodologies are determined by the statistics department. Fruit, forestry, fishery, agricultural machinery and part of animal husbandry data are provided by Shanghai Municipal Agriculture Commission, and survey methodologies are determined by relevant providers of the data.

Second, it includes comprehensive statistics on value of agricultural output, including output of agriculture, intermediate consumption of agriculture, forestry, animal husbandry, and fishery, export of agricultural products, and seed industries. Survey methodologies are determined by the statistics department.

Third, it includes comprehensive statistics on rural areas. The data include basic conditions of social and economic activities at county, township and rural administrations, and municipal agricultural zones. Data are provided according to Statistical Reporting System on the Basic Condition of Social and Economic Activities of Counties with additional standards supplemented by Shanghai authorities.

# 农业总产值(1978~2021)
## Gross Output Value of Agricultural

表 4-1 单位:亿元(Unit:100 million yuan)

| 年 份<br>Year | 合 计<br>Total | 种植业<br>Farming | 林 业<br>Forestry | 牧 业<br>Animal Husbandry | 副 业<br>Others | 渔 业<br>Fishery | 农林牧渔服务业<br>Services in support of Agriculture, Forestry, Animal Husbandry and Fishery |
|---|---|---|---|---|---|---|---|
| 1978 | 18.26 | 13.49 | 0.06 | 3.67 | 0.18 | 0.86 | |
| 1980 | 18.90 | 11.40 | 0.06 | 6.27 | 0.20 | 0.97 | |
| 1985 | 31.38 | 15.63 | 0.21 | 12.25 | 0.47 | 2.82 | |
| 1986 | 33.76 | 16.83 | 0.24 | 12.75 | 0.49 | 3.45 | |
| 1987 | 38.84 | 17.69 | 0.34 | 15.48 | 0.54 | 4.79 | |
| 1988 | 53.07 | 22.47 | 0.45 | 22.18 | 0.54 | 7.43 | |
| 1989 | 60.63 | 25.53 | 0.39 | 26.41 | 0.42 | 7.88 | |
| 1990 | 68.16 | 29.09 | 0.37 | 30.25 | 0.41 | 8.04 | |
| 1991 | 73.65 | 30.51 | 0.39 | 33.38 | 0.40 | 8.97 | |
| 1992 | 80.01 | 32.80 | 0.43 | 37.19 | 0.41 | 9.18 | |
| 1993 | 96.20 | 40.52 | 0.41 | 42.95 | | 12.32 | |
| 1994 | 140.24 | 60.19 | 0.49 | 62.04 | | 17.52 | |
| 1995 | 182.47 | 77.71 | 0.45 | 81.48 | | 22.83 | |
| 1996 | 200.95 | 87.64 | 0.67 | 85.46 | | 27.18 | |
| 1997 | 204.41 | 85.20 | 0.47 | 88.37 | | 30.37 | |
| 1998 | 206.75 | 89.10 | 0.84 | 87.27 | | 29.54 | |
| 1999 | 206.90 | 87.86 | 0.98 | 86.35 | | 31.71 | |
| 2000 | 216.50 | 89.81 | 1.41 | 87.35 | | 37.92 | |
| 2001 | 227.61 | 95.53 | 3.52 | 88.43 | | 40.13 | |
| 2002 | 233.57 | 97.21 | 7.75 | 83.48 | | 45.13 | |
| 2003 | 247.29 | 98.17 | 13.05 | 81.13 | | 49.21 | 5.73 |
| 2004 | 248.89 | 109.32 | 13.14 | 70.77 | | 49.90 | 5.76 |
| 2005 | 233.39 | 111.25 | 11.11 | 54.34 | | 51.64 | 5.05 |
| 2006 | 237.01 | 119.99 | 10.43 | 46.29 | | 55.25 | 5.05 |
| 2007 | 255.98 | 126.74 | 10.05 | 58.00 | | 54.19 | 7.00 |
| 农普修订 | | | | | | | |
| 2007 | 257.76 | 128.17 | 10.06 | 58.07 | | 54.46 | 7.00 |
| 2008 | 282.63 | 139.29 | 9.13 | 68.52 | | 57.48 | 8.20 |
| 2009 | 287.76 | 151.00 | 9.02 | 64.72 | | 54.54 | 8.49 |
| 2010 | 296.24 | 159.98 | 7.58 | 65.72 | | 54.25 | 8.71 |
| 2011 | 328.24 | 169.82 | 7.73 | 83.82 | | 57.14 | 9.73 |
| 2012 | 337.81 | 176.80 | 9.77 | 79.75 | | 60.84 | 10.66 |
| 2013 | 342.29 | 177.93 | 9.80 | 79.52 | | 63.35 | 11.69 |
| 2014 | 343.78 | 175.46 | 8.83 | 81.96 | | 66.02 | 11.50 |
| 2015 | 327.71 | 167.86 | 12.30 | 80.84 | | 55.67 | 11.04 |
| 2016 | 300.84 | 146.58 | 13.21 | 80.17 | | 50.31 | 10.57 |
| 2017 | 292.61 | 146.40 | 15.31 | 61.17 | | 58.39 | 11.34 |
| 2018 | 289.58 | 150.09 | 15.80 | 48.32 | | 56.21 | 19.16 |
| 2019 | 284.84 | 145.81 | 18.27 | 48.24 | | 54.95 | 17.56 |
| 2020 | 279.82 | 138.00 | 15.16 | 55.06 | | 50.95 | 20.65 |
| 2021 | 268.93 | 144.94 | 8.68 | 45.34 | | 47.72 | 22.24 |

注:根据第三次农业普查结果,对 2007 年至 2017 年上海农业部分数据进行了重新修订,调查范围也相应修正为包括上海光明食品(集团)有限公司所属的域外农场(以下农普修订同)。

Note: In terms of Third National Agriculture Census, some data from 2007 to 2017 is revised, which includes the enclave farm belonging to Shanghai Bright Food (Group) (similarly hereinafter).

# 农业总产值结构(1978~2021)
# Gross Output Value Composition of Agriculture

表 4-2 单位:%(Unit:%)

| 年 份<br>Year | 合 计<br>Total | 种植业<br>Farming | 林 业<br>Forestry | 牧 业<br>Animal Husbandry | 副 业<br>Others | 渔 业<br>Fishery | 农林牧渔服务业<br>Services in support of Agriculture, Forestry, Animal Husbandry and Fishery |
|---|---|---|---|---|---|---|---|
| 1978 | 100.0 | 73.9 | 0.3 | 20.1 | 1.0 | 4.7 | |
| 1980 | 100.0 | 60.3 | 0.3 | 33.2 | 1.1 | 5.1 | |
| 1985 | 100.0 | 49.8 | 0.7 | 39.0 | 1.5 | 9.0 | |
| 1986 | 100.0 | 49.9 | 0.7 | 37.8 | 1.5 | 10.1 | |
| 1987 | 100.0 | 45.5 | 0.9 | 39.9 | 1.4 | 12.3 | |
| 1988 | 100.0 | 42.3 | 0.8 | 41.8 | 1.1 | 14.0 | |
| 1989 | 100.0 | 42.1 | 0.6 | 43.6 | 0.7 | 13.0 | |
| 1990 | 100.0 | 42.7 | 0.5 | 44.4 | 0.6 | 11.8 | |
| 1991 | 100.0 | 41.4 | 0.5 | 45.3 | 0.5 | 12.3 | |
| 1992 | 100.0 | 41.0 | 0.5 | 46.5 | 0.5 | 11.5 | |
| 1993 | 100.0 | 42.1 | 0.5 | 44.6 | | 12.8 | |
| 1994 | 100.0 | 42.9 | 0.3 | 44.3 | | 12.5 | |
| 1995 | 100.0 | 42.6 | 0.3 | 44.6 | | 12.5 | |
| 1996 | 100.0 | 43.6 | 0.4 | 42.5 | | 13.5 | |
| 1997 | 100.0 | 41.7 | 0.2 | 43.2 | | 14.9 | |
| 1998 | 100.0 | 43.1 | 0.4 | 42.2 | | 14.3 | |
| 1999 | 100.0 | 42.5 | 0.5 | 41.7 | | 15.3 | |
| 2000 | 100.0 | 41.5 | 0.6 | 40.4 | | 17.5 | |
| 2001 | 100.0 | 42.0 | 1.5 | 38.9 | | 17.6 | |
| 2002 | 100.0 | 41.6 | 3.3 | 35.8 | | 19.3 | |
| 2003 | 100.0 | 39.7 | 5.3 | 32.8 | | 19.9 | 2.3 |
| 2004 | 100.0 | 43.9 | 5.3 | 28.4 | | 20.0 | 2.3 |
| 2005 | 100.0 | 47.7 | 4.8 | 23.3 | | 22.1 | 2.1 |
| 2006 | 100.0 | 50.6 | 4.4 | 19.5 | | 23.3 | 2.2 |
| 2007 | 100.0 | 49.5 | 3.9 | 22.7 | | 21.2 | 2.7 |
| 农普修订 | | | | | | | |
| 2007 | 100.0 | 49.7 | 3.9 | 22.6 | | 21.1 | 2.7 |
| 2008 | 100.0 | 49.3 | 3.2 | 24.2 | | 20.4 | 2.9 |
| 2009 | 100.0 | 52.5 | 3.1 | 22.5 | | 19.0 | 2.9 |
| 2010 | 100.0 | 54.0 | 2.6 | 22.2 | | 18.3 | 2.9 |
| 2011 | 100.0 | 51.7 | 2.4 | 25.5 | | 17.4 | 3.0 |
| 2012 | 100.0 | 52.3 | 2.9 | 23.6 | | 18.0 | 3.2 |
| 2013 | 100.0 | 52.0 | 2.9 | 23.2 | | 18.5 | 3.4 |
| 2014 | 100.0 | 51.0 | 2.6 | 23.8 | | 19.2 | 3.4 |
| 2015 | 100.0 | 51.2 | 3.7 | 24.7 | | 17.0 | 3.4 |
| 2016 | 100.0 | 48.7 | 4.4 | 26.7 | | 16.7 | 3.5 |
| 2017 | 100.0 | 50.0 | 5.2 | 20.9 | | 20.0 | 3.9 |
| 2018 | 100.0 | 51.8 | 5.5 | 16.7 | | 19.4 | 6.6 |
| 2019 | 100.0 | 51.2 | 6.4 | 16.9 | | 19.3 | 6.2 |
| 2020 | 100.0 | 49.3 | 5.4 | 19.7 | | 18.2 | 7.4 |
| 2021 | 100.0 | 53.9 | 3.2 | 16.9 | | 17.7 | 8.3 |

# 农业总产值指数(1978~2021，以1952年为100)
# Indices of Gross Output Value of Agriculture(1952=100)

表4-3

| 年 份<br>Year | 合 计<br>Total | 种植业<br>Farming | 林 业<br>Forestry | 牧 业<br>Animal Husbandry | 副 业<br>Others | 渔 业<br>Fishery | 农林牧渔服务业<br>Services in support of Agriculture, Forestry, Animal Husbandry and Fishery |
|---|---|---|---|---|---|---|---|
| 1978 | 286.1 | 254.6 | 493.5 | 448.2 | 19.9 | 831.3 | |
| 1980 | 263.6 | 200.2 | 754.4 | 519.1 | 389.7 | 865.1 | |
| 1985 | 323.2 | 224.6 | 528.9 | 813.0 | 274.2 | 1 060.4 | |
| 1986 | 342.6 | 227.9 | 663.7 | 901.9 | 279.9 | 1 242.6 | |
| 1987 | 350.5 | 230.6 | 685.7 | 926.3 | 309.9 | 1 314.2 | |
| 1988 | 372.7 | 242.7 | 819.4 | 1 017.5 | 307.7 | 1 329.8 | |
| 1989 | 377.6 | 234.9 | 665.5 | 1 100.6 | 241.1 | 1 427.8 | |
| 1990 | 399.1 | 245.3 | 689.3 | 1 215.6 | 237.2 | 1 366.0 | |
| 1991 | 418.4 | 243.4 | 758.4 | 1 339.9 | 231.1 | 1 435.6 | |
| 1992 | 442.6 | 257.9 | 710.5 | 1 447.1 | 235.9 | 1 403.5 | |
| 1993 | 423.1 | 239.6 | 638.7 | 1 406.6 | | 1 386.7 | |
| 1994 | 456.1 | 244.4 | 643.8 | 1 509.3 | | 1 787.5 | |
| 1995 | 506.3 | 264.7 | 618.1 | 1 627.0 | | 2 098.5 | |
| 1996 | 548.3 | 291.4 | 832.0 | 1 744.1 | | 2 241.2 | |
| 1997 | 579.3 | 313.5 | 656.2 | 1 812.1 | | 2 397.7 | |
| 1998 | 593.2 | 329.4 | 913.9 | 1 847.0 | | 2 316.2 | |
| 1999 | 608.2 | 339.2 | 1 274.7 | 1 873.6 | | 2 403.8 | |
| 2000 | 631.9 | 359.4 | 2 047.3 | 1 858.4 | | 2 675.8 | |
| 2001 | 676.7 | 369.8 | 3 107.8 | 1 943.9 | | 3 259.1 | |
| 2002 | 697.0 | 370.9 | 7 629.6 | 1 866.1 | | 3 679.5 | 100.0 |
| 2003 | 704.7 | 344.6 | 10 177.9 | 1 772.8 | | 4 525.8 | 102.6 |
| 2004 | 656.8 | 366.7 | 10 218.6 | 1 373.9 | | 4 376.4 | 103.2 |
| 2005 | 587.8 | 348.0 | 7 960.3 | 993.3 | | 4 617.1 | 91.4 |
| 2006 | 591.9 | 359.1 | 7 474.7 | 918.8 | | 4 884.9 | 90.3 |
| 2007 | 600.8 | 363.8 | 7 198.1 | 960.1 | | 4 767.7 | 121.6 |
| 农普修订 | | | | | | | |
| 2007 | 605.3 | 367.8 | 7 209.5 | 961.1 | | 4 791.2 | 121.4 |
| 2008 | 606.6 | 379.5 | 5 863.0 | 1 004.3 | | 4 352.6 | 134.4 |
| 2009 | 607.8 | 378.3 | 5 681.4 | 1 071.0 | | 4 081.2 | 139.8 |
| 2010 | 585.6 | 362.8 | 4 768.1 | 1 086.2 | | 3 799.2 | 139.2 |
| 2011 | 587.7 | 364.4 | 4 573.5 | 1 150.3 | | 3 536.4 | 147.6 |
| 2012 | 594.6 | 366.7 | 5 219.8 | 1 148.1 | | 3 612.7 | 157.4 |
| 2013 | 582.1 | 352.7 | 5 393.3 | 1 146.0 | | 3 535.7 | 168.7 |
| 2014 | 593.0 | 352.0 | 4 991.6 | 1 206.4 | | 3 746.7 | 161.6 |
| 2015 | 562.0 | 333.5 | 6 108.8 | 1 153.4 | | 3 387.9 | 150.3 |
| 2016 | 495.4 | 287.7 | 6 639.1 | 1 051.8 | | 2 852.4 | 137.8 |
| 2017 | 474.4 | 287.2 | 7 587.7 | 798.9 | | 3 094.2 | 145.3 |
| 2018 | 463.5 | 289.2 | 7 329.7 | 659.9 | | 2 877.6 | 241.6 |
| 2019 | 429.8 | 266.7 | 8 165.2 | 534.2 | | 2 881.0 | 216.6 |
| 2020 | 399.9 | 249.8 | 6 648.8 | 484.9 | | 2 592.7 | 250.3 |
| 2021 | 373.3 | 238.7 | 3 834.7 | 479.5 | | 2 247.0 | 266.4 |

# 农作物总播种面积(1978~2021)
## Total Sown Areas of Farm Crops

表 4-4 单位:万公顷 (Unit:10 000 hectares)

| 年 份 Year | 农作物总播种面积 Total Sown Area | 粮食作物 Grain Crops | 经济作物 Cash Crops |
|---|---|---|---|
| 1978 | 82.86 | 53.22 | 29.64 |
| 1980 | 77.60 | 49.39 | 28.21 |
| 1985 | 69.61 | 43.82 | 25.79 |
| 1986 | 67.90 | 44.68 | 23.22 |
| 1987 | 67.04 | 44.21 | 22.83 |
| 1988 | 64.79 | 42.45 | 22.34 |
| 1989 | 63.63 | 41.69 | 21.94 |
| 1990 | 63.11 | 41.71 | 21.40 |
| 1991 | 62.62 | 41.54 | 21.08 |
| 1992 | 60.14 | 39.24 | 20.90 |
| 1993 | 55.85 | 36.31 | 19.54 |
| 1994 | 53.68 | 34.97 | 18.71 |
| 1995 | 54.22 | 34.40 | 19.82 |
| 1996 | 57.01 | 35.38 | 21.63 |
| 1997 | 55.23 | 36.58 | 18.65 |
| 1998 | 55.64 | 35.25 | 20.39 |
| 1999 | 55.17 | 33.50 | 21.67 |
| 2000 | 52.15 | 25.88 | 26.27 |
| 2001 | 49.09 | 21.12 | 27.97 |
| 2002 | 47.67 | 18.77 | 28.90 |
| 2003 | 41.92 | 14.83 | 27.09 |
| 2004 | 40.44 | 15.47 | 24.97 |
| 2005 | 40.36 | 16.61 | 23.75 |
| 2006 | 40.14 | 16.55 | 23.59 |
| 2007 | 39.07 | 16.96 | 22.11 |
| 农普修订 | | | |
| 2007 | 40.06 | 17.92 | 22.14 |
| 2008 | 39.78 | 18.42 | 21.36 |
| 2009 | 41.72 | 21.55 | 20.17 |
| 2010 | 41.74 | 20.12 | 21.62 |
| 2011 | 42.19 | 20.83 | 21.36 |
| 2012 | 40.33 | 20.81 | 19.52 |
| 2013 | 39.29 | 19.05 | 20.24 |
| 2014 | 37.15 | 18.67 | 18.48 |
| 2015 | 35.17 | 18.13 | 17.04 |
| 2016 | 30.51 | 15.85 | 14.66 |
| 2017 | 28.59 | 13.31 | 15.28 |
| 2018 | 28.53 | 12.99 | 15.54 |
| 2019 | 26.43 | 11.74 | 14.69 |
| 2020 | 25.78 | 11.43 | 14.35 |
| 2021 | 26.68 | 11.74 | 14.94 |

注：自 2007 年开始,“其它作物”并入“经济作物”统计。

Note：Since 2007,other farm crops have incorporated into economic farm crops.

# 农作物总播种面积构成(1978~2021)
# Total Sown Areas Composition of Farm Crops

**表 4-5** 单位:%(Unit:%)

| 年 份 Year | 农作物总播种面积 Total Sown Area | 粮食作物 Grain Crops | 经济作物 Cash Crops |
|---|---|---|---|
| 1978 | 100.0 | 64.2 | 35.8 |
| 1980 | 100.0 | 63.7 | 36.3 |
| 1985 | 100.0 | 63.0 | 37.0 |
| 1986 | 100.0 | 65.8 | 34.2 |
| 1987 | 100.0 | 66.0 | 34.0 |
| 1988 | 100.0 | 65.5 | 34.5 |
| 1989 | 100.0 | 65.5 | 34.5 |
| 1990 | 100.0 | 66.1 | 33.9 |
| 1991 | 100.0 | 66.4 | 33.6 |
| 1992 | 100.0 | 65.3 | 34.7 |
| 1993 | 100.0 | 65.0 | 35.0 |
| 1994 | 100.0 | 65.1 | 34.9 |
| 1995 | 100.0 | 63.5 | 36.5 |
| 1996 | 100.0 | 62.1 | 37.9 |
| 1997 | 100.0 | 66.2 | 33.8 |
| 1998 | 100.0 | 63.4 | 36.6 |
| 1999 | 100.0 | 60.7 | 39.3 |
| 2000 | 100.0 | 49.6 | 50.4 |
| 2001 | 100.0 | 43.0 | 57.0 |
| 2002 | 100.0 | 39.4 | 60.6 |
| 2003 | 100.0 | 35.4 | 64.6 |
| 2004 | 100.0 | 38.3 | 61.7 |
| 2005 | 100.0 | 41.1 | 58.9 |
| 2006 | 100.0 | 41.2 | 58.8 |
| 2007 | 100.0 | 43.4 | 56.6 |
| 农普修订 | | | |
| 2007 | 100.0 | 44.7 | 55.3 |
| 2008 | 100.0 | 46.3 | 53.7 |
| 2009 | 100.0 | 51.7 | 48.3 |
| 2010 | 100.0 | 48.2 | 51.8 |
| 2011 | 100.0 | 49.4 | 50.6 |
| 2012 | 100.0 | 51.6 | 48.4 |
| 2013 | 100.0 | 48.5 | 51.5 |
| 2014 | 100.0 | 50.3 | 49.7 |
| 2015 | 100.0 | 51.6 | 48.4 |
| 2016 | 100.0 | 51.9 | 48.1 |
| 2017 | 100.0 | 46.6 | 53.4 |
| 2018 | 100.0 | 45.5 | 54.5 |
| 2019 | 100.0 | 44.4 | 55.6 |
| 2020 | 100.0 | 44.3 | 55.7 |
| 2021 | 100.0 | 44.0 | 56.0 |

# 粮食作物播种面积(1978~2021)
## Sown Areas of Grain Crops

表 4-6 单位:万公顷(Unit:10 000 hectares)

| 年 份<br>Year | 粮 食<br>Grain Crops | #稻 谷<br>Rice | 小 麦<br>Wheat | 大 麦<br>Barley |
|---|---|---|---|---|
| 1978 | 53.22 | 34.28 | 4.25 | 8.39 |
| 1980 | 49.39 | 30.45 | 5.05 | 7.22 |
| 1985 | 43.82 | 26.97 | 5.74 | 7.94 |
| 1986 | 44.68 | 28.52 | 7.28 | 5.78 |
| 1987 | 44.21 | 27.62 | 7.66 | 6.15 |
| 1988 | 42.45 | 25.96 | 7.03 | 7.16 |
| 1989 | 41.69 | 25.82 | 7.04 | 6.65 |
| 1990 | 41.71 | 25.34 | 7.72 | 6.62 |
| 1991 | 41.54 | 24.77 | 8.38 | 6.48 |
| 1992 | 39.24 | 23.48 | 7.77 | 6.27 |
| 1993 | 36.31 | 21.58 | 7.58 | 4.91 |
| 1994 | 34.97 | 21.00 | 6.23 | 5.54 |
| 1995 | 34.40 | 21.00 | 6.12 | 5.25 |
| 1996 | 35.38 | 21.06 | 6.53 | 5.97 |
| 1997 | 36.58 | 20.84 | 8.33 | 5.76 |
| 1998 | 35.25 | 20.33 | 10.39 | 2.74 |
| 1999 | 33.50 | 20.08 | 9.70 | 1.91 |
| 2000 | 25.88 | 17.50 | 5.72 | 1.08 |
| 2001 | 21.12 | 15.39 | 3.20 | 0.99 |
| 2002 | 18.77 | 13.31 | 3.14 | 0.98 |
| 2003 | 14.83 | 10.62 | 2.17 | 0.65 |
| 2004 | 15.47 | 11.18 | 2.19 | 0.72 |
| 2005 | 16.61 | 11.27 | 2.99 | 0.78 |
| 2006 | 16.55 | 11.06 | 3.14 | 0.88 |
| 2007 | 16.96 | 10.91 | 3.75 | 0.85 |
| 农普修订 | | | | |
| 2007 | 17.92 | 11.50 | 3.95 | 0.98 |
| 2008 | 18.42 | 11.50 | 4.59 | 1.02 |
| 2009 | 21.55 | 12.05 | 6.25 | 1.73 |
| 2010 | 20.12 | 12.05 | 5.27 | 1.32 |
| 2011 | 20.83 | 11.86 | 6.29 | 1.36 |
| 2012 | 20.81 | 11.76 | 5.80 | 2.00 |
| 2013 | 19.05 | 11.48 | 4.66 | 1.80 |
| 2014 | 18.67 | 11.12 | 4.67 | 1.56 |
| 2015 | 18.13 | 11.02 | 4.73 | 1.33 |
| 2016 | 15.85 | 10.63 | 3.56 | 0.89 |
| 2017 | 13.31 | 10.41 | 2.10 | 0.31 |
| 2018 | 12.99 | 10.36 | 2.13 | 0.19 |
| 2019 | 11.74 | 10.37 | 1.00 | 0.09 |
| 2020 | 11.43 | 10.41 | 0.75 | 0.05 |
| 2021 | 11.74 | 10.38 | 1.09 | 0.09 |

# 粮食作物播种面积构成(1978~2021)
## Sown Areas Composition of Grain Crops

**表 4-7**

单位:%(Unit:%)

| 年 份<br>Year | 粮 食<br>Grain Crops | #稻 谷<br>Rice | 小 麦<br>Wheat | 大 麦<br>Barley |
|---|---|---|---|---|
| 1978 | 100.0 | 64.4 | 8.0 | 15.8 |
| 1980 | 100.0 | 61.7 | 10.2 | 14.6 |
| 1985 | 100.0 | 61.5 | 13.1 | 18.1 |
| 1986 | 100.0 | 63.8 | 16.3 | 12.9 |
| 1987 | 100.0 | 62.5 | 17.3 | 13.9 |
| 1988 | 100.0 | 61.2 | 16.6 | 16.9 |
| 1989 | 100.0 | 61.9 | 16.9 | 16.0 |
| 1990 | 100.0 | 60.7 | 18.5 | 15.9 |
| 1991 | 100.0 | 59.6 | 20.2 | 15.6 |
| 1992 | 100.0 | 59.8 | 19.8 | 16.0 |
| 1993 | 100.0 | 59.4 | 20.9 | 13.5 |
| 1994 | 100.0 | 60.1 | 17.8 | 15.8 |
| 1995 | 100.0 | 61.0 | 17.8 | 15.3 |
| 1996 | 100.0 | 59.5 | 18.5 | 16.9 |
| 1997 | 100.0 | 57.0 | 22.8 | 15.7 |
| 1998 | 100.0 | 57.7 | 29.5 | 7.8 |
| 1999 | 100.0 | 59.9 | 29.0 | 5.7 |
| 2000 | 100.0 | 67.6 | 22.1 | 4.2 |
| 2001 | 100.0 | 72.9 | 15.2 | 4.7 |
| 2002 | 100.0 | 70.9 | 16.7 | 5.2 |
| 2003 | 100.0 | 71.6 | 14.6 | 4.4 |
| 2004 | 100.0 | 72.3 | 14.2 | 4.7 |
| 2005 | 100.0 | 67.9 | 18.0 | 4.7 |
| 2006 | 100.0 | 66.8 | 19.0 | 5.3 |
| 2007 | 100.0 | 64.3 | 22.1 | 5.0 |
| 农普修订 | | | | |
| 2007 | 100.0 | 64.2 | 22.1 | 5.5 |
| 2008 | 100.0 | 62.4 | 24.9 | 5.5 |
| 2009 | 100.0 | 55.9 | 29.0 | 8.0 |
| 2010 | 100.0 | 59.9 | 26.2 | 6.6 |
| 2011 | 100.0 | 56.9 | 30.2 | 6.5 |
| 2012 | 100.0 | 56.5 | 27.9 | 9.6 |
| 2013 | 100.0 | 60.3 | 24.4 | 9.4 |
| 2014 | 100.0 | 59.6 | 25.0 | 8.4 |
| 2015 | 100.0 | 60.8 | 26.1 | 7.3 |
| 2016 | 100.0 | 67.1 | 22.5 | 5.6 |
| 2017 | 100.0 | 78.2 | 15.8 | 2.3 |
| 2018 | 100.0 | 79.8 | 16.4 | 1.5 |
| 2019 | 100.0 | 88.3 | 8.5 | 0.8 |
| 2020 | 100.0 | 91.1 | 6.6 | 0.5 |
| 2021 | 100.0 | 88.5 | 9.3 | 0.7 |

# 粮食产量(1978~2021)
## Output of Grain Crops

**表 4-8** 单位:万吨(Unit:10 000 tons)

| 年 份<br>Year | 粮 食<br>Grain Crops | #稻 谷<br>Rice | 小 麦<br>Wheat | 大 麦<br>Barley |
|---|---|---|---|---|
| 1978 | 260.88 | 190.44 | 15.98 | 27.09 |
| 1980 | 186.85 | 116.51 | 20.63 | 24.74 |
| 1985 | 213.83 | 153.90 | 21.77 | 25.50 |
| 1986 | 236.88 | 174.58 | 30.19 | 18.90 |
| 1987 | 232.56 | 174.93 | 27.65 | 19.44 |
| 1988 | 237.54 | 173.21 | 28.25 | 26.57 |
| 1989 | 236.55 | 181.27 | 24.18 | 21.54 |
| 1990 | 244.36 | 181.40 | 30.11 | 23.26 |
| 1991 | 247.34 | 185.05 | 31.29 | 22.52 |
| 1992 | 234.65 | 171.59 | 31.10 | 23.58 |
| 1993 | 215.84 | 158.80 | 29.66 | 18.13 |
| 1994 | 215.06 | 165.52 | 21.74 | 17.68 |
| 1995 | 219.50 | 163.50 | 25.60 | 20.53 |
| 1996 | 234.82 | 171.82 | 29.25 | 25.42 |
| 1997 | 237.85 | 171.08 | 36.28 | 23.12 |
| 1998 | 212.58 | 162.85 | 31.13 | 7.77 |
| 1999 | 208.20 | 154.12 | 38.44 | 7.90 |
| 2000 | 174.00 | 137.05 | 24.70 | 4.61 |
| 2001 | 151.42 | 127.37 | 12.53 | 4.04 |
| 2002 | 130.46 | 109.24 | 10.37 | 3.58 |
| 2003 | 98.75 | 82.20 | 7.39 | 2.42 |
| 2004 | 106.29 | 89.46 | 7.95 | 2.85 |
| 2005 | 105.36 | 85.45 | 9.92 | 2.86 |
| 2006 | 111.30 | 89.70 | 11.34 | 3.48 |
| 2007 | 109.20 | 86.00 | 14.63 | 3.67 |
| 农普修订 | | | | |
| 2007 | 115.33 | 90.66 | 15.42 | 4.24 |
| 2008 | 122.27 | 94.55 | 18.90 | 4.63 |
| 2009 | 135.39 | 99.95 | 23.98 | 6.43 |
| 2010 | 132.12 | 100.33 | 20.55 | 5.29 |
| 2011 | 136.16 | 99.35 | 25.36 | 5.81 |
| 2012 | 135.98 | 99.75 | 23.11 | 7.76 |
| 2013 | 128.65 | 97.85 | 18.51 | 7.24 |
| 2014 | 127.16 | 95.05 | 19.83 | 6.59 |
| 2015 | 125.41 | 94.71 | 20.71 | 5.78 |
| 2016 | 111.78 | 91.41 | 13.22 | 3.63 |
| 2017 | 99.78 | 85.60 | 10.18 | 1.37 |
| 2018 | 103.74 | 87.97 | 12.98 | 0.98 |
| 2019 | 95.90 | 88.04 | 5.80 | 0.45 |
| 2020 | 91.44 | 84.66 | 5.26 | 0.29 |
| 2021 | 93.96 | 85.15 | 7.35 | 0.50 |

# 主要经济作物播种面积(1978~2021)
## Sown Areas of Major Cash Crops

**表 4-9** 单位:万公顷(Unit:10 000 hectares)

| 年 份<br>Year | 棉 花<br>Cotton | 油菜籽<br>Rapeseeds | 蔬 菜<br>Vegetables |
|---|---|---|---|
| 1978 | 9.66 | 5.11 | 4.30 |
| 1980 | 10.37 | 5.20 | 5.41 |
| 1985 | 7.10 | 7.03 | 6.43 |
| 1986 | 3.23 | 7.81 | 7.09 |
| 1987 | 2.08 | 8.02 | 8.17 |
| 1988 | 1.65 | 8.53 | 7.94 |
| 1989 | 1.07 | 9.24 | 7.97 |
| 1990 | 1.30 | 9.29 | 7.76 |
| 1991 | 1.39 | 9.23 | 7.57 |
| 1992 | 1.49 | 9.44 | 7.01 |
| 1993 | 0.96 | 7.27 | 7.78 |
| 1994 | 0.49 | 6.85 | 8.20 |
| 1995 | 0.33 | 7.84 | 8.70 |
| 1996 | 0.31 | 6.95 | 10.80 |
| 1997 | 0.34 | 5.30 | 9.82 |
| 1998 | 0.45 | 5.66 | 10.70 |
| 1999 | 0.20 | 5.97 | 11.07 |
| 2000 | 0.10 | 7.01 | 14.04 |
| 2001 | 0.11 | 6.24 | 14.94 |
| 2002 | 0.08 | 5.18 | 16.07 |
| 2003 | 0.08 | 3.79 | 15.04 |
| 2004 | 0.11 | 3.02 | 13.99 |
| 2005 | 0.11 | 3.08 | 13.09 |
| 2006 | 0.12 | 2.26 | 13.62 |
| 2007 | 0.14 | 1.50 | 13.39 |
| 农普修订 | | | |
| 2007 | 0.14 | 1.52 | 13.26 |
| 2008 | 0.15 | 1.47 | 13.10 |
| 2009 | 0.13 | 1.49 | 12.45 |
| 2010 | 0.26 | 0.98 | 12.70 |
| 2011 | 0.26 | 0.81 | 12.98 |
| 2012 | 0.20 | 0.78 | 12.66 |
| 2013 | 0.21 | 0.65 | 12.35 |
| 2014 | 0.08 | 0.53 | 11.79 |
| 2015 | 0.04 | 0.47 | 10.47 |
| 2016 | 0.03 | 0.38 | 9.80 |
| 2017 | 0.04 | 0.22 | 9.29 |
| 2018 | 0.01 | 0.21 | 9.43 |
| 2019 | 0.01 | 0.22 | 8.68 |
| 2020 | 0.00 | 0.21 | 8.42 |
| 2021 | 0.00 | 0.14 | 8.52 |

# 主要经济作物产量(1978~2021)
## Output of Major Cash Crops

**表4-10** 单位:万吨(Unit:10 000 tons)

| 年 份<br>Year | 棉 花<br>Cotton | 油菜籽<br>Rapeseeds | 蔬 菜<br>Vegetables | 食用菌<br>Edible Fungus | 园林水果<br>Fruits |
|---|---|---|---|---|---|
| 1978 | 12.10 | 11.63 | 145.45 | | 2.99 |
| 1980 | 7.62 | 9.58 | 112.55 | | 3.70 |
| 1985 | 4.88 | 15.53 | 152.26 | | 4.06 |
| 1986 | 2.15 | 14.95 | 178.92 | | 4.39 |
| 1987 | 1.52 | 16.20 | 182.18 | | 4.66 |
| 1988 | 1.33 | 18.96 | 186.31 | | 6.77 |
| 1989 | 0.77 | 15.00 | 193.72 | | 8.80 |
| 1990 | 1.22 | 18.17 | 186.79 | | 9.42 |
| 1991 | 1.62 | 19.94 | 169.15 | | 8.69 |
| 1992 | 1.54 | 21.84 | 182.01 | | 16.33 |
| 1993 | 0.80 | 12.98 | 193.49 | | 16.36 |
| 1994 | 0.47 | 9.55 | 213.33 | | 16.10 |
| 1995 | 0.36 | 15.49 | 244.33 | | 21.71 |
| 1996 | 0.42 | 15.86 | 262.01 | | 20.74 |
| 1997 | 0.38 | 10.35 | 300.58 | | 23.92 |
| 1998 | 0.47 | 6.47 | 301.58 | | 21.13 |
| 1999 | 0.22 | 12.98 | 336.97 | | 25.11 |
| 2000 | 0.12 | 15.71 | 377.00 | | 22.54 |
| 2001 | 0.14 | 12.31 | 424.04 | 2.09 | 26.74 |
| 2002 | 0.09 | 9.28 | 476.60 | 2.68 | 27.72 |
| 2003 | 0.11 | 5.92 | 460.54 | 3.28 | 33.31 |
| 2004 | 0.18 | 6.94 | 436.65 | 3.38 | 33.74 |
| 2005 | 0.18 | 6.51 | 409.03 | 5.00 | 33.63 |
| 2006 | 0.20 | 4.91 | 418.76 | 4.98 | 38.93 |
| 2007 | 0.25 | 3.28 | 413.49 | 6.08 | 43.93 |
| 农普修订 | | | | | |
| 2007 | 0.25 | 3.32 | 409.49 | 6.08 | 43.07 |
| 2008 | 0.32 | 3.38 | 394.67 | 7.59 | 44.34 |
| 2009 | 0.27 | 3.21 | 374.55 | 8.46 | 42.58 |
| 2010 | 0.36 | 2.14 | 374.52 | 8.75 | 40.83 |
| 2011 | 0.50 | 1.75 | 380.97 | 8.32 | 36.47 |
| 2012 | 0.40 | 1.63 | 373.26 | 11.28 | 42.82 |
| 2013 | 0.41 | 1.40 | 360.02 | 13.08 | 32.27 |
| 2014 | 0.13 | 1.16 | 349.70 | 15.23 | 39.34 |
| 2015 | 0.05 | 1.08 | 320.12 | 15.12 | 27.46 |
| 2016 | 0.10 | 0.78 | 290.36 | 14.26 | 23.83 |
| 2017 | 0.00 | 0.48 | 281.89 | 11.61 | 24.57 |
| 2018 | 0.01 | 0.54 | 284.73 | 9.76 | 29.54 |
| 2019 | 0.01 | 0.63 | 259.15 | 8.96 | 28.08 |
| 2020 | 0.00 | 0.64 | 244.33 | 8.53 | 25.86 |
| 2021 | 0.00 | 0.44 | 244.66 | 3.98 | 17.34 |

# 肉类总产量(1998~2021)
## Output of Meat

**表 4-11** 单位:万吨(Unit:10 000 tons)

| 年 份<br>Year | 肉类总产量<br>Output of Meat | #猪<br>Pork | 羊<br>Mutton | 家 禽<br>Meat of Poultry | 兔<br>Rabbit Meat |
|---|---|---|---|---|---|
| 1998 | 53.98 | 25.30 | 0.71 | 27.86 | 0.01 |
| 1999 | 54.12 | 25.85 | 0.70 | 27.51 | 0.01 |
| 2000 | 55.11 | 25.96 | 0.74 | 28.35 | 0.01 |
| 2001 | 55.71 | 26.40 | 0.85 | 28.31 | 0.08 |
| 2002 | 52.20 | 24.75 | 0.96 | 26.38 | 0.05 |
| 2003 | 50.78 | 24.60 | 0.92 | 25.20 | 0.10 |
| 2004 | 38.09 | 20.79 | 0.70 | 16.38 | 0.15 |
| 2005 | 31.31 | 18.02 | 0.61 | 12.54 | 0.10 |
| 2006 | 25.99 | 15.20 | 0.23 | 9.15 | 0.09 |
| 2007 | 25.43 | 15.15 | 0.23 | 8.52 | 0.09 |
| 农普修订 | | | | | |
| 2007 | 24.62 | 15.66 | 0.22 | 7.27 | 0.09 |
| 2008 | 26.35 | 17.38 | 0.48 | 7.12 | 0.09 |
| 2009 | 26.02 | 18.00 | 0.47 | 6.69 | 0.09 |
| 2010 | 26.38 | 18.34 | 0.43 | 6.75 | 0.02 |
| 2011 | 27.72 | 19.56 | 0.41 | 6.89 | 0.01 |
| 2012 | 27.04 | 20.30 | 0.41 | 5.49 | 0.02 |
| 2013 | 27.31 | 22.16 | 0.38 | 3.96 | 0.02 |
| 2014 | 27.20 | 23.01 | 0.34 | 3.22 | 0.02 |
| 2015 | 25.58 | 21.75 | 0.34 | 2.86 | 0.02 |
| 2016 | 22.47 | 18.88 | 0.28 | 2.47 | 0.01 |
| 2017 | 17.58 | 14.57 | 0.35 | 1.94 | 0.01 |
| 2018 | 13.45 | 11.27 | 0.26 | 1.49 | 0.01 |
| 2019 | 10.82 | 8.91 | 0.21 | 1.30 | 0.01 |
| 2020 | 9.26 | 7.16 | 0.24 | 1.21 | 0.01 |
| 2021 | 9.14 | 7.15 | 0.29 | 1.11 | 0.01 |

# 渔业养殖面积和水产品产量(1992~2021)
# Culture Areas of Fishery and Output of Aquatic Products

表 4-12

| 年 份<br>Year | 渔业养殖面积<br>Fishery Farming Area | | 水产品产量<br>Aquatic Product Output | | |
|---|---|---|---|---|---|
| | 合计(公顷)<br>Total(hectares) | #淡水(公顷)<br>Freshwater Culturing<br>(hectares) | 合计(万吨)<br>Total<br>(10 000 tons) | 海水(万吨)<br>Seawater Aquatic Products<br>(10 000 tons) | 淡水(万吨)<br>Freshwater Aquatic Products<br>(10 000 tons) |
| 1992 | 33 725 | 32 391 | 24.86 | 13.67 | 11.19 |
| 1993 | 33 304 | 32 006 | 23.67 | 12.42 | 11.25 |
| 1994 | 33 839 | 32 781 | 27.04 | 14.78 | 12.26 |
| 1995 | 32 943 | 32 080 | 29.07 | 16.21 | 12.86 |
| 1996 | 33 190 | 32 447 | 28.04 | 14.50 | 13.54 |
| 1997 | 32 970 | 32 364 | 30.20 | 16.18 | 14.02 |
| 1998 | 34 326 | 33 724 | 26.82 | 12.21 | 14.61 |
| 1999 | 35 392 | 34 687 | 27.67 | 12.28 | 15.39 |
| 2000 | 40 039 | 39 317 | 28.87 | 12.23 | 16.64 |
| 2001 | 44 733 | 44 002 | 29.77 | 10.49 | 19.28 |
| 2002 | 42 765 | 42 069 | 32.69 | 11.82 | 20.87 |
| 2003 | 45 447 | 44 982 | 35.48 | 13.35 | 22.13 |
| 2004 | 42 543 | 42 193 | 34.41 | 13.42 | 20.99 |
| 2005 | 41 110 | 41 026 | 35.35 | 15.03 | 20.32 |
| 2006 | 31 310 | 31 230 | 33.50 | 16.81 | 16.69 |
| 2007 | 30 263 | 30 250 | 32.00 | 15.56 | 16.44 |
| 农普修订 | | | | | |
| 2007 | 30 250 | 30 250 | 29.85 | 15.56 | 14.29 |
| 2008 | 29 176 | 29 176 | 34.68 | 19.15 | 15.52 |
| 2009 | 26 272 | 26 272 | 31.29 | 16.85 | 14.44 |
| 2010 | 25 250 | 25 250 | 27.28 | 12.15 | 15.13 |
| 2011 | 23 886 | 23 886 | 27.19 | 11.80 | 15.39 |
| 2012 | 22 027 | 22 027 | 28.40 | 13.21 | 15.19 |
| 2013 | 20 966 | 20 966 | 28.71 | 13.48 | 15.23 |
| 2014 | 20 461 | 20 461 | 32.75 | 17.88 | 14.88 |
| 2015 | 19 392 | 19 392 | 31.36 | 16.95 | 14.41 |
| 2016 | 18 641 | 18 641 | 28.68 | 14.29 | 14.39 |
| 2017 | 17 820 | 17 820 | 29.54 | 14.52 | 15.02 |
| 2018 | 16 577 | 16 577 | 30.85 | 16.84 | 14.01 |
| 2019 | 15 568 | 15 568 | 32.47 | 19.74 | 12.73 |
| 2020 | 14 007 | 14 007 | 28.29 | 16.40 | 11.89 |
| 2021 | 12 687 | 12 687 | 25.91 | 16.20 | 9.71 |

# 年末自然村实有数(2012~2021)
## Number of Villages at Year-end

**表 4-13**　　单位:个(unit:unit)

| 年　份<br>Year | 年末实有数<br>Numbers at Year-end | 小型村<br>Small Village | 中型村<br>Medium-Sized Village | 大型村<br>Large Village |
|---|---|---|---|---|
| 2012 | 37 884 | 16 439 | 12 554 | 8 891 |
| 2013 | 37 023 | 16 050 | 12 435 | 8 538 |
| 2014 | 36 344 | 15 790 | 12 208 | 8 346 |
| 2015 | 33 769 | 15 034 | 11 158 | 7 577 |
| 2016 | 32 225 | 14 501 | 10 367 | 7 357 |
| 2017 | 30 938 | 13 777 | 10 008 | 7 153 |
| 2018 | 30 131 | 13 360 | 9 705 | 7 066 |
| 2019 | 29 167 | 12 727 | 9 433 | 7 007 |
| 2020 | 28 627 | 12 421 | 9 325 | 6 881 |
| 2021 | 28 061 | 12 111 | 9 112 | 6 838 |

注：小型村指住宅在 10 幢及以下的村,中型村指住宅在 11-30 幢的村,大型村指住宅在 31 幢及以上的村。

Note: Small village refers to the village in which number of dwelling houses is less than 10. Medium-sized village refers to the village in which number of dwelling houses is more than 11 and less than 30. Large village refers to the village in which number of dwelling houses is more than 31.

# 年末自然村归并数(2003~2021)
## Merge Number of Villages at Year-end

**表 4-14**　　单位:个(unit:unit)

| 年　份<br>Year | 年末归并数<br>Merge Number at Year-end | 小型村<br>Small Village | 中型村<br>Medium-Sized Village | 大型村<br>Large Village |
|---|---|---|---|---|
| 2003 | 2 474 | 1 248 | 658 | 568 |
| 2004 | 2 650 | 1 022 | 934 | 674 |
| 2005 | 2 783 | 1 288 | 940 | 555 |
| 2006 | 2 710 | 1 007 | 934 | 769 |
| 2007 | 1 340 | 623 | 445 | 272 |
| 2008 | 742 | 336 | 243 | 170 |
| 2009 | 1 715 | 941 | 515 | 259 |
| 2010 | 1 121 | 558 | 366 | 197 |
| 2011 | 791 | 321 | 279 | 191 |
| 2012 | 528 | 258 | 189 | 81 |
| 2013 | 595 | 383 | 141 | 71 |
| 2014 | 721 | 306 | 258 | 157 |
| 2015 | 811 | 484 | 207 | 190 |
| 2016 | 417 | 136 | 206 | 75 |
| 2017 | 352 | 141 | 136 | 75 |
| 2018 | 267 | 99 | 62 | 106 |
| 2019 | 297 | 112 | 99 | 86 |
| 2020 | 399 | 227 | 91 | 81 |
| 2021 | 228 | 106 | 89 | 33 |

# 农业机械年末拥有量(2006~2021)

表4-15

| 指 标 | Indicators | 单位 Unit | 2006年 | 2007年 | 2008年 | 2009年 |
|---|---|---|---|---|---|---|
| **农业机械总动力** | **Total Power of Agricultural Machinery** | **万千瓦 10 000kw** | **97.23** | **97.68** | **94.51** | **99.26** |
| #大中型拖拉机 | Large and Medium-sized Tractors | 台 unit | 4 262 | 4 584 | 4 796 | 5 394 |
| | | 万千瓦 10 000kw | 16.28 | 18.09 | 19.35 | 21.76 |
| 小型拖拉机 | Small Tractors | 台 unit | 7 904 | 6 926 | 6 457 | 6 105 |
| | | 万千瓦 10 000kw | 7.18 | 6.36 | 5.93 | 5.68 |
| 联合收割机 | Combine-Harvester | 台 unit | 2 030 | 1 934 | 1 914 | 2 113 |
| | | 万千瓦 10 000kw | 3.40 | 3.75 | 5.25 | 7.82 |
| 插秧机 | Transplanter | 台 unit | 68 | 243 | 458 | 815 |
| | | 万千瓦 10 000kw | 0.07 | 0.24 | 0.55 | 0.91 |
| 机动喷雾(粉)器 | Mobile Sprayer | 万台 10 000 unit | 1.39 | 1.84 | 1.83 | 1.83 |
| | | 万千瓦 10 000kw | 2.35 | 3.66 | 4.15 | 4.16 |
| 饲料粉碎机 | Feed Grinder | 台 unit | 1 427 | 1 322 | 1 314 | 1 197 |
| | | 万千瓦 10 000kw | 1.88 | 1.81 | 1.40 | 1.27 |
| 渔用机动船 | Motor Boat for Fishery | 艘 unit | 1 420 | 1 396 | 1 403 | 1 869 |
| | | 万千瓦 10 000kw | 18.15 | 17.99 | 17.51 | 18.60 |
| 增氧机 | Aerator | 万台 10 000unit | | 2.04 | 1.98 | 1.88 |
| | | 万千瓦 10 000kw | | 4.62 | 4.87 | 4.73 |
| 机动运输船 | Cargo Ship | 艘 unit | 403 | 283 | 282 | 267 |
| | | 万千瓦 10 000kw | 1.15 | 1.02 | 0.99 | 0.95 |

注：本表农业机械化统计范围2018年以前(含2018年)未包括上海光明食品(集团)有限公司所属的域外农场。
Note: The scope of agricultural mechanization statistics in this table before 2018(including 2018) does not include exclave farm belonging to Shanghai Bright Food(Group).

# Agricultural Machinery at Year-end

| 2010年 | 2011年 | 2012年 | 2013年 | 2014年 | 2015年 | 2016年 | 2017年 | 2018年 | 2019年 | 2020年 | 2021年 |
|---|---|---|---|---|---|---|---|---|---|---|---|
| **104.15** | **105.58** | **112.72** | **115.84** | **117.76** | **119.01** | **122.31** | **121.84** | **119.77** | **119.22** | **123.36** | **125.22** |
| 5 796 | 6 412 | 6 431 | 6 897 | 7 177 | 7 468 | 7 720 | 7 728 | 7 466 | 7 625 | 7 431 | 7 299 |
| 24.21 | 25.31 | 27.81 | 29.89 | 31.43 | 33.44 | 35.30 | 36.36 | 37.36 | 40.68 | 40.77 | 40.79 |
| 5 788 | 5 245 | 4 514 | 3 597 | 3 279 | 2 999 | 2 766 | 2 317 | 2 554 | 2 350 | 2 214 | 2 089 |
| 5.34 | 4.85 | 4.12 | 3.27 | 2.96 | 2.63 | 2.47 | 2.21 | 2.93 | 2.52 | 2.42 | 2.34 |
| 2 230 | 2 380 | 2 557 | 2 927 | 2 778 | 2 746 | 2 654 | 2 240 | 2 177 | 2 245 | 2 193 | 2 083 |
| 8.52 | 9.56 | 11.38 | 13.26 | 13.16 | 13.93 | 14.01 | 12.80 | 12.61 | 14.15 | 14.29 | 13.58 |
| 1 101 | 1 309 | 1 425 | 1 616 | 1 714 | 1 900 | 1 958 | 1 497 | 1 671 | 1 802 | 1 767 | 1 885 |
| 1.21 | 1.24 | 1.30 | 1.48 | 1.60 | 2.18 | 2.27 | 1.85 | 2.20 | 2.43 | 2.38 | 2.55 |
| 2.11 | 2.25 | 2.29 | 2.23 | 2.22 | 2.26 | 2.25 | 2.13 | 2.04 | 2.02 | 1.98 | 2.02 |
| 4.72 | 5.14 | 5.13 | 5.46 | 5.10 | 5.18 | 5.15 | 5.08 | 5.06 | 5.13 | 5.97 | 5.95 |
| 1 057 | 1 189 | 948 | 809 | 793 | 785 | 780 | 772 | 949 | 939 | 950 | 947 |
| 1.15 | 1.09 | 0.95 | 0.88 | 0.84 | 0.85 | 0.82 | 0.79 | 0.95 | 0.95 | 0.97 | 0.96 |
| 1 788 | 1 644 | 1 477 | 1 477 | 1 329 | 1 209 | 941 | 871 | 856 | 563 | 537 | 481 |
| 18.74 | 18.96 | 19.08 | 18.91 | 19.27 | 16.23 | 17.84 | 17.19 | 16.21 | 15.58 | 15.12 | 14.16 |
| 2.01 | 2.12 | 2.30 | 2.47 | 2.78 | 3.07 | 3.10 | 3.11 | 2.68 | 2.67 | 2.54 | 2.59 |
| 5.16 | 5.30 | 5.80 | 6.21 | 6.73 | 7.27 | 7.23 | 6.94 | 6.29 | 6.40 | 5.83 | 5.95 |
| 250 | 195 | 173 | 171 | 157 | 163 | 163 | 156 | – | – | – | – |
| 1.78 | 0.68 | 0.86 | 0.87 | 0.81 | 0.94 | 0.94 | 1.01 | – | – | – | – |

# 农业产业化组织情况(2006~2021)

表 4-16

| 指 标 | Indicators | 单位 Unit | 2006 年 | 2007 年 | 2008 年 |
|---|---|---|---|---|---|
| **总 计** | **Total** | **个 unit** | **935** | **1 140** | **1 701** |
| **按行业分** | **Grouped by Sector** | | | | |
| 种植业 | Farming | 个 unit | 489 | 618 | 952 |
| 畜牧业 | Animal Husbandry | 个 unit | 165 | 177 | 250 |
| 水产业 | Aquaculture | 个 unit | 96 | 121 | 197 |
| 林特产业 | Forestry | 个 unit | 93 | 90 | 86 |
| 其 他 | Others | 个 unit | 92 | 134 | 216 |
| **按带动形式分** | **Grouped by Driving Form** | | | | |
| 龙头企业带动型 | Drived by Leading Enterprise | 个 unit | 320 | 286 | 260 |
| #销售收入 1 亿元以上的龙头企业 | Leading Enterprise whose Sales Revenue is more than 100 million yuan | 个 unit | 30 | 38 | 44 |
| 专业市场带动型 | Drived by Specialized Market | 个 unit | 55 | 56 | 45 |
| #交易额 5000 万元以上的专业市场 | Specialized Market Whose Trading Volume are more than 50million yuan | 个 unit | 16 | 17 | 16 |
| 中介组织带动型 | Drived by Intermediary Organization | 个 unit | 587 | 715 | 1 253 |
| #专业合作经济组织带动 | Drived by Professional Cooperative Organization | 个 unit | 510 | 705 | 1 253 |
| 其 他 | Others | 个 unit | 33 | 83 | 143 |
| **按与农户联结方式分** | **Grouped by Connection Modes** | | | | |
| 合同关系 | Contractual Relationship | 个 unit | 244 | 199 | 163 |
| #订单关系 | Order Relationship | 个 unit | 115 | 131 | 84 |
| 年订单总额 | Total Order | 亿元 100 million yuan | 20.05 | 42.89 | 63.23 |
| 年履约总额 | Performance Amount | 亿元 100 million yuan | 18.34 | 40.49 | 61.99 |
| 实行利润返还 | Return Profit | 个 unit | 113 | 242 | 519 |
| 股份分红 | Share Dividend | 个 unit | 249 | 426 | 765 |
| 有稳定购销关系 | Stable Purchase and Sale Relation | 个 unit | 266 | 201 | 191 |
| 其 他 | Others | 个 unit | 63 | 72 | 63 |

# Condition of Agricultural Industrialization Organization

| 2009 年 | 2010 年 | 2011 年 | 2012 年 | 2013 年 | 2014 年 | 2015 年 | 2016 年 | 2017 年 | 2018 年 | 2019 年 | 2020 年 | 2021 年 |
|---|---|---|---|---|---|---|---|---|---|---|---|---|
| **2 269** | **2 979** | **3 355** | **3 565** | **3 580** | **3 578** | **3 603** | **3 585** | **3 193** | **3 243** | **3 129** | **2 862** | **2 728** |
| 1 308 | 1 799 | 2 081 | 2 278 | 2 336 | 2 330 | 2 424 | 2 475 | 2 185 | 2 215 | 2 251 | 1 977 | 1 993 |
| 307 | 349 | 370 | 344 | 341 | 336 | 258 | 205 | 176 | 174 | 120 | 117 | 98 |
| 277 | 360 | 404 | 427 | 426 | 430 | 403 | 372 | 351 | 365 | 303 | 299 | 249 |
| 101 | 121 | 119 | 129 | 115 | 92 | 104 | 119 | 109 | 108 | 91 | 85 | 85 |
| 276 | 350 | 381 | 387 | 362 | 390 | 414 | 414 | 372 | 381 | 364 | 384 | 303 |
| 271 | 263 | 266 | 267 | 288 | 265 | 312 | 364 | 364 | 363 | 358 | 347 | 181 |
| 49 | 49 | 61 | 61 | 85 | 84 | 91 | 93 | 101 | 102 | 106 | 98 | 93 |
| 45 | 52 | 50 | 49 | 21 | 29 | 19 | 19 | 16 | 15 | 14 | 9 | 9 |
| 18 | 18 | 18 | 20 | 14 | 16 | 11 | 9 | 9 | 10 | 10 | 9 | 9 |
| 1 850 | 2 577 | 2 950 | 3 177 | 3 200 | 3 192 | 3 216 | 3 202 | 2 813 | 2 865 | 2 757 | 2 506 | 2 538 |
| 1 850 | 2 577 | 2 950 | 3 177 | 3 200 | 3 192 | 3 216 | 3 202 | 2 813 | 2 865 | 2 757 | 2 506 | 2 538 |
| 103 | 87 | 89 | 72 | 71 | 92 | 56 | | | | | | |
| 162 | 128 | 136 | 108 | 74 | 63 | 102 | 79 | 75 | 87 | 93 | 102 | 86 |
| 94 | 80 | 81 | 67 | 74 | 63 | 102 | 79 | 75 | 87 | 93 | 102 | 86 |
| 72.82 | 82.80 | 110.25 | 118.65 | 112.17 | 153.84 | 153.04 | 148.64 | 144.29 | 151.02 | 159.85 | 166.99 | 147.51 |
| 72.35 | 82.16 | 106.41 | 118.00 | 110.82 | 145.99 | 147.26 | 145.81 | 131.32 | 146.78 | 148.44 | 155.47 | 147.38 |
| 959 | 1 106 | 1 573 | 1 199 | 1 287 | 1 543 | 952 | 577 | 828 | 626 | 799 | 751 | 636 |
| 891 | 1 471 | 1 377 | 1 978 | 1 913 | 1 649 | 2 264 | 2 625 | 1 985 | 2 239 | 1 958 | 1 755 | 1 902 |
| 197 | 204 | 189 | 201 | 245 | 268 | 239 | 259 | 273 | 259 | 249 | 245 | 99 |
| 60 | 70 | 80 | 79 | 61 | 51 | 56 | 45 | 32 | 32 | 30 | 9 | 5 |

# 农业产业化组织生产经营情况(2006~2021)

表 4-17

| 指 标 | Indicators | 单 位 Unit | 2006 年 | 2007 年 |
|---|---|---|---|---|
| **产业化组织生产情况** | **Production Condition of Industrialization Organization** | | | |
| 龙头企业销售收入 | Sales Revenue of Leading Enterprise | 亿元 100 million yuan | 248.27 | 297.86 |
| 专业市场交易总额 | Trading Volume of Specialized Market | 亿元 100 million yuan | 271.07 | 327.45 |
| 农业专业合作经济组织销售收入 | Sales Revenue of Agricultural Professional Cooperative Organization | 亿元 100 million yuan | 34.70 | 37.77 |
| 其他组织经营总收入 | Operating Revenue of Other Organization | 亿元 100 million yuan | 1.19 | 2.28 |
| **产业化组织生产经营效益情况** | **Benefits of Production and Operation Condition of Industrialization Organization** | | | |
| 利润总额 | Total Profit | 亿元 100 million yuan | 20.99 | 21.50 |
| 实缴税金 | Taxes Paid in | 亿元 100 million yuan | 11.13 | 12.92 |
| 出口创汇 | Foreign Exchange Earning through Exports | 万美元 10 thousand dollars | 23 252 | 22 809 |
| **产业化组织带动农户情况** | **Driving Condition of Industrialization Organization** | | | |
| 带动农户户数 | Numbers of Peasant Household Drived | 万户 10 thousand households | 50.80 | 57.96 |
| #本市农户数 | Local Peasant Household | 万户 10 thousand households | 26.05 | 28.85 |
| 农户从产业化经营中得到的总收入 | Total Income Peasant Household Earn From Industrialized Operation | 亿元 100 million yuan | 65.06 | 67.54 |
| #出售农产品收入 | Income from the Sale of Agricultural Products | 亿元 100 million yuan | 57.81 | 59.62 |
| 利润返还收入 | Income from Profit Return | 亿元 100 million yuan | 1.23 | 0.90 |
| 股份分红收入 | Income from Share Dividend | 亿元 100 million yuan | 0.72 | 0.76 |
| 劳务性收入 | Labour Income | 亿元 100 million yuan | 5.30 | 6.23 |
| **产业化组织税收减免情况** | **Tax Deduction and Exemption of Industrialization Organization** | | | |
| 税收减免额(不包括出口退税) | Tax Deduction and Exemption(Export Rebates are not Included) | 亿元 100 million yuan | 0.50 | 1.20 |
| 增值税 | Value Added Tax | 亿元 100 million yuan | 0.33 | 0.47 |
| 所得税 | Income Tax | 亿元 100 million yuan | 0.17 | 0.73 |

# Production and Operation Condition of Agricultural Industrialization Organization

| 2008年 | 2009年 | 2010年 | 2011年 | 2012年 | 2013年 | 2014年 | 2015年 | 2016年 | 2017年 | 2018年 | 2019年 | 2020年 | 2021年 |
|---|---|---|---|---|---|---|---|---|---|---|---|---|---|
| 374.59 | 419.54 | 518.11 | 665.54 | 746.84 | 932.58 | 1 059.68 | 1 241.20 | 1 241.50 | 1 365.30 | 1 266.15 | 1 278.44 | 1 314.65 | 858.88 |
| 389.70 | 447.35 | 602.01 | 720.72 | 786.94 | 813.14 | 824.94 | 728.97 | 628.21 | 595.06 | 755.57 | 913.92 | 1 041.47 | 1 175.66 |
| 35.77 | 43.26 | 61.60 | 73.95 | 86.46 | 90.46 | 85.07 | 86.04 | 81.41 | 84.19 | 78.79 | 82.67 | 79.59 | 74.37 |
| 4.53 | 3.01 | 2.55 | 3.44 | 2.83 | 3.32 | 1.93 | 2.46 | | | | | | |
| 18.80 | 23.02 | 30.27 | 34.37 | 34.55 | 44.66 | 45.23 | 40.01 | 42.60 | 43.05 | 44.24 | 49.97 | 64.63 | 51.80 |
| 15.68 | 16.82 | 19.15 | 20.12 | 25.59 | 27.18 | 26.54 | 25.32 | 30.24 | 27.58 | 25.51 | 30.10 | 33.22 | 27.95 |
| 27 044 | 20 447 | 23 203 | 52 300 | 41 148 | 44 183 | 30 777 | 33 670 | 32 122 | 31 724 | 33 367 | 36 577 | 25 722 | 9 408 |
| 59.58 | 64.94 | 65.89 | 67.00 | 67.09 | 67.81 | 68.18 | 68.45 | 69.16 | 69.20 | 69.12 | 67.30 | 67.05 | 136.93 |
| 29.64 | 33.90 | 34.61 | 30.61 | 30.98 | 32.88 | 33.49 | 30.47 | 31.09 | 31.24 | 31.33 | 30.44 | 30.00 | 29.14 |
| 83.12 | 87.02 | 90.16 | 100.97 | 110.56 | 115.58 | 117.51 | | | | | | | |
| 73.41 | 76.44 | 77.58 | 82.89 | 88.90 | 98.46 | 99.85 | | | | | | | |
| 2.38 | 2.69 | 2.97 | 5.20 | 5.67 | 3.18 | 3.51 | | | | | | | |
| 1.22 | 1.43 | 2.42 | 4.83 | 5.81 | 1.61 | 1.69 | | | | | | | |
| 6.10 | 6.46 | 7.20 | 8.04 | 10.19 | 12.34 | 12.45 | | | | | | | |
| 0.95 | 0.97 | 1.51 | 1.94 | 3.42 | 3.33 | 4.55 | 5.74 | 5.88 | 5.61 | 3.50 | 8.26 | 3.05 | 6.87 |
| 0.64 | 0.70 | 1.20 | 1.09 | 1.97 | 2.03 | 1.90 | 3.52 | 4.13 | 4.02 | 2.87 | 5.63 | 2.17 | 3.50 |
| 0.31 | 0.27 | 0.31 | 0.85 | 1.45 | 1.30 | 2.64 | 2.22 | 1.75 | 1.59 | 0.63 | 2.63 | 0.88 | 3.30 |

# 分区分行业农业总产值(2021 年，按现行价格计算)
## Gross Output Value of Agricultural Output by District and Sector (Calculated at Current Prices)

表 4-18　　单位:亿元(Unit: 100 million yuan)

| 分　区 District | | 合　计 Total | 种植业 Farming | 林　业 Forestry | 牧　业 Animal Husbandry | 渔　业 Fishery | 农林牧渔服务业 Services in support of Agriculture, Forestry, Animal Husbandry and Fishery |
|---|---|---|---|---|---|---|---|
| 浦东新区 | Pudong New Area | 41.86 | 31.55 | 1.15 | 1.67 | 3.04 | 4.45 |
| 闵 行 区 | Minhang | 3.71 | 2.44 | 0.15 | 0.03 | 0.02 | 1.07 |
| 宝 山 区 | Baoshan | 3.09 | 2.24 | 0.41 | 0.00 | 0.12 | 0.32 |
| 嘉 定 区 | Jiading | 9.62 | 7.04 | 0.48 | 0.84 | 0.25 | 1.00 |
| 金 山 区 | Jinshan | 26.15 | 19.55 | 0.46 | 3.30 | 1.92 | 0.93 |
| 松 江 区 | Songjiang | 17.98 | 8.30 | 2.72 | 3.77 | 0.66 | 2.54 |
| 青 浦 区 | Qingpu | 21.96 | 15.52 | 0.98 | 0.04 | 3.38 | 2.05 |
| 奉 贤 区 | Fengxian | 24.05 | 14.26 | 0.99 | 1.23 | 3.89 | 3.68 |
| 崇 明 区 | Chongming | 51.89 | 28.95 | 1.19 | 7.58 | 11.44 | 2.73 |

# 主要统计指标解释

## ■农业总产值

农业总产值是以货币表现的农、林、牧、渔业全部产品的总量和对农林牧渔生产活动进行的各种支持性服务活动的价值。它反映一定时期内农业生产的总规模和总成果。

农、林、牧、渔业的统计范围是：

(1)种植业　包括农作物种植业和其他农业。

农作物种植业包括谷物、豆类、薯类、棉、油料、糖料、麻类、烟叶、蔬菜、药材、瓜类和其他农作物的种植，以及茶园、桑园、果园的生产经营。

其他农业包括采集野生植物的果实、纤维、树胶、树脂、油料以及柴草、野生药材、菌类等及农民家庭兼营的商品性工业。

(2)林业　包括林木的栽培(不包括茶园、桑园和果园的栽培、管理和收获等活动)、林产品的采集和村及村以下合作经济组织和农户的竹木采伐。

(3)牧业　包括除渔业养殖以外的一切动物饲养和放牧，以及野生动物的捕猎和饲养。

(4)渔业　包括水生动物和海藻类植物的养殖和捕捞。

(5)农林牧渔服务业　包括农林牧渔业生产活动进行的各种支持性服务活动。但不包括各种科学技术和专业技术服务活动。

农业总产值的计算方法通常是按农林牧渔业产品及其副产品的产量分别乘以各自单位产品价格求得，少数生产周期较长、当年没有产品或产品产量不易统计的，则采用间接方法匡算其产值，然后将四业产品产值和服务业产值相加即为农业总产值。

1957年以前的农业总产值中包括了厩肥和农民自给性手工业(如农民自制衣服、鞋、袜，自己从事粮食初步加工等)。1958年及以后的农业总产值，林业中增加了村及村以下竹木采伐产值；牧业中取消了厩肥产值；副业中取消了农民自给性手工业产值，增加了村及村以下办的工业产值；渔业中增加了海洋捕捞水产品产值。1980年及以后的农业总产值，在副业中增加了农民家庭兼营工业商品部分的产值。从1984年起村及村以下办工业产值划归工业。从1993年起，取消副业。将野生动物的捕猎划入牧业，野生植物采集和农民家庭兼营商品性工业划归农业。从2003年起，农业总产值中包括了农林牧渔服务业产值。

## ■农作物播种面积

指报告期内收获农产品的作物的实际播种或移植有农作物的面积。凡是实际种植农作物的面积，不论种植在耕地上还是种植在非耕地上，均包括在农作物播种面积中。在播种季节基本结束后，因遭灾而重新改种和补种的农作物面积，也包括在内。

## ■粮食产量

指全社会的产量。包括国有经济经营的、集体统一经营的和农民家庭经营的粮食产量，还包括工矿企业办的农场和其他生产单位的产量。粮食除包括稻谷、小麦、玉米、高粱、谷子及其他杂粮外，还包括薯类和豆类。其产量计算方法，豆类按去豆荚后的干豆计算；薯类（包括甘薯和马铃薯，不包括芋头和木薯）1963年以前按每4公斤鲜薯折1公斤粮食计算，从1964年开始改为按5公斤鲜薯折1公斤粮食计算。城市郊区作为蔬菜的薯类（如马铃薯等）按鲜品计算，并且不作粮食统计。其他粮食一律按脱粒后的原粮计算。1989年以前粮食产量数据主要靠全面报表取得，1989年开始使用抽样调查数据。

■水产品产量

指人工养殖的水产品和天然生长的水产品的捕捞量。包括海水的鱼类、虾蟹类、贝类和藻类以及内陆水域的鱼类、虾蟹类和贝类，不包括淡水生植物。水产品产量是通过各级水产和统计部门逐级上报取得数据。1995年及以前，贝类中牡蛎按鲜肉计算；蚶、蛤、蛏按5斤鲜品折1斤计算。1996年以后则统一按鲜品计算。

■肉类总产量

指当年畜禽出栏并已屠宰、除去头和蹄及下水后带骨肉（即胴体重）的重量。包括全社会范围内的产量。1996年前为各级逐级上报数据。1996年第一次农业普查以后，由于畜牧业产品年报数据与普查数据之间存在一定的差距，国家统计局农调总队对畜牧业年报数据与普查数据进行衔接。1999年以后，国家统计局开展了猪、牛、羊、禽等主要畜禽品种的抽样调查，并用抽样数据作为国家定案数据使用。未开展抽样调查的品种，仍使用各级统计部门逐级上报数据。

# Explanatory Notes on Main Statistical Indicators

## ■Gross Output Value of Agriculture

It refers to the total volume of products of farming, forestry, animal husbandry and fishery expressed in the monetary terms and output value of all kinds of service activities that support farming, forestry, animal husbandry and fishery production. It reflects the overall scale and achievements of agricultural production during a given period of time.

The scope of statistics on farming, forestry, animal husbandry, and fishery are as follows:

(1)Farming includes cultivation of farm crops and other agricultural activities.

Cultivation of farm crops include cultivation of grain crops, legume crops, tuber–crops, cotton, oil–bearing crops, sugar crops, bast fiber plants, tobacco, vegetables, medicinal herbs, melon crops, and cultivation and management of tea plantations, mulberry fields and orchards.

Other agricultural activities include harvesting wild fruits, fibber, tree gum, resin, oil–bearing plants, firewood, wild medicinal herbs, fungus, and rural–household commodity industries.

(2)Forestry refers to planting trees of various kinds (excluding tea plantations, mulberry fields and orchards), collection of forestry products and cutting and felling of bamboo and trees by villages and other cooperative organizations under village level.

(3)Animal husbandry refers to raising and grazing of all kinds of farm animals except fishing and aquatic cultivating, and hunting and rising of wild animals.

(4)Fishery refers to cultivation and catching of fish and other aquatic products and cultivation and collection of seaweed and other aquatic plants.

(5)Service Industry for Farming, Forestry, Animal Husbandry and Fishery refers to all kinds of service activities that support farming, forestry, animal husbandry and fishery production, whereas activities of science, technology and professional service are not included.

Gross output value of agriculture is obtained by first multiplying the output of products or by–products by their unit price. For a small number of products, annual output of which is not available or difficult to get due to the long production/growing process involved, the output value will be estimated through an indirect approach. The sum of output value of all products of farming, forestry, animal husbandry and fishery and output value of service activities will then and together to form gross output value of agriculture.

Before 1957, China' s gross agricultural output value included the value of barnyard manure and handicraft products for self–consumption (clothes, shoes, stockings, and initial grain processing under–taken by peasants). After 1958, the output value of cutting and felling of bamboo and trees by villages and other cooperative organizations under villages have been included in forestry; value of barnyard manure has been excluded from animal husbandry; the value of self–consumed handicrafts has been excluded from sideliner occupations, while output value of industries run by villages and cooperative organizations under village level has been included in sideliner occupations and output value of fish catches by motor fishing boats has been added to fishery. Since 1980, the output value of handicraft products made for sale by farmer households has been added to sideliner occupations, From 1984, industries run by villages and cooperative organizations under village level have been included in the sector of industry. After 1993, the category of sideliner occupations has been cancelled and hunting of wild animals has been classified into husbandry, and harvesting of wild vegetation and commodity industry run by rural households have been grouped into the category of agriculture. Since 2003, the output value of service industry for farming, forestry, animal husbandry and fishery is included in the gross output value of agriculture.

## ■Sown Area of Planting

It refers to area of land sown or transplanted with crops that have been harvested during report period, regardless of being in cultivated area or non–cultivated area. Area of land re–sown due to natural disasters is also included.

## ■Grain Output

It refers to the total output in the whole country including grains produced by state farms, collective units, rural households, as well as by farms affiliated to industrial and mining enterprises and other production units. Grain includes rice, wheat, corn, sorghum, millet and other miscellaneous grains as well as tubers and bean. Output of beans refers to dry beans without pods. The output of tubers (sweet potatoes and potatoes, not including taros and cassava) was converted into that of grain at the ratio 4:1, i.e. 4 kilograms of fresh tubers was equivalent to 1 kilogram of grain up to 1963. Since 1964 the ratio for conversion has been 5:1. Tubers supplied as vegetables (such as potatoes) in cities and suburbs are calculated as fresh vegetables and their output is not included in the output of grain. Output of all other grains refers to husked grain. Data on grain production before 1989 were obtained through Comprehensive Statistical Reporting System. Since 1989, data from sample surveys are used.

## ■Output of Aquatic Products

It refers to catches of both artificially cultured and naturally grown aquatic products, including fish, shrimps, crabs and shellfish in sea and inland water as well as seaweed. Freshwater plants are not included. Data on output of aquatic products are reported by aquatic product and statistical agencies level by level. Before 1995, among the shellfish, the oyster was counted as fresh meat; 5 kilograms of ark shell, clams and frogs are equivalent to 1 kilogram of fresh aquatic products; they are all counted as fresh aquatic products since 1996.

## ■Output of Meal

It refers to the meat of slaughtered hogs, cattle, sheep and goats with head, feet, and offal taken away. Data refers to the production of the whole country. The first agriculture census of China in 1996 revealed some discrepancy between the production of animal products from the annual reports and that from the census. Efforts were made by the Rural Socio–economic Survey Organization of NBS to adjust the output value of animal husbandry to make the figures from the annual reports consistent with the census data. Since 1999, NBS conducted sample survey for the major animal husbandry products, such as hogs, cattle, sheep and goats and fowls, and the data from sample surveys are used as national finalized data. Those products, which are not covered by the sample survey, are still reported by statistical agencies level by level.

# Chapter 5
# 第五篇

上 海 调 查 年 鉴 SHANGHAI SURVEY YEARBOOK

# 全国及主要城市比较资料

# COMPARATIVE INFORMATION OF THE NATION AND MAJOR CITIES

# 简要说明

**一、本篇资料的主要内容**

本篇为全国各省、自治区、直辖市及全国 36 个大中城市的部分数据资料，主要包括居民消费价格指数、商品零售价格指数以及工业生产者价格指数、固定资产投资价格指数等。

**二、本篇的资料来源**

本篇资料来自国家统计局以及部门省、自治区、直辖市和部分城市公布的数据资料。

**三、本篇数据的调查方法**

本篇数据采用的调查方法为国家统计局以及各省、自治区、直辖市制定的调查方法制度。

# BRIEF INTRODUCTION

**Ⅰ.Main Contents**

This chapter lists price indices of the nation, other provinces (autonomous regions and municipalities) and 36 big and medium cities. Data in this chapter include consumer price indices, retail price indice, producer price indices and price index for investment in fixed assets.

**II.Sources of Data**

Data in this chapter are from figures released by National Bureau of Statistics of China, provinces, autonomous regions and municipalities.

**Ⅲ.Methodology of Data Collection**

Methodology is enacted by National Bureau of Statistics of China and survey offices of the related provinces (autonomous regions and municipalities).

# 各省(区、市)居民消费价格指数(1981~2021，以上年价格为100)
## Consumer Price Indices by Region (preceding year=100)

表5-1

| 省(区、市) | Region | 1981 | 1982 | 1983 | 1984 | 1985 | 1986 | 1987 | 1988 | 1989 | 1990 |
|---|---|---|---|---|---|---|---|---|---|---|---|
| **全　国** | **Nation** | **102.5** | **102.0** | **102.0** | **102.7** | **109.3** | **106.5** | **107.3** | **118.8** | **118.0** | **103.1** |
| 北　京 | Beijing | 101.3 | 101.8 | 100.5 | 102.2 | 117.6 | 106.8 | 108.6 | 120.4 | 117.2 | 105.4 |
| 天　津 | Tianjin | 101.3 | 100.5 | 100.5 | 101.8 | 113.1 | 106.8 | 106.8 | 116.9 | 114.7 | 103.0 |
| 河　北 | Hebei | 103.2 | 100.9 | 102.0 | 103.1 | 108.1 | 105.7 | 107.8 | 118.0 | 118.7 | 100.6 |
| 山　西 | Shanxi | 102.5 | 102.3 | 101.5 | 103.0 | 108.5 | 105.6 | 107.4 | 120.9 | 119.5 | 102.2 |
| 内蒙古 | Inner Mongolia | 101.9 | 101.7 | 101.2 | 104.9 | 109.3 | 105.2 | 107.8 | 116.3 | 115.3 | 102.3 |
| 辽　宁 | Liaoning | 102.0 | 101.4 | 101.7 | 103.6 | 110.7 | 106.7 | 108.8 | 119.3 | 118.2 | 103.3 |
| 吉　林 | Jilin | 101.6 | 104.2 | 104.5 | 103.6 | 109.7 | 105.4 | 107.6 | 120.3 | 117.2 | 104.9 |
| 黑龙江 | Heilongjiang | 102.1 | 103.0 | 102.5 | 104.4 | 111.8 | 106.2 | 109.4 | 118.0 | 114.6 | 105.7 |
| 上　海 | Shanghai | 101.4 | 100.3 | 100.2 | 102.2 | 115.2 | 106.3 | 108.1 | 120.1 | 115.9 | 106.3 |
| 江　苏 | Jiangsu | 101.0 | 100.9 | 100.5 | 104.1 | 109.5 | 107.1 | 109.2 | 121.9 | 117.1 | 103.2 |
| 浙　江 | Zhejiang | 101.7 | 101.9 | 102.8 | 103.7 | 114.8 | 106.2 | 108.8 | 121.5 | 118.2 | 102.1 |
| 安　徽 | Anhui | 103.2 | 100.1 | 102.2 | 102.1 | 107.1 | 106.2 | 109.1 | 120.9 | 117.2 | 102.7 |
| 福　建 | Fujian | 103.8 | 103.1 | 102.0 | 102.8 | 111.3 | 106.5 | 109.4 | 126.5 | 118.9 | 99.3 |
| 江　西 | Jiangxi | 103.8 | 103.1 | 101.9 | 102.6 | 109.0 | 106.6 | 106.6 | 121.8 | 118.5 | 102.1 |
| 山　东 | Shandong | 101.8 | 100.9 | 102.4 | 101.6 | 108.7 | 104.8 | 108.3 | 118.7 | 117.3 | 103.4 |
| 河　南 | Henan | 102.4 | 101.8 | 102.9 | 102.2 | 105.4 | 105.3 | 106.3 | 119.4 | 118.7 | 100.7 |
| 湖　北 | Hubei | 102.1 | 100.9 | 101.7 | 102.9 | 108.4 | 105.5 | 107.5 | 119.0 | 116.3 | 104.2 |
| 湖　南 | Hunan | 101.8 | 101.6 | 102.7 | 103.4 | 110.9 | 105.3 | 109.8 | 125.6 | 118.2 | 100.4 |
| 广　东 | Guangdong | 106.3 | 102.6 | 102.8 | 101.9 | 114.8 | 104.9 | 111.1 | 129.4 | 122.1 | 97.5 |
| 广　西 | Guangxi | 102.7 | 104.1 | 103.0 | 104.6 | 113.0 | 106.2 | 108.2 | 120.8 | 121.1 | 101.1 |
| 海　南 | Hainan | | | | | | | | 128.1 | 128.4 | 102.1 |
| 重　庆 | Chongqing | | | | | | | | | | |
| 四　川 | Sichuan | 102.7 | 102.2 | 101.2 | 102.2 | 107.3 | 104.7 | 107.6 | 119.9 | 119.8 | 103.8 |
| 贵　州 | Guizhou | 103.1 | 103.6 | 101.6 | 102.8 | 107.7 | 105.4 | 107.1 | 119.8 | 118.3 | 101.8 |
| 云　南 | Yunnan | 100.8 | 101.7 | 100.6 | 101.9 | 108.2 | 106.1 | 107.0 | 119.8 | 118.6 | 102.8 |
| 西　藏 | Tibet | | | | | | | | | | |
| 陕　西 | Shaanxi | 103.6 | 100.4 | 102.2 | 103.4 | 107.4 | 106.1 | 108.2 | 118.8 | 118.5 | 102.4 |
| 甘　肃 | Gansu | 102.7 | 102.2 | 100.6 | 103.3 | 109.2 | 106.6 | 107.6 | 119.1 | 117.9 | 103.2 |
| 青　海 | Qinghai | 101.3 | 101.8 | 100.7 | 103.4 | 110.7 | 106.2 | 107.2 | 118.0 | 117.5 | 105.1 |
| 宁　夏 | Ningxia | 102.1 | 102.8 | 101.6 | 103.3 | 108.6 | 105.8 | 107.3 | 117.1 | 117.2 | 107.1 |
| 新　疆 | Xinjiang | 102.4 | 100.1 | 102.2 | 102.4 | 107.8 | 107.3 | 107.2 | 114.7 | 116.0 | 105.0 |

**表 5-1 续表 1 Continued**

| 省(区、市) | Region | 1991 | 1992 | 1993 | 1994 | 1995 | 1996 | 1997 | 1998 | 1999 | 2000 |
|---|---|---|---|---|---|---|---|---|---|---|---|
| **全 国** | **Nation** | **103.4** | **106.4** | **114.7** | **124.1** | **117.1** | **108.3** | **102.8** | **99.2** | **98.6** | **100.4** |
| 北 京 | Beijing | 111.9 | 109.9 | 119.0 | 124.9 | 117.3 | 111.6 | 105.3 | 102.4 | 100.6 | 103.5 |
| 天 津 | Tianjin | 110.2 | 111.4 | 117.6 | 124.0 | 115.3 | 109.0 | 103.1 | 99.5 | 98.9 | 99.6 |
| 河 北 | Hebei | 103.4 | 106.1 | 113.8 | 122.6 | 115.2 | 107.1 | 103.5 | 98.4 | 98.1 | 99.7 |
| 山 西 | Shanxi | 104.8 | 107.3 | 115.1 | 125.2 | 116.9 | 107.9 | 103.1 | 98.6 | 99.6 | 103.9 |
| 内蒙古 | Inner Mongolia | 104.6 | 107.4 | 114.1 | 122.9 | 117.5 | 107.6 | 104.5 | 99.3 | 99.8 | 101.3 |
| 辽 宁 | Liaoning | 105.6 | 106.7 | 115.2 | 124.3 | 116.1 | 107.9 | 103.1 | 99.3 | 98.6 | 99.9 |
| 吉 林 | Jilin | 106.8 | 108.0 | 112.6 | 120.6 | 115.2 | 107.2 | 103.7 | 99.2 | 98.0 | 98.6 |
| 黑龙江 | Heilongjiang | 107.4 | 109.2 | 114.8 | 121.9 | 116.1 | 107.1 | 104.4 | 100.4 | 96.8 | 98.3 |
| 上 海 | Shanghai | 110.5 | 110.0 | 120.2 | 123.9 | 118.7 | 109.2 | 102.8 | 100.0 | 101.5 | 102.5 |
| 江 苏 | Jiangsu | 104.9 | 106.6 | 118.2 | 123.2 | 115.8 | 109.3 | 101.7 | 99.4 | 98.7 | 100.1 |
| 浙 江 | Zhejiang | 103.5 | 107.5 | 119.8 | 124.8 | 116.6 | 107.9 | 102.8 | 99.7 | 98.8 | 101.0 |
| 安 徽 | Anhui | 106.1 | 108.2 | 114.7 | 126.9 | 114.8 | 109.9 | 101.3 | 100.0 | 97.8 | 100.7 |
| 福 建 | Fujian | 103.5 | 105.9 | 115.4 | 125.3 | 115.2 | 105.9 | 101.7 | 99.7 | 99.1 | 102.1 |
| 江 西 | Jiangxi | 102.8 | 105.7 | 114.6 | 126.9 | 116.9 | 108.4 | 102.0 | 101.0 | 98.6 | 100.3 |
| 山 东 | Shandong | 104.9 | 106.8 | 112.7 | 123.4 | 117.6 | 109.6 | 102.8 | 99.4 | 99.3 | 100.2 |
| 河 南 | Henan | 102.3 | 105.4 | 110.4 | 125.2 | 116.5 | 110.5 | 103.5 | 97.5 | 96.9 | 99.2 |
| 湖 北 | Hubei | 104.9 | 109.6 | 118.4 | 125.3 | 120.0 | 109.4 | 103.2 | 98.4 | 97.8 | 99.0 |
| 湖 南 | Hunan | 104.4 | 110.7 | 116.8 | 125.3 | 119.0 | 107.7 | 102.8 | 100.2 | 100.5 | 101.4 |
| 广 东 | Guangdong | 101.2 | 107.3 | 121.6 | 121.7 | 114.0 | 107.0 | 101.9 | 98.2 | 98.2 | 101.4 |
| 广 西 | Guangxi | 102.8 | 105.9 | 122.0 | 126.0 | 118.4 | 106.5 | 100.8 | 97.0 | 97.7 | 99.7 |
| 海 南 | Hainan | 103.9 | 108.7 | 123.3 | 126.7 | 113.5 | 104.3 | 100.8 | 97.3 | 98.3 | 101.1 |
| 重 庆 | Chongqing | | | | | | | 103.1 | 96.4 | 99.3 | 96.7 |
| 四 川 | Sichuan | 103.0 | 107.4 | 116.8 | 124.6 | 118.5 | 109.3 | 105.1 | 99.6 | 98.5 | 100.1 |
| 贵 州 | Guizhou | 104.4 | 107.8 | 116.0 | 122.8 | 121.4 | 109.1 | 103.4 | 100.1 | 99.2 | 99.5 |
| 云 南 | Yunnan | 103.1 | 108.9 | 121.3 | 119.2 | 121.3 | 108.7 | 104.3 | 101.7 | 99.7 | 97.9 |
| 西 藏 | Tibet | | | | | | | | | 100.0 | 99.9 |
| 陕 西 | Shaanxi | 106.6 | 110.3 | 113.1 | 126.7 | 119.0 | 109.7 | 104.8 | 98.4 | 97.8 | 99.5 |
| 甘 肃 | Gansu | 104.9 | 107.2 | 115.4 | 123.7 | 119.8 | 110.2 | 102.9 | 99.0 | 97.6 | 99.5 |
| 青 海 | Qinghai | 107.6 | 108.0 | 113.2 | 121.8 | 118.0 | 110.8 | 104.8 | 100.7 | 99.5 | 99.5 |
| 宁 夏 | Ningxia | 106.3 | 108.3 | 114.3 | 123.1 | 117.1 | 106.8 | 103.8 | 100.0 | 98.7 | 99.6 |
| 新 疆 | Xinjiang | 108.6 | 108.6 | 113.0 | 126.7 | 119.7 | 110.5 | 103.7 | 100.2 | 97.4 | 99.4 |

**表 5-1 续表 2　Continued**

| 省(区、市) | Region | 2001 | 2002 | 2003 | 2004 | 2005 | 2006 | 2007 | 2008 | 2009 | 2010 |
|---|---|---|---|---|---|---|---|---|---|---|---|
| **全　国** | **Nation** | **100.7** | **99.2** | **101.2** | **103.9** | **101.8** | **101.5** | **104.8** | **105.9** | **99.3** | **103.3** |
| 北　京 | Beijing | 103.5 | 98.2 | 100.2 | 101.0 | 101.5 | 100.9 | 102.4 | 105.1 | 98.5 | 102.4 |
| 天　津 | Tianjin | 101.2 | 99.6 | 101.0 | 102.3 | 101.5 | 101.5 | 104.2 | 105.4 | 99.0 | 103.5 |
| 河　北 | Hebei | 100.5 | 99.0 | 102.2 | 104.3 | 101.8 | 101.7 | 104.7 | 106.2 | 99.3 | 103.1 |
| 山　西 | Shanxi | 99.8 | 98.4 | 101.8 | 104.1 | 102.3 | 102.0 | 104.6 | 107.2 | 99.6 | 103.0 |
| 内蒙古 | Inner Mongolia | 100.6 | 100.2 | 102.2 | 102.9 | 102.4 | 101.5 | 104.6 | 105.7 | 99.7 | 103.2 |
| 辽　宁 | Liaoning | 100.0 | 98.9 | 101.7 | 103.5 | 101.4 | 101.2 | 105.1 | 104.6 | 100.0 | 103.0 |
| 吉　林 | Jilin | 101.3 | 99.5 | 101.2 | 104.1 | 101.5 | 101.4 | 104.8 | 105.1 | 100.1 | 103.7 |
| 黑龙江 | Heilongjiang | 100.8 | 99.3 | 100.9 | 103.8 | 101.2 | 101.9 | 105.4 | 105.6 | 100.2 | 103.9 |
| 上　海 | Shanghai | 100.0 | 100.5 | 100.1 | 102.2 | 101.0 | 101.2 | 103.2 | 105.8 | 99.6 | 103.1 |
| 江　苏 | Jiangsu | 100.8 | 99.2 | 101.0 | 104.1 | 102.1 | 101.6 | 104.3 | 105.4 | 99.6 | 103.8 |
| 浙　江 | Zhejiang | 99.8 | 99.1 | 101.9 | 103.9 | 101.3 | 101.1 | 104.2 | 105.0 | 98.5 | 103.8 |
| 安　徽 | Anhui | 100.5 | 99.0 | 101.7 | 104.5 | 101.4 | 101.2 | 105.3 | 106.2 | 99.1 | 103.1 |
| 福　建 | Fujian | 98.7 | 99.5 | 100.8 | 104.0 | 102.2 | 100.8 | 105.2 | 104.6 | 98.2 | 103.2 |
| 江　西 | Jiangxi | 99.5 | 100.1 | 100.8 | 103.5 | 101.7 | 101.2 | 104.8 | 106.0 | 99.3 | 103.0 |
| 山　东 | Shandong | 101.8 | 99.3 | 101.1 | 103.6 | 101.7 | 101.0 | 104.4 | 105.3 | 100.0 | 102.9 |
| 河　南 | Henan | 100.7 | 100.1 | 101.6 | 105.4 | 102.1 | 101.3 | 105.4 | 107.0 | 99.4 | 103.5 |
| 湖　北 | Hubei | 100.3 | 99.6 | 102.2 | 104.9 | 102.9 | 101.6 | 104.8 | 106.3 | 99.6 | 102.9 |
| 湖　南 | Hunan | 99.1 | 99.5 | 102.4 | 105.1 | 102.3 | 101.4 | 105.6 | 106.0 | 99.6 | 103.1 |
| 广　东 | Guangdong | 99.3 | 98.6 | 100.6 | 103.0 | 102.3 | 101.8 | 103.7 | 105.6 | 97.7 | 103.1 |
| 广　西 | Guangxi | 100.6 | 99.1 | 101.1 | 104.4 | 102.4 | 101.3 | 106.1 | 107.8 | 97.9 | 103.0 |
| 海　南 | Hainan | 98.5 | 99.5 | 100.1 | 104.4 | 101.5 | 101.5 | 105.0 | 106.9 | 99.3 | 104.8 |
| 重　庆 | Chongqing | 101.7 | 99.6 | 100.6 | 103.7 | 100.8 | 102.4 | 104.7 | 105.6 | 98.4 | 103.2 |
| 四　川 | Sichuan | 102.1 | 99.7 | 101.7 | 104.9 | 101.7 | 102.3 | 105.9 | 105.1 | 100.8 | 103.2 |
| 贵　州 | Guizhou | 101.8 | 99.0 | 101.2 | 104.0 | 101.0 | 101.7 | 106.4 | 107.6 | 98.7 | 102.9 |
| 云　南 | Yunnan | 99.1 | 99.8 | 101.2 | 106.0 | 101.4 | 101.9 | 105.9 | 105.7 | 100.4 | 103.7 |
| 西　藏 | Tibet | 100.1 | 100.4 | 100.9 | 102.7 | 101.5 | 102.0 | 103.4 | 105.7 | 101.4 | 102.2 |
| 陕　西 | Shaanxi | 101.0 | 98.9 | 101.7 | 103.1 | 101.2 | 101.5 | 105.1 | 106.4 | 100.5 | 104.0 |
| 甘　肃 | Gansu | 104.0 | 100.0 | 101.1 | 102.3 | 101.7 | 101.3 | 105.5 | 108.2 | 101.3 | 104.1 |
| 青　海 | Qinghai | 102.6 | 102.3 | 102.0 | 103.2 | 100.8 | 101.6 | 106.6 | 110.1 | 102.6 | 105.4 |
| 宁　夏 | Ningxia | 101.6 | 99.4 | 101.7 | 103.7 | 101.5 | 101.9 | 105.4 | 108.5 | 100.7 | 104.1 |
| 新　疆 | Xinjiang | 104.0 | 99.4 | 100.4 | 102.7 | 100.7 | 101.3 | 105.5 | 108.1 | 100.7 | 104.3 |

**表 5-1 续表 3　Continued**

| 省(区、市) | Region | 2011 | 2012 | 2013 | 2014 | 2015 | 2016 | 2017 | 2018 | 2019 | 2020 | 2021 |
|---|---|---|---|---|---|---|---|---|---|---|---|---|
| **全　国** | **Nation** | **105.4** | **102.6** | **102.6** | **102.0** | **101.4** | **102.0** | **101.6** | **102.1** | **102.9** | **102.5** | **100.9** |
| 北　京 | Beijing | 105.6 | 103.3 | 103.3 | 101.6 | 101.8 | 101.4 | 101.9 | 102.5 | 102.3 | 101.7 | 101.1 |
| 天　津 | Tianjin | 104.9 | 102.7 | 103.1 | 101.9 | 101.7 | 102.1 | 102.1 | 102.0 | 102.7 | 102.0 | 101.3 |
| 河　北 | Hebei | 105.7 | 102.6 | 103.0 | 101.7 | 100.9 | 101.5 | 101.7 | 102.4 | 103.0 | 102.1 | 101.0 |
| 山　西 | Shanxi | 105.2 | 102.5 | 103.1 | 101.7 | 100.6 | 101.1 | 101.1 | 101.8 | 102.7 | 102.9 | 101.0 |
| 内蒙古 | Inner Mongolia | 105.6 | 103.1 | 103.2 | 101.6 | 101.1 | 101.2 | 101.7 | 101.8 | 102.4 | 101.9 | 100.9 |
| 辽　宁 | Liaoning | 105.2 | 102.8 | 102.4 | 101.7 | 101.4 | 101.6 | 101.4 | 102.5 | 102.4 | 102.4 | 101.1 |
| 吉　林 | Jilin | 105.2 | 102.5 | 102.9 | 102.0 | 101.7 | 101.6 | 101.6 | 102.1 | 103.0 | 102.3 | 100.6 |
| 黑龙江 | Heilongjiang | 105.8 | 103.2 | 102.2 | 101.5 | 101.1 | 101.5 | 101.3 | 102.0 | 102.8 | 102.3 | 100.6 |
| 上　海 | Shanghai | 105.2 | 102.8 | 102.3 | 102.7 | 102.4 | 103.2 | 101.7 | 101.6 | 102.5 | 101.7 | 101.2 |
| 江　苏 | Jiangsu | 105.3 | 102.6 | 102.3 | 102.2 | 101.7 | 102.3 | 101.7 | 102.3 | 103.1 | 102.5 | 101.6 |
| 浙　江 | Zhejiang | 105.4 | 102.2 | 102.3 | 102.1 | 101.4 | 101.9 | 102.1 | 102.3 | 102.9 | 102.3 | 101.5 |
| 安　徽 | Anhui | 105.6 | 102.3 | 102.4 | 101.6 | 101.3 | 101.8 | 101.2 | 102.0 | 102.7 | 102.7 | 100.9 |
| 福　建 | Fujian | 105.3 | 102.4 | 102.5 | 102.0 | 101.7 | 101.7 | 101.2 | 101.5 | 102.6 | 102.2 | 100.7 |
| 江　西 | Jiangxi | 105.2 | 102.7 | 102.5 | 102.3 | 101.5 | 102.0 | 102.0 | 102.1 | 102.9 | 102.6 | 100.9 |
| 山　东 | Shandong | 105.0 | 102.1 | 102.2 | 101.9 | 101.2 | 102.1 | 101.5 | 102.5 | 103.2 | 102.8 | 101.2 |
| 河　南 | Henan | 105.6 | 102.5 | 102.9 | 101.9 | 101.3 | 101.9 | 101.4 | 102.3 | 103.0 | 102.8 | 100.9 |
| 湖　北 | Hubei | 105.8 | 102.9 | 102.8 | 102.0 | 101.5 | 102.2 | 101.5 | 101.9 | 103.1 | 102.7 | 100.3 |
| 湖　南 | Hunan | 105.5 | 102.0 | 102.5 | 101.9 | 101.4 | 101.9 | 101.4 | 102.0 | 102.9 | 102.3 | 100.5 |
| 广　东 | Guangdong | 105.3 | 102.8 | 102.5 | 102.3 | 101.5 | 102.3 | 101.5 | 102.2 | 103.4 | 102.6 | 100.8 |
| 广　西 | Guangxi | 105.9 | 103.2 | 102.2 | 102.1 | 101.5 | 101.6 | 101.6 | 102.3 | 103.7 | 102.8 | 100.9 |
| 海　南 | Hainan | 106.1 | 103.2 | 102.8 | 102.4 | 101.0 | 102.8 | 102.8 | 102.5 | 103.4 | 102.3 | 100.3 |
| 重　庆 | Chongqing | 105.3 | 102.6 | 102.7 | 101.8 | 101.3 | 101.8 | 101.0 | 102.0 | 102.7 | 102.3 | 100.3 |
| 四　川 | Sichuan | 105.3 | 102.5 | 102.8 | 101.6 | 101.5 | 101.9 | 101.4 | 101.7 | 103.2 | 103.2 | 100.3 |
| 贵　州 | Guizhou | 105.1 | 102.7 | 102.5 | 102.4 | 101.8 | 101.4 | 100.9 | 101.8 | 102.4 | 102.6 | 100.1 |
| 云　南 | Yunnan | 104.9 | 102.7 | 103.1 | 102.4 | 101.9 | 101.5 | 100.9 | 101.6 | 102.5 | 103.6 | 100.2 |
| 西　藏 | Tibet | 105.0 | 103.5 | 103.6 | 102.9 | 102.0 | 102.5 | 101.6 | 101.7 | 102.3 | 102.2 | 100.9 |
| 陕　西 | Shaanxi | 105.7 | 102.8 | 103.0 | 101.6 | 101.0 | 101.3 | 101.6 | 102.1 | 102.9 | 102.5 | 101.5 |
| 甘　肃 | Gansu | 105.9 | 102.7 | 103.2 | 102.1 | 101.6 | 101.3 | 101.4 | 102.0 | 102.3 | 102.0 | 100.9 |
| 青　海 | Qinghai | 106.1 | 103.1 | 103.9 | 102.8 | 102.6 | 101.8 | 101.5 | 102.5 | 102.5 | 102.6 | 101.3 |
| 宁　夏 | Ningxia | 106.3 | 102.0 | 103.4 | 101.9 | 101.1 | 101.5 | 101.6 | 102.3 | 102.1 | 101.5 | 101.4 |
| 新　疆 | Xinjiang | 105.9 | 103.8 | 103.9 | 102.1 | 100.6 | 101.4 | 102.2 | 102.0 | 101.9 | 101.5 | 101.2 |

# 36个大中城市居民消费价格指数(2003~2021，以上年价格为100)
# Consumer Price Indices in 36 Major Cities (preceding year=100)

表5-2

| 城　市 | City | 2003 | 2004 | 2005 | 2006 | 2007 | 2008 | 2009 | 2010 | 2011 |
|---|---|---|---|---|---|---|---|---|---|---|
| **36个城市平均** | **Average** | **100.7** | **102.4** | **101.4** | **101.5** | **103.9** | **105.7** | **99.2** | **103.1** | **105.3** |
| 北　京 | Beijing | 100.2 | 101.0 | 101.5 | 100.9 | 102.4 | 105.1 | 98.5 | 102.4 | 105.6 |
| 天　津 | Tianjin | 101.0 | 102.3 | 101.5 | 101.5 | 104.2 | 105.4 | 99.0 | 103.5 | 104.9 |
| 石家庄 | Shijiazhuang | 102.0 | 102.5 | 101.5 | 101.8 | 104.3 | 106.7 | 100.3 | 103.0 | 105.7 |
| 太　原 | Taiyuan | 101.9 | 103.9 | 101.1 | 101.6 | 104.1 | 107.4 | 99.9 | 103.0 | 105.4 |
| 呼和浩特 | Hohhot | 101.7 | 102.4 | 102.2 | 101.7 | 103.7 | 104.6 | 100.1 | 102.6 | 105.5 |
| 沈　阳 | Shenyang | 100.9 | 102.2 | 100.7 | 101.8 | 104.5 | 104.4 | 99.9 | 102.9 | 105.4 |
| 大　连 | Dalian | 100.6 | 102.6 | 101.4 | 101.4 | 104.0 | 104.4 | 100.2 | 102.7 | 105.4 |
| 长　春 | Changchun | 101.0 | 104.1 | 101.7 | 101.3 | 103.7 | 104.4 | 99.8 | 103.6 | 105.5 |
| 哈尔滨 | Harbin | 100.1 | 103.1 | 100.5 | 101.1 | 104.1 | 104.7 | 100.2 | 103.7 | 105.6 |
| 上　海 | Shanghai | 100.1 | 102.2 | 101.0 | 101.2 | 103.2 | 105.8 | 99.6 | 103.1 | 105.2 |
| 南　京 | Nanjing | 101.4 | 103.0 | 102.1 | 101.7 | 103.7 | 106.2 | 100.1 | 104.2 | 105.4 |
| 杭　州 | Hangzhou | 99.5 | 102.5 | 101.7 | 101.2 | 103.5 | 104.9 | 98.6 | 103.9 | 104.8 |
| 宁　波 | Ningbo | 101.2 | 102.7 | 102.0 | 101.9 | 103.9 | 105.0 | 99.4 | 103.7 | 105.3 |
| 合　肥 | Hefei | 101.2 | 102.2 | 100.9 | 100.9 | 105.6 | 106.4 | 99.1 | 102.7 | 105.7 |
| 福　州 | Fuzhou | 99.4 | 103.9 | 102.5 | 100.3 | 104.1 | 104.2 | 98.7 | 103.5 | 104.9 |
| 厦　门 | Xiamen | 101.0 | 103.1 | 101.0 | 100.8 | 104.6 | 104.9 | 97.3 | 103.0 | 105.2 |
| 南　昌 | Nanchang | 100.5 | 103.2 | 101.0 | 101.9 | 104.3 | 106.1 | 99.7 | 103.3 | 105.0 |
| 济　南 | Jinan | 99.9 | 102.5 | 101.1 | 100.9 | 103.9 | 105.7 | 100.3 | 102.1 | 105.4 |
| 青　岛 | Qingdao | 101.4 | 102.1 | 102.3 | 100.9 | 104.5 | 104.7 | 100.5 | 102.2 | 105.0 |
| 郑　州 | Zhengzhou | 102.0 | 105.7 | 102.4 | 101.4 | 105.6 | 106.1 | 99.8 | 103.0 | 104.9 |
| 武　汉 | Wuhan | 102.3 | 103.3 | 102.7 | 101.4 | 104.1 | 105.7 | 99.4 | 103.0 | 105.2 |
| 长　沙 | Changsha | 100.9 | 103.2 | 101.9 | 101.1 | 104.9 | 105.2 | 99.4 | 102.9 | 105.5 |
| 广　州 | Guangzhou | 100.1 | 101.7 | 101.5 | 102.3 | 103.4 | 105.9 | 97.5 | 103.2 | 105.5 |
| 深　圳 | Shenzhen | 100.7 | 101.3 | 101.6 | 102.2 | 104.1 | 105.9 | 98.7 | 103.5 | 105.4 |
| 南　宁 | Nanning | 100.8 | 104.2 | 101.1 | 102.5 | 104.4 | 108.4 | 98.2 | 102.5 | 105.7 |
| 海　口 | Haikou | 99.8 | 103.0 | 101.3 | 101.3 | 104.4 | 105.8 | 99.9 | 104.2 | 105.4 |
| 重　庆 | Chongqing | 100.6 | 103.7 | 100.8 | 102.4 | 104.7 | 105.6 | 98.4 | 103.2 | 105.3 |
| 成　都 | Chengdu | 102.1 | 103.9 | 102.3 | 101.8 | 105.2 | 104.3 | 100.3 | 103.0 | 105.4 |
| 贵　阳 | Guiyang | 100.8 | 102.1 | 100.7 | 101.1 | 105.1 | 107.0 | 97.7 | 102.9 | 105.5 |
| 昆　明 | Kunming | 101.6 | 106.5 | 102.0 | 101.6 | 105.8 | 105.8 | 100.8 | 104.2 | 104.9 |
| 拉　萨 | Lhasa | 100.4 | 101.8 | 101.3 | 100.6 | 103.2 | 106.4 | 101.7 | 102.2 | 105.0 |
| 西　安 | Xi′an | 100.5 | 102.3 | 100.3 | 101.6 | 104.7 | 106.0 | 99.7 | 103.5 | 105.6 |
| 兰　州 | Lanzhou | 100.9 | 101.1 | 100.6 | 101.7 | 105.3 | 107.2 | 99.6 | 103.8 | 105.4 |
| 西　宁 | Xining | 101.8 | 102.6 | 99.9 | 101.8 | 106.4 | 108.2 | 102.2 | 104.5 | 105.7 |
| 银　川 | Yinchuan | 101.7 | 103.2 | 101.7 | 101.6 | 105.3 | 107.6 | 99.7 | 103.8 | 105.5 |
| 乌鲁木齐 | Urumqi | 100.6 | 100.9 | 99.5 | 100.1 | 104.6 | 107.0 | 100.4 | 102.7 | 104.5 |

**表 5-2 续表　Continued**

| 城　市 | City | 2012 | 2013 | 2014 | 2015 | 2016 | 2017 | 2018 | 2019 | 2020 | 2021 |
|---|---|---|---|---|---|---|---|---|---|---|---|
| **36 个城市平均** | **Average** | **102.8** | **102.7** | **102.1** | **101.7** | **102.2** | **101.8** | **102.2** | **102.8** | **102.1** | **101.1** |
| 北　京 | Beijing | 103.3 | 103.3 | 101.6 | 101.8 | 101.4 | 101.9 | 102.5 | 102.3 | 101.7 | 101.1 |
| 天　津 | Tianjin | 102.7 | 103.1 | 101.9 | 101.7 | 102.1 | 102.1 | 102.0 | 102.7 | 102.0 | 101.3 |
| 石家庄 | Shijiazhuang | 102.8 | 102.9 | 102.0 | 101.0 | 101.6 | 101.4 | 102.3 | 102.7 | 102.3 | 100.9 |
| 太　原 | Taiyuan | 102.1 | 103.1 | 102.2 | 100.4 | 101.2 | 101.8 | 101.8 | 102.7 | 102.6 | 101.0 |
| 呼和浩特 | Hohhot | 103.1 | 103.8 | 101.2 | 101.8 | 101.4 | 101.4 | 102.1 | 102.6 | 102.0 | 100.9 |
| 沈　阳 | Shenyang | 103.0 | 102.5 | 102.2 | 101.2 | 101.7 | 101.4 | 103.0 | 102.4 | 102.3 | 101.3 |
| 大　连 | Dalian | 103.4 | 102.5 | 102.0 | 101.6 | 101.9 | 102.1 | 103.0 | 102.4 | 102.1 | 101.4 |
| 长　春 | Changchun | 102.3 | 103.0 | 102.2 | 101.3 | 101.4 | 101.3 | 102.0 | 102.9 | 101.9 | 100.5 |
| 哈尔滨 | Harbin | 103.2 | 102.1 | 102.0 | 101.4 | 101.8 | 101.6 | 102.5 | 102.6 | 101.4 | 100.6 |
| 上　海 | Shanghai | 102.8 | 102.3 | 102.7 | 102.4 | 103.2 | 101.7 | 101.6 | 102.5 | 101.7 | 101.2 |
| 南　京 | Nanjing | 102.7 | 102.7 | 102.6 | 102.0 | 102.7 | 101.9 | 102.4 | 103.1 | 102.4 | 101.5 |
| 杭　州 | Hangzhou | 102.5 | 102.5 | 102.0 | 101.8 | 102.6 | 102.5 | 102.3 | 103.1 | 102.1 | 101.3 |
| 宁　波 | Ningbo | 101.7 | 102.2 | 101.9 | 101.8 | 102.1 | 101.8 | 102.2 | 103.0 | 101.9 | 102.1 |
| 合　肥 | Hefei | 102.2 | 102.7 | 102.0 | 101.6 | 102.6 | 101.4 | 102.0 | 102.9 | 102.3 | 101.7 |
| 福　州 | Fuzhou | 102.0 | 102.6 | 101.7 | 101.4 | 102.5 | 101.4 | 101.5 | 102.5 | 102.4 | 100.6 |
| 厦　门 | Xiamen | 102.1 | 102.3 | 102.2 | 101.7 | 101.7 | 102.0 | 101.8 | 103.0 | 102.5 | 101.2 |
| 南　昌 | Nanchang | 102.9 | 102.3 | 102.5 | 101.6 | 102.1 | 102.1 | 102.3 | 102.8 | 102.5 | 101.0 |
| 济　南 | Jinan | 102.4 | 102.8 | 102.2 | 101.9 | 102.7 | 102.0 | 102.6 | 103.3 | 102.4 | 101.5 |
| 青　岛 | Qingdao | 102.7 | 102.5 | 102.6 | 101.2 | 102.5 | 102.0 | 102.1 | 103.3 | 102.4 | 101.5 |
| 郑　州 | Zhengzhou | 102.7 | 102.8 | 102.0 | 101.1 | 102.3 | 101.8 | 102.4 | 103.1 | 102.3 | 101.1 |
| 武　汉 | Wuhan | 102.8 | 102.4 | 101.9 | 101.4 | 102.4 | 101.9 | 101.9 | 103.2 | 102.4 | 100.6 |
| 长　沙 | Changsha | 102.3 | 102.8 | 102.7 | 101.1 | 101.9 | 101.3 | 102.0 | 102.9 | 101.8 | 101.1 |
| 广　州 | Guangzhou | 103.0 | 102.6 | 102.3 | 101.7 | 102.7 | 102.3 | 102.4 | 103.0 | 102.6 | 101.1 |
| 深　圳 | Shenzhen | 102.8 | 102.7 | 102.0 | 102.2 | 102.4 | 101.4 | 102.8 | 103.4 | 102.3 | 100.9 |
| 南　宁 | Nanning | 102.9 | 102.1 | 101.6 | 101.9 | 101.4 | 102.3 | 102.5 | 103.4 | 102.3 | 101.4 |
| 海　口 | Haikou | 103.3 | 102.9 | 102.2 | 101.2 | 103.0 | 103.3 | 102.4 | 103.3 | 101.6 | 100.5 |
| 重　庆 | Chongqing | 102.6 | 102.7 | 101.8 | 101.3 | 101.8 | 101.0 | 102.0 | 102.7 | 102.3 | 100.3 |
| 成　都 | Chengdu | 103.0 | 103.1 | 101.3 | 101.1 | 102.2 | 102.0 | 101.4 | 102.8 | 102.5 | 100.5 |
| 贵　阳 | Guiyang | 102.6 | 103.2 | 102.7 | 102.3 | 101.1 | 101.0 | 101.7 | 102.7 | 102.4 | 100.5 |
| 昆　明 | Kunming | 103.1 | 103.9 | 103.1 | 102.4 | 101.7 | 100.5 | 101.7 | 102.3 | 103.1 | 100.2 |
| 拉　萨 | Lhasa | 103.2 | 103.4 | 103.0 | 102.2 | 102.6 | 101.4 | 101.1 | 102.2 | 102.0 | 100.5 |
| 西　安 | Xi′an | 102.8 | 102.7 | 101.4 | 100.7 | 100.9 | 102.0 | 101.9 | 102.7 | 102.1 | 101.7 |
| 兰　州 | Lanzhou | 102.4 | 103.5 | 102.2 | 101.3 | 100.8 | 101.5 | 101.7 | 102.2 | 102.0 | 101.3 |
| 西　宁 | Xining | 102.7 | 103.8 | 102.8 | 102.5 | 102.1 | 101.8 | 102.7 | 102.5 | 102.7 | 101.3 |
| 银　川 | Yinchuan | 102.6 | 103.5 | 102.1 | 101.6 | 101.7 | 101.7 | 102.2 | 102.2 | 101.8 | 101.4 |
| 乌鲁木齐 | Urumqi | 103.4 | 103.5 | 102.8 | 100.7 | 101.5 | 102.8 | 102.2 | 102.0 | 100.9 | 101.3 |

# 各省(区、市)商品零售价格指数(1981~2021，以上年价格为100)
## Retail Price Indices by Region (preceding year=100)

表5-3

| 省(区、市) | Region | 1981 | 1982 | 1983 | 1984 | 1985 | 1986 | 1987 | 1988 | 1989 | 1990 |
|---|---|---|---|---|---|---|---|---|---|---|---|
| **全　国** | **Nation** | **102.4** | **101.9** | **101.5** | **102.8** | **108.8** | **106.0** | **107.3** | **118.5** | **117.8** | **102.1** |
| 北　京 | Beijing | 101.4 | 102.0 | 100.6 | 102.1 | 118.6 | 106.7 | 108.7 | 121.9 | 118.5 | 104.1 |
| 天　津 | Tianjin | 101.5 | 100.5 | 100.5 | 101.8 | 113.9 | 107.2 | 106.9 | 117.7 | 115.1 | 102.7 |
| 河　北 | Hebei | 102.1 | 101.5 | 101.4 | 103.4 | 107.8 | 105.2 | 108.3 | 118.1 | 118.4 | 99.9 |
| 山　西 | Shanxi | 102.3 | 102.2 | 101.2 | 103.0 | 107.6 | 105.3 | 107.5 | 121.0 | 119.1 | 102.1 |
| 内蒙古 | Inner Mongolia | 101.8 | 101.7 | 101.0 | 104.4 | 108.5 | 105.0 | 108.1 | 116.3 | 115.9 | 102.9 |
| 辽　宁 | Liaoning | 101.6 | 101.2 | 101.5 | 103.9 | 110.0 | 106.0 | 109.0 | 119.3 | 118.4 | 102.7 |
| 吉　林 | Jilin | 101.7 | 103.0 | 102.6 | 104.2 | 109.7 | 105.4 | 107.5 | 119.9 | 116.9 | 103.9 |
| 黑龙江 | Heilongjiang | 102.1 | 102.8 | 102.2 | 104.4 | 111.7 | 105.9 | 109.6 | 117.8 | 114.0 | 104.9 |
| 上　海 | Shanghai | 101.5 | 100.3 | 100.1 | 102.2 | 116.4 | 106.7 | 108.8 | 121.3 | 116.7 | 104.8 |
| 江　苏 | Jiangsu | 101.6 | 101.1 | 100.8 | 103.5 | 109.2 | 106.5 | 109.3 | 121.7 | 118.0 | 102.3 |
| 浙　江 | Zhejiang | 101.5 | 100.9 | 102.0 | 103.4 | 114.0 | 106.0 | 109.5 | 122.1 | 117.8 | 101.6 |
| 安　徽 | Anhui | 101.7 | 101.0 | 101.1 | 102.0 | 106.4 | 105.2 | 109.7 | 121.8 | 117.1 | 101.9 |
| 福　建 | Fujian | 103.4 | 103.6 | 101.5 | 101.9 | 110.6 | 105.9 | 109.4 | 126.5 | 118.8 | 98.9 |
| 江　西 | Jiangxi | 104.6 | 102.9 | 101.4 | 102.5 | 108.3 | 105.8 | 106.9 | 121.8 | 118.6 | 101.3 |
| 山　东 | Shandong | 101.8 | 100.9 | 100.5 | 102.6 | 107.1 | 104.2 | 108.0 | 118.3 | 117.1 | 101.8 |
| 河　南 | Henan | 101.6 | 101.5 | 102.3 | 102.1 | 104.9 | 105.0 | 108.1 | 120.2 | 118.3 | 99.7 |
| 湖　北 | Hubei | 101.4 | 100.7 | 101.4 | 103.0 | 107.5 | 104.2 | 107.6 | 119.5 | 117.0 | 102.9 |
| 湖　南 | Hunan | 100.9 | 101.7 | 102.4 | 103.1 | 111.1 | 104.8 | 110.6 | 125.9 | 118.1 | 99.4 |
| 广　东 | Guangdong | 109.3 | 102.3 | 100.7 | 101.2 | 113.6 | 104.8 | 111.7 | 130.2 | 121.0 | 95.6 |
| 广　西 | Guangxi | 101.7 | 103.1 | 102.8 | 104.2 | 111.2 | 105.1 | 108.0 | 121.0 | 121.3 | 100.1 |
| 海　南 | Hainan | | | | | | | | 127.8 | 126.8 | 100.6 |
| 重　庆 | Chongqing | | | | | | | | | | |
| 四　川 | Sichuan | 101.8 | 102.3 | 100.7 | 102.3 | 106.8 | 103.9 | 107.5 | 120.0 | 118.3 | 103.1 |
| 贵　州 | Guizhou | 102.3 | 102.0 | 100.7 | 102.5 | 107.7 | 105.3 | 107.3 | 120.2 | 117.4 | 101.4 |
| 云　南 | Yunnan | 101.2 | 101.9 | 101.0 | 102.7 | 108.0 | 105.0 | 106.6 | 199.6 | 119.3 | 102.1 |
| 西　藏 | Tibet | | | | | | | | | | |
| 陕　西 | Shaanxi | 103.0 | 101.0 | 101.5 | 103.9 | 106.5 | 105.2 | 108.6 | 119.0 | 118.8 | 101.6 |
| 甘　肃 | Gansu | 102.0 | 101.4 | 100.2 | 103.0 | 108.5 | 106.0 | 107.4 | 118.6 | 116.4 | 103.4 |
| 青　海 | Qinghai | 101.4 | 101.8 | 100.7 | 103.8 | 110.7 | 106.1 | 107.3 | 118.3 | 117.7 | 104.5 |
| 宁　夏 | Ningxia | 102.0 | 102.5 | 101.1 | 103.2 | 107.8 | 104.9 | 108.0 | 117.5 | 117.8 | 104.2 |
| 新　疆 | Xinjiang | 101.6 | 100.2 | 101.5 | 103.1 | 108.1 | 106.7 | 107.1 | 114.6 | 116.7 | 104.1 |

表 5-3 续表 1　Continued

| 省(区、市) | Region | 1991 | 1992 | 1993 | 1994 | 1995 | 1996 | 1997 | 1998 | 1999 | 2000 |
|---|---|---|---|---|---|---|---|---|---|---|---|
| **全　国** | **Nation** | **102.9** | **105.4** | **113.2** | **121.7** | **114.8** | **106.1** | **100.8** | **97.4** | **97.0** | **98.5** |
| 北　京 | Beijing | 108.5 | 108.3 | 116.9 | 117.9 | 112.6 | 107.3 | 103.8 | 98.3 | 98.8 | 98.9 |
| 天　津 | Tianjin | 108.0 | 109.4 | 114.3 | 115.6 | 110.6 | 105.1 | 100.7 | 96.6 | 97.5 | 98.6 |
| 河　北 | Hebei | 102.8 | 105.2 | 110.5 | 121.4 | 115.8 | 106.2 | 102.1 | 97.7 | 97.8 | 99.1 |
| 山　西 | Shanxi | 103.9 | 106.3 | 113.1 | 121.6 | 115.6 | 106.2 | 101.3 | 97.0 | 96.8 | 97.1 |
| 内蒙古 | Inner Mongolia | 104.5 | 106.8 | 112.5 | 119.3 | 116.8 | 105.8 | 102.3 | 98.1 | 97.7 | 98.8 |
| 辽　宁 | Liaoning | 104.1 | 106.0 | 113.5 | 120.6 | 114.0 | 105.4 | 101.0 | 97.6 | 96.1 | 98.4 |
| 吉　林 | Jilin | 105.1 | 107.1 | 111.3 | 119.9 | 114.2 | 105.1 | 101.8 | 97.9 | 96.7 | 98.0 |
| 黑龙江 | Heilongjiang | 106.5 | 108.5 | 114.6 | 120.7 | 114.3 | 105.1 | 102.2 | 98.4 | 96.1 | 97.8 |
| 上　海 | Shanghai | 109.5 | 109.7 | 117.5 | 117.5 | 113.0 | 105.0 | 98.8 | 95.1 | 97.3 | 96.4 |
| 江　苏 | Jiangsu | 104.4 | 104.8 | 115.4 | 123.6 | 114.3 | 106.8 | 99.3 | 98.2 | 96.9 | 98.6 |
| 浙　江 | Zhejiang | 103.0 | 106.6 | 116.7 | 121.7 | 113.5 | 105.8 | 100.3 | 98.4 | 97.7 | 99.0 |
| 安　徽 | Anhui | 105.7 | 106.6 | 112.9 | 123.3 | 112.7 | 107.1 | 99.4 | 98.1 | 96.6 | 98.0 |
| 福　建 | Fujian | 103.6 | 105.0 | 113.4 | 123.0 | 114.4 | 104.5 | 99.8 | 98.5 | 96.5 | 98.9 |
| 江　西 | Jiangxi | 102.4 | 105.6 | 111.1 | 125.1 | 115.9 | 106.6 | 99.6 | 98.8 | 96.8 | 98.5 |
| 山　东 | Shandong | 104.7 | 105.9 | 110.7 | 120.3 | 114.2 | 107.0 | 100.8 | 97.1 | 97.1 | 98.6 |
| 河　南 | Henan | 101.7 | 101.4 | 108.4 | 120.6 | 114.9 | 107.9 | 100.5 | 96.6 | 96.2 | 98.5 |
| 湖　北 | Hubei | 104.3 | 107.0 | 115.0 | 124.9 | 116.6 | 106.5 | 101.5 | 97.1 | 95.9 | 97.8 |
| 湖　南 | Hunan | 104.1 | 109.5 | 115.1 | 125.3 | 115.5 | 105.2 | 100.3 | 97.9 | 97.6 | 99.3 |
| 广　东 | Guangdong | 100.6 | 105.8 | 118.2 | 118.9 | 111.6 | 104.4 | 99.8 | 97.0 | 96.7 | 99.9 |
| 广　西 | Guangxi | 102.5 | 104.6 | 118.9 | 124.4 | 116.4 | 104.5 | 99.6 | 96.3 | 97.2 | 98.6 |
| 海　南 | Hainan | 103.1 | 108.7 | 123.9 | 121.8 | 111.3 | 102.3 | 99.4 | 96.5 | 96.6 | 99.9 |
| 重　庆 | Chongqing | | | | | | | 101.6 | 94.5 | 96.5 | 95.5 |
| 四　川 | Sichuan | 102.3 | 106.4 | 113.9 | 123.9 | 117.0 | 107.7 | 102.9 | 97.7 | 97.3 | 97.7 |
| 贵　州 | Guizhou | 103.3 | 107.4 | 114.8 | 119.5 | 117.2 | 106.9 | 101.5 | 98.9 | 97.9 | 97.3 |
| 云　南 | Yunnan | 103.7 | 107.7 | 118.9 | 116.0 | 118.1 | 106.6 | 102.3 | 99.2 | 98.3 | 97.6 |
| 西　藏 | Tibet | | | | | | | | | 98.8 | 99.2 |
| 陕　西 | Shaanxi | 105.8 | 109.5 | 111.8 | 125.9 | 117.0 | 108.1 | 101.6 | 96.2 | 97.5 | 98.3 |
| 甘　肃 | Gansu | 104.6 | 105.8 | 113.0 | 122.5 | 116.5 | 106.6 | 101.6 | 98.1 | 97.2 | 99.1 |
| 青　海 | Qinghai | 106.3 | 106.4 | 112.5 | 123.2 | 116.3 | 107.8 | 103.0 | 99.6 | 98.5 | 99.0 |
| 宁　夏 | Ningxia | 105.7 | 107.4 | 112.8 | 120.1 | 115.3 | 106.7 | 102.2 | 97.5 | 97.9 | 97.6 |
| 新　疆 | Xinjiang | 108.0 | 108.1 | 112.6 | 125.7 | 116.7 | 108.8 | 101.8 | 99.7 | 96.2 | 98.3 |

表 5-3 续表 2 Continued

| 省(区、市) | Region | 2001 | 2002 | 2003 | 2004 | 2005 | 2006 | 2007 | 2008 | 2009 | 2010 |
|---|---|---|---|---|---|---|---|---|---|---|---|
| **全　国** | **Nation** | **99.2** | **98.7** | **99.9** | **102.8** | **100.8** | **101.0** | **103.8** | **105.9** | **98.8** | **103.1** |
| 北　京 | Beijing | 98.8 | 98.4 | 98.2 | 99.2 | 99.7 | 100.2 | 100.8 | 104.4 | 97.8 | 100.4 |
| 天　津 | Tianjin | 98.6 | 97.4 | 97.4 | 100.8 | 99.9 | 100.4 | 103.2 | 105.1 | 98.9 | 103.4 |
| 河　北 | Hebei | 99.8 | 99.2 | 100.2 | 103.2 | 101.1 | 101.5 | 104.1 | 106.7 | 99.0 | 103.1 |
| 山　西 | Shanxi | 99.0 | 98.6 | 100.3 | 103.1 | 100.3 | 101.2 | 104.2 | 107.2 | 99.1 | 102.3 |
| 内蒙古 | Inner Mongolia | 100.0 | 99.4 | 99.6 | 102.7 | 101.5 | 101.4 | 103.6 | 104.7 | 99.5 | 103.0 |
| 辽　宁 | Liaoning | 99.4 | 97.4 | 98.9 | 101.9 | 100.1 | 101.3 | 104.4 | 105.3 | 99.8 | 103.2 |
| 吉　林 | Jilin | 100.9 | 99.0 | 100.5 | 103.5 | 101.1 | 101.5 | 103.3 | 106.2 | 99.3 | 104.1 |
| 黑龙江 | Heilongjiang | 100.4 | 98.5 | 99.7 | 102.8 | 100.4 | 101.5 | 105.6 | 105.8 | 98.9 | 103.1 |
| 上　海 | Shanghai | 98.6 | 98.7 | 99.0 | 100.9 | 99.4 | 100.2 | 102.4 | 105.3 | 99.4 | 101.7 |
| 江　苏 | Jiangsu | 98.9 | 98.4 | 99.8 | 102.2 | 100.3 | 100.8 | 102.9 | 104.9 | 98.9 | 103.2 |
| 浙　江 | Zhejiang | 98.1 | 98.7 | 99.6 | 102.7 | 100.9 | 100.8 | 103.8 | 106.3 | 98.8 | 103.9 |
| 安　徽 | Anhui | 99.6 | 99.2 | 101.3 | 102.7 | 100.6 | 100.8 | 104.5 | 106.3 | 99.0 | 103.2 |
| 福　建 | Fujian | 98.0 | 98.3 | 99.1 | 102.7 | 100.6 | 100.5 | 104.3 | 105.7 | 97.9 | 103.4 |
| 江　西 | Jiangxi | 98.4 | 100.2 | 100.1 | 103.0 | 100.9 | 101.2 | 104.0 | 106.1 | 99.1 | 102.7 |
| 山　东 | Shandong | 100.0 | 98.8 | 100.2 | 102.8 | 100.6 | 100.6 | 103.6 | 104.9 | 99.4 | 102.7 |
| 河　南 | Henan | 99.8 | 99.2 | 101.3 | 105.7 | 101.7 | 100.9 | 104.4 | 107.5 | 99.4 | 103.7 |
| 湖　北 | Hubei | 97.4 | 98.8 | 101.2 | 104.1 | 102.1 | 101.1 | 104.2 | 106.3 | 98.6 | 103.1 |
| 湖　南 | Hunan | 98.8 | 99.2 | 100.6 | 103.9 | 102.3 | 101.3 | 104.3 | 105.6 | 98.5 | 103.1 |
| 广　东 | Guangdong | 98.7 | 98.5 | 100.0 | 102.9 | 101.8 | 101.5 | 103.4 | 106.0 | 96.8 | 103.3 |
| 广　西 | Guangxi | 97.8 | 98.1 | 100.2 | 103.9 | 101.1 | 100.3 | 104.8 | 107.6 | 98.0 | 103.0 |
| 海　南 | Hainan | 97.7 | 98.4 | 100.4 | 103.4 | 100.9 | 101.3 | 103.8 | 106.7 | 98.5 | 104.6 |
| 重　庆 | Chongqing | 99.0 | 98.9 | 99.5 | 101.4 | 98.7 | 101.6 | 103.7 | 105.0 | 97.3 | 101.7 |
| 四　川 | Sichuan | 100.8 | 99.4 | 100.1 | 103.7 | 100.6 | 101.7 | 105.3 | 105.3 | 100.1 | 103.0 |
| 贵　州 | Guizhou | 98.4 | 99.3 | 100.0 | 103.2 | 101.3 | 100.9 | 104.2 | 107.2 | 97.6 | 103.0 |
| 云　南 | Yunnan | 98.4 | 98.1 | 99.9 | 104.7 | 100.1 | 100.8 | 104.4 | 106.1 | 100.1 | 103.6 |
| 西　藏 | Tibet | 99.6 | 99.5 | 99.4 | 100.7 | 100.8 | 100.2 | 101.7 | 103.9 | 99.5 | 101.0 |
| 陕　西 | Shaanxi | 99.1 | 98.6 | 100.5 | 102.5 | 100.1 | 101.8 | 105.0 | 106.9 | 99.9 | 103.6 |
| 甘　肃 | Gansu | 99.6 | 98.9 | 100.2 | 102.1 | 99.9 | 101.2 | 104.4 | 107.9 | 101.8 | 104.6 |
| 青　海 | Qinghai | 99.9 | 99.3 | 100.8 | 102.6 | 100.7 | 102.0 | 106.0 | 110.6 | 101.6 | 104.3 |
| 宁　夏 | Ningxia | 100.0 | 98.6 | 99.5 | 102.8 | 100.4 | 101.3 | 104.1 | 108.5 | 99.5 | 103.2 |
| 新　疆 | Xinjiang | 102.5 | 97.9 | 99.2 | 100.7 | 99.4 | 101.8 | 105.1 | 108.5 | 100.4 | 104.6 |

表 5-3 续表 3　Continued

| 省(区、市) | Region | 2011 | 2012 | 2013 | 2014 | 2015 | 2016 | 2017 | 2018 | 2019 | 2020 | 2021 |
|---|---|---|---|---|---|---|---|---|---|---|---|---|
| **全　国** | **Nation** | **104.9** | **102.0** | **101.4** | **101.0** | **100.1** | **100.7** | **101.1** | **101.9** | **102.0** | **101.4** | **101.6** |
| 北　京 | Beijing | 103.2 | 100.6 | 99.8 | 99.1 | 98.5 | 98.1 | 99.2 | 101.1 | 100.5 | 101.0 | 101.7 |
| 天　津 | Tianjin | 104.7 | 103.0 | 101.7 | 100.9 | 100.3 | 100.5 | 100.8 | 101.6 | 101.7 | 101.0 | 101.5 |
| 河　北 | Hebei | 105.0 | 102.2 | 102.2 | 101.0 | 100.2 | 101.2 | 101.4 | 102.2 | 101.8 | 101.4 | 101.9 |
| 山　西 | Shanxi | 104.9 | 101.8 | 101.8 | 100.6 | 99.3 | 100.5 | 101.3 | 101.7 | 101.8 | 100.9 | 102.7 |
| 内蒙古 | Inner Mongolia | 104.9 | 102.5 | 102.6 | 100.7 | 100.5 | 100.6 | 101.2 | 101.6 | 101.5 | 100.5 | 103.8 |
| 辽　宁 | Liaoning | 105.0 | 102.2 | 101.6 | 101.0 | 100.5 | 101.0 | 100.7 | 101.4 | 101.7 | 101.1 | 101.9 |
| 吉　林 | Jilin | 104.9 | 101.7 | 101.6 | 101.2 | 99.8 | 101.3 | 101.4 | 102.4 | 102.1 | 100.7 | 101.8 |
| 黑龙江 | Heilongjiang | 104.5 | 102.2 | 101.1 | 100.8 | 100.1 | 101.1 | 99.9 | 101.1 | 102.1 | 101.5 | 101.6 |
| 上　海 | Shanghai | 104.1 | 101.2 | 100.2 | 100.9 | 101.1 | 100.8 | 100.9 | 101.6 | 100.4 | 100.9 | 101.3 |
| 江　苏 | Jiangsu | 104.6 | 102.1 | 101.4 | 101.6 | 100.6 | 100.8 | 101.9 | 102.6 | 102.6 | 101.8 | 102.3 |
| 浙　江 | Zhejiang | 105.5 | 101.9 | 101.0 | 100.9 | 99.9 | 101.0 | 101.4 | 102.1 | 102.5 | 101.2 | 102.2 |
| 安　徽 | Anhui | 105.3 | 102.1 | 101.3 | 100.4 | 99.7 | 100.8 | 101.7 | 101.9 | 101.9 | 101.6 | 101.6 |
| 福　建 | Fujian | 104.8 | 101.8 | 101.1 | 101.1 | 99.9 | 100.7 | 100.6 | 101.5 | 101.9 | 101.3 | 101.1 |
| 江　西 | Jiangxi | 104.8 | 102.1 | 101.5 | 101.2 | 100.5 | 100.6 | 101.0 | 101.0 | 101.9 | 101.6 | 101.2 |
| 山　东 | Shandong | 104.7 | 101.6 | 101.4 | 101.0 | 100.2 | 101.3 | 100.8 | 102.2 | 102.2 | 102.0 | 101.4 |
| 河　南 | Henan | 105.7 | 102.3 | 101.9 | 101.0 | 99.8 | 100.3 | 101.3 | 102.9 | 102.4 | 100.9 | 101.5 |
| 湖　北 | Hubei | 105.6 | 102.6 | 101.8 | 100.9 | 100.5 | 100.8 | 100.3 | 101.2 | 102.6 | 102.2 | 101.2 |
| 湖　南 | Hunan | 105.5 | 101.7 | 101.7 | 101.2 | 99.9 | 101.0 | 101.3 | 102.3 | 102.3 | 101.3 | 101.6 |
| 广　东 | Guangdong | 105.1 | 102.2 | 101.0 | 101.4 | 99.6 | 100.8 | 101.6 | 102.1 | 101.4 | 100.8 | 101.4 |
| 广　西 | Guangxi | 106.0 | 102.3 | 101.2 | 101.4 | 100.1 | 100.4 | 101.2 | 101.6 | 103.2 | 101.4 | 101.1 |
| 海　南 | Hainan | 105.4 | 102.7 | 101.5 | 101.2 | 99.8 | 101.0 | 102.0 | 102.5 | 102.5 | 101.6 | 101.3 |
| 重　庆 | Chongqing | 104.7 | 101.6 | 101.8 | 100.9 | 100.2 | 101.3 | 100.8 | 101.2 | 101.6 | 102.2 | 101.4 |
| 四　川 | Sichuan | 104.6 | 101.6 | 101.7 | 100.6 | 100.2 | 100.8 | 100.5 | 101.4 | 102.7 | 102.7 | 101.4 |
| 贵　州 | Guizhou | 105.5 | 102.0 | 101.5 | 101.2 | 100.1 | 100.2 | 100.9 | 101.8 | 101.7 | 101.6 | 101.2 |
| 云　南 | Yunnan | 105.1 | 102.4 | 102.6 | 101.6 | 100.8 | 100.7 | 101.3 | 101.5 | 101.5 | 102.4 | 101.4 |
| 西　藏 | Tibet | 103.7 | 102.9 | 103.0 | 102.2 | 101.4 | 102.1 | 101.4 | 101.5 | 102.0 | 102.0 | 101.5 |
| 陕　西 | Shaanxi | 104.8 | 102.3 | 101.8 | 100.7 | 99.8 | 100.3 | 101.3 | 102.1 | 102.4 | 101.9 | 101.6 |
| 甘　肃 | Gansu | 105.4 | 102.6 | 102.6 | 101.7 | 101.0 | 100.9 | 101.4 | 101.7 | 101.9 | 101.3 | 102.0 |
| 青　海 | Qinghai | 105.4 | 102.1 | 102.7 | 101.5 | 101.0 | 100.4 | 101.2 | 102.1 | 102.0 | 102.4 | 101.5 |
| 宁　夏 | Ningxia | 105.3 | 101.0 | 102.4 | 100.9 | 100.1 | 100.7 | 101.8 | 102.9 | 101.1 | 100.6 | 102.0 |
| 新　疆 | Xinjiang | 105.1 | 103.3 | 103.3 | 101.7 | 99.6 | 100.5 | 100.9 | 100.9 | 101.3 | 100.6 | 102.0 |

# 36个大中城市商品零售价格指数(2003~2021，以上年价格为100)
# Retail Price Indices in 36 Major Cities (preceding year=100)

**表5-4**

| 城　市 | City | 2003 | 2004 | 2005 | 2006 | 2007 | 2008 | 2009 | 2010 | 2011 |
|---|---|---|---|---|---|---|---|---|---|---|
| **36个城市平均** | **Average** | **99.6** | **101.0** | **100.0** | **100.7** | **102.6** | **105.3** | **98.6** | **102.5** | **104.5** |
| 北　京 | Beijing | 98.2 | 99.2 | 99.7 | 100.2 | 100.8 | 104.4 | 97.8 | 100.4 | 103.2 |
| 天　津 | Tianjin | 97.4 | 100.8 | 99.9 | 100.4 | 103.2 | 105.1 | 98.9 | 103.4 | 104.7 |
| 石家庄 | Shijiazhuang | 99.7 | 101.3 | 101.0 | 101.8 | 104.4 | 107.7 | 100.1 | 103.4 | 104.9 |
| 太　原 | Taiyuan | 100.9 | 102.0 | 100.2 | 100.6 | 102.9 | 107.9 | 99.1 | 102.6 | 104.8 |
| 呼和浩特 | Hohhot | 100.1 | 101.7 | 101.7 | 101.6 | 102.7 | 105.4 | 99.9 | 102.6 | 104.7 |
| 沈　阳 | Shenyang | 99.7 | 100.7 | 99.3 | 101.9 | 103.2 | 105.0 | 97.9 | 102.6 | 105.2 |
| 大　连 | Dalian | 99.4 | 101.5 | 99.5 | 101.4 | 101.9 | 106.0 | 99.4 | 104.0 | 104.4 |
| 长　春 | Changchun | 100.7 | 102.7 | 101.3 | 101.5 | 102.1 | 105.6 | 99.6 | 104.6 | 104.8 |
| 哈尔滨 | Harbin | 98.9 | 100.9 | 99.2 | 100.3 | 103.7 | 105.3 | 98.5 | 101.9 | 104.4 |
| 上　海 | Shanghai | 99.0 | 100.9 | 99.4 | 100.2 | 102.4 | 105.3 | 99.4 | 101.7 | 104.1 |
| 南　京 | Nanjing | 98.1 | 98.1 | 96.7 | 98.9 | 99.9 | 103.7 | 98.7 | 103.5 | 104.2 |
| 杭　州 | Hangzhou | 98.1 | 101.6 | 100.3 | 100.2 | 103.1 | 106.0 | 98.6 | 103.7 | 104.4 |
| 宁　波 | Ningbo | 101.6 | 102.0 | 101.1 | 101.8 | 103.3 | 107.1 | 98.8 | 103.9 | 105.7 |
| 合　肥 | Hefei | 101.4 | 100.8 | 99.7 | 100.6 | 104.6 | 106.3 | 99.8 | 102.1 | 105.1 |
| 福　州 | Fuzhou | 97.6 | 102.4 | 101.1 | 99.9 | 103.1 | 104.4 | 99.1 | 102.9 | 104.0 |
| 厦　门 | Xiamen | 99.0 | 100.8 | 99.0 | 100.3 | 103.9 | 104.5 | 97.8 | 102.8 | 104.7 |
| 南　昌 | Nanchang | 99.7 | 101.3 | 100.0 | 101.9 | 103.5 | 106.2 | 99.4 | 103.0 | 105.2 |
| 济　南 | Jinan | 98.0 | 100.6 | 100.4 | 100.3 | 102.2 | 104.5 | 98.7 | 101.3 | 104.6 |
| 青　岛 | Qingdao | 98.3 | 99.0 | 99.3 | 99.7 | 102.7 | 103.9 | 98.6 | 101.4 | 104.5 |
| 郑　州 | Zhengzhou | 101.5 | 105.6 | 101.2 | 100.9 | 102.7 | 106.0 | 100.3 | 102.7 | 104.9 |
| 武　汉 | Wuhan | 100.4 | 101.0 | 100.9 | 100.7 | 103.0 | 105.1 | 98.4 | 103.1 | 104.7 |
| 长　沙 | Changsha | 99.2 | 101.3 | 100.4 | 101.1 | 102.3 | 103.9 | 97.7 | 103.8 | 105.4 |
| 广　州 | Guangzhou | 99.1 | 102.1 | 101.6 | 101.2 | 102.9 | 105.7 | 96.8 | 103.2 | 105.1 |
| 深　圳 | Shenzhen | 100.0 | 100.7 | 101.2 | 101.8 | 103.5 | 106.5 | 97.5 | 103.2 | 105.3 |
| 南　宁 | Nanning | 99.5 | 102.7 | 100.3 | 101.0 | 103.1 | 107.9 | 98.5 | 102.3 | 104.9 |
| 海　口 | Haikou | 99.9 | 102.6 | 100.4 | 100.6 | 103.4 | 105.6 | 99.2 | 103.7 | 105.0 |
| 重　庆 | Chongqing | 99.5 | 101.4 | 98.7 | 101.6 | 103.7 | 105.0 | 97.3 | 101.7 | 104.7 |
| 成　都 | Chengdu | 100.2 | 101.4 | 99.8 | 101.2 | 104.2 | 104.5 | 99.0 | 102.4 | 104.3 |
| 贵　阳 | Guiyang | 97.6 | 100.4 | 100.2 | 100.3 | 102.8 | 105.4 | 98.2 | 103.2 | 105.0 |
| 昆　明 | Kunming | 100.7 | 104.6 | 100.5 | 99.7 | 103.4 | 105.4 | 100.0 | 103.6 | 104.9 |
| 拉　萨 | Lhasa | 99.9 | 100.0 | 100.4 | 99.6 | 101.2 | 104.6 | 100.1 | 101.2 | 103.9 |
| 西　安 | Xi'an | 100.0 | 101.9 | 99.7 | 101.5 | 103.7 | 105.4 | 99.5 | 102.7 | 104.4 |
| 兰　州 | Lanzhou | 99.2 | 101.0 | 98.8 | 100.3 | 103.1 | 107.2 | 100.5 | 103.9 | 105.4 |
| 西　宁 | Xining | 101.9 | 103.2 | 100.9 | 102.6 | 105.7 | 110.1 | 102.3 | 104.6 | 106.0 |
| 银　川 | Yinchuan | 99.8 | 102.0 | 100.6 | 101.3 | 103.6 | 105.9 | 98.5 | 102.5 | 104.2 |
| 乌鲁木齐 | Urumqi | 100.2 | 101.1 | 99.9 | 99.9 | 104.6 | 108.7 | 100.1 | 103.4 | 104.1 |

表 5-4 续表　Continued

| 城　市 | City | 2012 | 2013 | 2014 | 2015 | 2016 | 2017 | 2018 | 2019 | 2020 | 2021 |
|---|---|---|---|---|---|---|---|---|---|---|---|
| **36 个城市平均** | **Average** | **101.8** | **101.0** | **100.8** | **99.8** | **100.7** | **100.9** | **101.7** | **101.6** | **101.2** | **101.6** |
| 北　京 | Beijing | 100.6 | 99.8 | 99.1 | 98.5 | 98.1 | 99.2 | 101.1 | 100.5 | 101.0 | 101.7 |
| 天　津 | Tianjin | 103.0 | 101.7 | 100.9 | 100.3 | 100.5 | 100.8 | 101.6 | 101.7 | 101.0 | 101.5 |
| 石家庄 | Shijiazhuang | 101.9 | 102.1 | 101.2 | 100.2 | 101.7 | 100.9 | 101.9 | 101.6 | 101.3 | 101.7 |
| 太　原 | Taiyuan | 101.2 | 101.3 | 100.7 | 98.6 | 100.8 | 101.7 | 101.7 | 101.5 | 100.5 | 102.8 |
| 呼和浩特 | Hohhot | 101.5 | 101.9 | 98.6 | 99.5 | 101.1 | 101.2 | 101.6 | 101.3 | 99.9 | 105.3 |
| 沈　阳 | Shenyang | 102.4 | 101.6 | 101.3 | 100.0 | 100.6 | 101.0 | 101.7 | 101.4 | 100.8 | 102.5 |
| 大　连 | Dalian | 102.5 | 101.0 | 101.0 | 99.5 | 102.0 | 101.5 | 101.5 | 102.1 | 101.4 | 102.0 |
| 长　春 | Changchun | 101.8 | 101.3 | 101.2 | 99.1 | 101.2 | 101.2 | 102.9 | 102.2 | 100.0 | 101.8 |
| 哈尔滨 | Harbin | 102.5 | 101.2 | 101.5 | 100.2 | 101.6 | 99.7 | 100.7 | 102.2 | 101.5 | 101.8 |
| 上　海 | Shanghai | 101.2 | 100.2 | 100.9 | 101.1 | 100.8 | 100.9 | 101.6 | 100.4 | 100.9 | 101.3 |
| 南　京 | Nanjing | 101.4 | 101.2 | 102.0 | 100.6 | 100.5 | 101.6 | 102.8 | 102.1 | 101.4 | 102.1 |
| 杭　州 | Hangzhou | 101.9 | 101.5 | 100.8 | 100.2 | 101.5 | 101.0 | 102.0 | 103.1 | 100.9 | 101.6 |
| 宁　波 | Ningbo | 101.8 | 101.0 | 100.3 | 100.4 | 101.8 | 101.1 | 102.1 | 102.3 | 100.2 | 103.3 |
| 合　肥 | Hefei | 101.9 | 101.2 | 100.3 | 99.5 | 100.8 | 102.3 | 101.7 | 101.6 | 101.3 | 101.9 |
| 福　州 | Fuzhou | 101.1 | 101.0 | 100.6 | 99.4 | 100.7 | 100.3 | 101.5 | 101.8 | 100.8 | 100.9 |
| 厦　门 | Xiamen | 101.6 | 100.4 | 100.7 | 100.0 | 100.0 | 100.8 | 101.8 | 102.5 | 102.1 | 101.5 |
| 南　昌 | Nanchang | 102.4 | 101.3 | 101.1 | 100.5 | 100.4 | 101.0 | 100.8 | 101.3 | 101.5 | 101.6 |
| 济　南 | Jinan | 101.8 | 101.3 | 101.2 | 100.3 | 100.8 | 101.0 | 102.6 | 102.5 | 101.9 | 101.3 |
| 青　岛 | Qingdao | 101.7 | 101.4 | 102.3 | 100.0 | 102.0 | 100.8 | 101.8 | 102.4 | 101.5 | 101.4 |
| 郑　州 | Zhengzhou | 102.4 | 101.4 | 101.1 | 99.0 | 100.2 | 101.7 | 103.6 | 103.0 | 100.8 | 101.3 |
| 武　汉 | Wuhan | 102.3 | 100.9 | 100.5 | 100.0 | 101.3 | 100.1 | 101.4 | 102.5 | 102.2 | 101.3 |
| 长　沙 | Changsha | 101.5 | 101.2 | 101.7 | 99.6 | 100.9 | 101.4 | 102.5 | 102.2 | 100.8 | 102.0 |
| 广　州 | Guangzhou | 101.9 | 100.5 | 101.5 | 99.1 | 101.2 | 102.0 | 102.2 | 100.6 | 100.6 | 101.3 |
| 深　圳 | Shenzhen | 102.4 | 100.7 | 101.0 | 99.7 | 100.3 | 101.5 | 102.0 | 101.3 | 100.5 | 101.8 |
| 南　宁 | Nanning | 101.7 | 100.8 | 100.7 | 100.4 | 99.8 | 100.9 | 101.1 | 103.1 | 100.9 | 101.1 |
| 海　口 | Haikou | 102.8 | 101.6 | 101.2 | 100.2 | 100.9 | 101.7 | 102.4 | 102.4 | 101.3 | 101.4 |
| 重　庆 | Chongqing | 101.6 | 101.8 | 100.9 | 100.2 | 101.3 | 100.8 | 101.2 | 101.6 | 102.2 | 101.4 |
| 成　都 | Chengdu | 101.4 | 101.7 | 100.4 | 99.5 | 100.8 | 99.4 | 100.7 | 101.9 | 102.2 | 101.1 |
| 贵　阳 | Guiyang | 102.0 | 101.9 | 101.2 | 99.7 | 99.5 | 101.4 | 102.3 | 102.3 | 101.2 | 101.7 |
| 昆　明 | Kunming | 102.0 | 102.5 | 101.8 | 100.7 | 100.8 | 101.3 | 101.1 | 101.5 | 102.3 | 101.5 |
| 拉　萨 | Lhasa | 102.9 | 103.5 | 102.3 | 101.5 | 102.4 | 101.2 | 101.1 | 102.3 | 102.1 | 101.4 |
| 西　安 | Xi′an | 102.3 | 101.7 | 100.7 | 99.7 | 100.1 | 101.7 | 102.2 | 102.1 | 101.5 | 101.4 |
| 兰　州 | Lanzhou | 102.4 | 102.7 | 101.8 | 100.6 | 100.7 | 101.8 | 101.7 | 102.0 | 101.4 | 102.0 |
| 西　宁 | Xining | 102.3 | 102.5 | 101.2 | 100.2 | 100.6 | 101.4 | 102.0 | 101.9 | 102.4 | 101.3 |
| 银　川 | Yinchuan | 100.6 | 102.3 | 100.8 | 100.2 | 100.8 | 101.5 | 102.7 | 101.1 | 100.5 | 102.0 |
| 乌鲁木齐 | Urumqi | 102.9 | 103.5 | 102.4 | 99.4 | 100.6 | 100.7 | 100.5 | 101.2 | 100.7 | 102.2 |

# 各省(区、市)工业生产者出厂价格指数(1992~2021，以上年价格为100)
# Producer Price Indices for Industrial Products by Region (preceding year=100)

表 5-5

| 省(区、市) | Region | 1992 | 1993 | 1994 | 1995 | 1996 | 1997 | 1998 | 1999 | 2000 |
|---|---|---|---|---|---|---|---|---|---|---|
| **全　国** | **Nation** | **106.8** | **124.0** | **119.5** | **114.9** | **102.9** | **99.7** | **95.9** | **97.6** | **102.8** |
| 北　京 | Beijing | 107.8 | 128.3 | 111.8 | 116.7 | 103.2 | 100.6 | 95.1 | 97.8 | 102.5 |
| 天　津 | Tianjin | 105.2 | 126.3 | 120.4 | 110.2 | 102.8 | 98.3 | 94.7 | 96.4 | 102.8 |
| 河　北 | Hebei | 108.6 | 129.1 | 119.1 | 111.4 | 101.1 | 98.8 | 94.4 | 95.9 | 105.3 |
| 山　西 | Shanxi | 114.2 | 132.5 | 120.1 | 113.5 | 106.4 | 102.2 | 97.5 | 95.3 | 100.9 |
| 内蒙古 | Inner Mongolia | 109.8 | 133.2 | 112.1 | 109.1 | 101.7 | 101.5 | 98.0 | 100.4 | 102.8 |
| 辽　宁 | Liaoning | 111.8 | 138.4 | 119.9 | 109.9 | 102.1 | 100.1 | 95.8 | 102.0 | 108.8 |
| 吉　林 | Jilin | 111.4 | 127.9 | 115.7 | 115.0 | 103.8 | 101.4 | 96.9 | 100.1 | 105.1 |
| 黑龙江 | Heilongjiang | 111.6 | 141.3 | 127.7 | 116.0 | 104.6 | 102.3 | 97.7 | 107.4 | 122.9 |
| 上　海 | Shanghai | 110.4 | 128.0 | 118.2 | 107.9 | 97.6 | 97.8 | 93.9 | 97.6 | 102.5 |
| 江　苏 | Jiangsu | 103.6 | 118.5 | 121.4 | 114.1 | 100.7 | 97.9 | 94.5 | 96.1 | 101.1 |
| 浙　江 | Zhejiang | 104.8 | 117.3 | 117.5 | 112.3 | 99.5 | 99.2 | 96.0 | 96.8 | 101.1 |
| 安　徽 | Anhui | 108.7 | 125.3 | 120.9 | 117.1 | 101.6 | 99.4 | 96.4 | 92.9 | 98.9 |
| 福　建 | Fujian | 102.7 | 117.1 | 116.9 | 115.7 | 101.8 | 100.3 | 95.7 | 96.6 | 100.5 |
| 江　西 | Jiangxi |  | 115.3 | 124.7 | 114.8 | 104.1 | 101.7 | 98.4 | 96.1 | 101.0 |
| 山　东 | Shandong | 109.5 | 123.0 | 124.2 | 117.0 | 104.2 | 101.1 | 96.0 | 97.2 | 105.9 |
| 河　南 | Henan | 106.2 | 118.1 | 124.1 | 115.0 | 104.1 | 100.6 | 95.3 | 95.4 | 104.0 |
| 湖　北 | Hubei | 111.0 | 126.3 | 126.2 | 113.1 | 102.7 | 98.6 | 96.2 | 97.8 | 101.7 |
| 湖　南 | Hunan | 111.1 | 128.9 | 117.6 | 121.4 | 105.7 | 99.2 | 95.9 | 98.5 | 102.9 |
| 广　东 | Guangdong |  | 124.1 | 126.0 | 112.3 | 101.8 | 100.1 | 94.8 | 97.7 | 103.4 |
| 广　西 | Guangxi | 112.5 | 121.1 | 118.8 | 117.2 | 102.6 | 97.7 | 95.4 | 95.6 | 105.5 |
| 海　南 | Hainan |  |  |  |  |  |  |  |  |  |
| 重　庆 | Chongqing | 117.2 | 118.4 | 113.4 | 112.4 | 104.1 | 98.0 | 94.6 | 97.7 | 98.6 |
| 四　川 | Sichuan | 106.1 | 127.4 | 114.7 | 112.2 | 102.2 | 101.2 | 97.3 | 97.0 | 98.1 |
| 贵　州 | Guizhou | 101.6 | 118.1 | 113.3 | 113.1 | 104.9 | 101.2 | 98.2 | 99.7 | 100.4 |
| 云　南 | Yunnan | 105.3 | 125.0 | 116.7 | 110.2 | 101.4 | 100.7 | 97.2 | 98.2 | 101.2 |
| 西　藏 | Tibet |  |  |  |  |  |  |  |  |  |
| 陕　西 | Shaanxi | 107.9 | 119.8 | 119.9 | 112.6 | 104.2 | 103.7 | 96.6 | 97.9 | 101.5 |
| 甘　肃 | Gansu | 112.1 | 125.3 | 121.2 | 114.9 | 104.4 | 104.9 | 95.2 | 98.1 | 107.2 |
| 青　海 | Qinghai | 102.6 | 124.4 | 124.9 | 114.6 | 106.7 | 104.3 | 100.7 | 102.8 | 108.1 |
| 宁　夏 | Ningxia |  |  |  |  |  | 100.3 | 97.7 | 98.4 | 103.6 |
| 新　疆 | Xinjiang | 107.5 | 126.2 | 118.4 | 117.2 | 104.9 | 104.9 | 95.8 | 100.2 | 129.4 |

表 5-5 续表 1　Continued

| 省(区、市) | Region | 2001 | 2002 | 2003 | 2004 | 2005 | 2006 | 2007 | 2008 | 2009 | 2010 |
|---|---|---|---|---|---|---|---|---|---|---|---|
| **全　国** | **Nation** | **98.7** | **97.8** | **102.3** | **106.1** | **104.9** | **103.0** | **103.1** | **106.9** | **101.7** | **105.9** |
| 北　京 | Beijing | 99.4 | 96.6 | 101.5 | 103.0 | 101.3 | 99.1 | 99.7 | 103.3 | 100.1 | 101.8 |
| 天　津 | Tianjin | 95.9 | 95.9 | 102.5 | 104.1 | 100.1 | 100.6 | 101.5 | 104.1 | 101.6 | 105.1 |
| 河　北 | Hebei | 99.9 | 99.4 | 107.1 | 111.6 | 104.4 | 100.8 | 106.9 | 116.7 | 101.5 | 111.6 |
| 山　西 | Shanxi | 100.3 | 103.6 | 112.2 | 116.1 | 110.2 | 101.0 | 107.4 | 122.4 | 99.6 | 112.3 |
| 内蒙古 | Inner Mongolia | 100.1 | 99.3 | 103.2 | 105.1 | 105.1 | 103.0 | 105.7 | 112.5 | 100.9 | 108.8 |
| 辽　宁 | Liaoning | 98.6 | 97.8 | 103.6 | 107.1 | 105.1 | 104.1 | 104.4 | 110.9 | 104.2 | 106.6 |
| 吉　林 | Jilin | 100.3 | 98.6 | 102.5 | 105.0 | 104.3 | 101.7 | 102.7 | 104.9 | 105.1 | 104.3 |
| 黑龙江 | Heilongjiang | 95.9 | 97.8 | 111.9 | 113.1 | 116.7 | 109.9 | 105.3 | 114.0 | 121.2 | 106.8 |
| 上　海 | Shanghai | 96.7 | 96.4 | 101.4 | 103.6 | 101.7 | 100.6 | 101.2 | 102.2 | 93.8 | 102.3 |
| 江　苏 | Jiangsu | 99.1 | 97.6 | 102.3 | 106.5 | 102.6 | 101.5 | 102.6 | 104.6 | 102.7 | 108.8 |
| 浙　江 | Zhejiang | 98.3 | 96.9 | 100.6 | 105.0 | 102.3 | 103.8 | 102.4 | 104.3 | 102.0 | 106.4 |
| 安　徽 | Anhui | 98.6 | 99.8 | 103.5 | 108.2 | 103.3 | 103.1 | 103.6 | 108.4 | 103.7 | 111.2 |
| 福　建 | Fujian | 98.1 | 97.2 | 100.7 | 102.6 | 100.2 | 99.2 | 100.8 | 102.7 | 100.0 | 104.4 |
| 江　西 | Jiangxi | 98.1 | 98.5 | 104.0 | 109.7 | 108.8 | 109.7 | 106.2 | 106.4 | 118.1 | 112.2 |
| 山　东 | Shandong | 99.1 | 98.8 | 103.5 | 106.4 | 103.7 | 102.3 | 103.3 | 108.6 | 102.5 | 108.1 |
| 河　南 | Henan | 100.5 | 98.6 | 105.0 | 110.2 | 106.1 | 104.3 | 105.2 | 112.1 | 103.5 | 108.7 |
| 湖　北 | Hubei | 99.0 | 98.2 | 103.5 | 105.7 | 104.5 | 102.9 | 103.9 | 106.1 | 100.2 | 105.7 |
| 湖　南 | Hunan | 99.8 | 99.2 | 102.6 | 108.0 | 106.0 | 104.3 | 106.1 | 109.3 | 103.4 | 109.2 |
| 广　东 | Guangdong | 98.5 | 96.5 | 99.3 | 101.7 | 101.5 | 101.4 | 101.3 | 103.1 | 101.5 | 103.0 |
| 广　西 | Guangxi | 106.3 | 95.6 | 102.8 | 109.7 | 104.9 | 109.6 | 104.5 | 109.0 | 109.4 | 112.7 |
| 海　南 | Hainan |  | 98.7 | 99.5 | 100.0 | 99.5 | 100.8 | 102.7 | 104.5 | 97.6 | 106.9 |
| 重　庆 | Chongqing | 98.1 | 97.6 | 100.6 | 103.3 | 103.0 | 102.2 | 103.5 | 105.8 | 99.5 | 103.9 |
| 四　川 | Sichuan | 100.4 | 97.7 | 100.5 | 105.4 | 104.0 | 101.9 | 103.9 | 109.3 | 99.5 | 107.5 |
| 贵　州 | Guizhou | 102.2 | 98.9 | 103.4 | 108.0 | 107.2 | 104.3 | 105.0 | 112.4 | 99.6 | 105.5 |
| 云　南 | Yunnan | 99.9 | 98.2 | 101.4 | 108.8 | 104.5 | 104.6 | 105.7 | 105.8 | 106.8 | 105.6 |
| 西　藏 | Tibet |  |  |  |  |  | 106.0 | 101.1 | 105.6 | 99.2 | 107.2 |
| 陕　西 | Shaanxi | 100.4 | 100.7 | 105.7 | 107.3 | 110.4 | 109.6 | 102.9 | 108.4 | 103.7 | 107.1 |
| 甘　肃 | Gansu | 98.5 | 97.9 | 110.0 | 114.3 | 109.6 | 109.8 | 105.5 | 104.9 | 107.1 | 111.3 |
| 青　海 | Qinghai | 93.7 | 97.6 | 105.5 | 111.2 | 110.2 | 110.2 | 104.2 | 107.6 | 114.4 | 106.7 |
| 宁　夏 | Ningxia | 100.3 | 99.7 | 103.9 | 110.0 | 106.2 | 106.2 | 103.7 | 112.9 | 100.2 | 111.9 |
| 新　疆 | Xinjiang | 96.3 | 97.3 | 115.1 | 116.4 | 116.6 | 114.4 | 106.3 | 116.4 | 130.1 | 111.9 |

**表 5-5 续表 2 Continued**

| 省(区、市) | Region | 2011 | 2012 | 2013 | 2014 | 2015 | 2016 | 2017 | 2018 | 2019 | 2020 | 2021 |
|---|---|---|---|---|---|---|---|---|---|---|---|---|
| **全　国** | **Nation** | **106.0** | **98.3** | **98.1** | **98.1** | **94.8** | **98.6** | **106.3** | **103.5** | **99.7** | **98.2** | **108.1** |
| 北　京 | Beijing | 102.3 | 98.4 | 97.4 | 99.1 | 96.9 | 98.1 | 100.7 | 100.0 | 99.6 | 99.1 | 101.1 |
| 天　津 | Tianjin | 103.8 | 97.0 | 97.0 | 96.3 | 90.3 | 97.9 | 108.4 | 105.4 | 99.3 | 97.1 | 110.9 |
| 河　北 | Hebei | 107.7 | 94.7 | 96.6 | 95.2 | 89.1 | 99.9 | 115.0 | 106.2 | 100.2 | 98.5 | 116.4 |
| 山　西 | Shanxi | 107.5 | 94.5 | 90.7 | 91.4 | 87.7 | 96.8 | 119.4 | 106.7 | 99.7 | 96.7 | 130.2 |
| 内蒙古 | Inner Mongolia | 107.8 | 100.2 | 97.0 | 97.3 | 94.0 | 98.9 | 110.6 | 103.2 | 102.1 | 99.7 | 128.5 |
| 辽　宁 | Liaoning | 106.5 | 99.9 | 99.0 | 98.2 | 93.9 | 98.8 | 108.1 | 104.8 | 99.5 | 97.0 | 113.6 |
| 吉　林 | Jilin | 105.4 | 99.1 | 98.7 | 99.1 | 95.3 | 98.4 | 103.1 | 102.8 | 98.9 | 98.6 | 105.1 |
| 黑龙江 | Heilongjiang | 112.0 | 100.0 | 98.0 | 97.1 | 86.0 | 95.1 | 109.3 | 109.0 | 98.2 | 93.4 | 112.3 |
| 上　海 | Shanghai | 102.9 | 98.4 | 98.2 | 98.9 | 96.1 | 98.8 | 103.5 | 101.7 | 98.8 | 98.3 | 102.1 |
| 江　苏 | Jiangsu | 106.2 | 97.1 | 98.0 | 98.3 | 95.3 | 98.1 | 104.8 | 102.8 | 98.9 | 97.8 | 106.3 |
| 浙　江 | Zhejiang | 105.0 | 97.3 | 98.2 | 98.8 | 96.4 | 98.3 | 104.8 | 103.4 | 98.9 | 96.9 | 106.3 |
| 安　徽 | Anhui | 108.3 | 98.3 | 98.2 | 97.4 | 93.9 | 98.5 | 108.0 | 103.0 | 100.3 | 99.1 | 107.7 |
| 福　建 | Fujian | 103.9 | 98.7 | 98.4 | 98.6 | 97.0 | 99.1 | 104.1 | 102.8 | 100.6 | 98.4 | 104.9 |
| 江　西 | Jiangxi | 111.3 | 96.5 | 98.5 | 97.8 | 93.7 | 98.6 | 107.9 | 104.2 | 98.9 | 98.3 | 110.5 |
| 山　东 | Shandong | 106.0 | 98.4 | 98.4 | 98.4 | 95.2 | 98.5 | 105.5 | 103.7 | 99.7 | 98.1 | 110.3 |
| 河　南 | Henan | 107.2 | 99.4 | 98.5 | 98.1 | 95.4 | 99.0 | 106.8 | 103.6 | 100.2 | 99.2 | 107.8 |
| 湖　北 | Hubei | 106.6 | 100.3 | 99.2 | 98.4 | 96.7 | 99.0 | 105.6 | 104.2 | 100.2 | 99.1 | 104.1 |
| 湖　南 | Hunan | 108.5 | 99.1 | 98.5 | 98.4 | 96.3 | 98.9 | 105.8 | 103.2 | 99.6 | 99.0 | 105.9 |
| 广　东 | Guangdong | 103.7 | 99.5 | 98.8 | 98.9 | 96.8 | 99.4 | 103.3 | 101.8 | 100.2 | 99.0 | 103.4 |
| 广　西 | Guangxi | 108.5 | 97.8 | 98.2 | 98.4 | 97.0 | 99.1 | 107.6 | 103.2 | 99.3 | 99.4 | 108.9 |
| 海　南 | Hainan | 108.8 | 100.8 | 99.5 | 97.6 | 89.8 | 96.0 | 108.8 | 108.2 | 97.4 | 93.8 | 113.5 |
| 重　庆 | Chongqing | 103.8 | 99.9 | 98.0 | 98.3 | 97.2 | 98.6 | 104.1 | 102.1 | 99.8 | 99.1 | 103.2 |
| 四　川 | Sichuan | 107.3 | 98.6 | 98.7 | 98.7 | 96.4 | 98.9 | 106.5 | 103.6 | 100.4 | 98.8 | 105.9 |
| 贵　州 | Guizhou | 105.4 | 101.0 | 97.4 | 98.3 | 96.1 | 97.9 | 107.2 | 101.8 | 99.8 | 98.3 | 106.5 |
| 云　南 | Yunnan | 104.7 | 97.9 | 97.5 | 97.8 | 94.9 | 97.6 | 105.2 | 102.4 | 100.0 | 98.6 | 110.0 |
| 西　藏 | Tibet | 104.3 | 99.7 | 99.8 | 99.0 | 93.2 | 102.9 | 110.0 | 100.1 | 98.9 | 99.4 | 101.5 |
| 陕　西 | Shaanxi | 107.2 | 100.7 | 97.3 | 97.1 | 90.8 | 97.6 | 110.8 | 105.4 | 100.8 | 95.1 | 116.9 |
| 甘　肃 | Gansu | 111.0 | 96.8 | 96.9 | 96.7 | 87.0 | 94.9 | 114.5 | 109.5 | 98.3 | 93.9 | 116.4 |
| 青　海 | Qinghai | 107.4 | 96.9 | 97.0 | 96.1 | 93.1 | 98.5 | 116.7 | 104.8 | 98.5 | 96.6 | 114.5 |
| 宁　夏 | Ningxia | 109.5 | 97.4 | 96.0 | 96.3 | 93.7 | 99.1 | 112.1 | 107.3 | 99.4 | 96.9 | 119.9 |
| 新　疆 | Xinjiang | 114.8 | 96.9 | 96.5 | 96.2 | 82.4 | 94.5 | 113.7 | 111.2 | 98.5 | 91.6 | 119.4 |

# 各省(区、市)工业生产者购进价格指数(1992~2021，以上年价格为100)
# Purchasing Price Indices for Industria l Producers by Region (preceding year=100)

**表5-6**

| 省(区、市) | Region | 1992 | 1993 | 1994 | 1995 | 1996 | 1997 | 1998 | 1999 | 2000 |
|---|---|---|---|---|---|---|---|---|---|---|
| **全　国** | **Nation** | **111.0** | **135.1** | **118.2** | **115.3** | **103.9** | **101.3** | **95.8** | **96.7** | **105.1** |
| 北　京 | Beijing | 114.2 | 142.7 | 123.8 | 119.8 | 104.2 | 103.4 | 98.1 | 95.8 | 100.0 |
| 天　津 | Tianjin | 108.4 | 139.1 | 121.7 | 112.8 | 101.9 | 99.0 | 95.9 | 96.3 | 104.5 |
| 河　北 | Hebei | 111.4 | 134.9 | 119.9 | 110.9 | 106.3 | 102.0 | 96.2 | 95.4 | 103.3 |
| 山　西 | Shanxi | 111.9 | 135.9 | 115.1 | 113.1 | 104.8 | 102.0 | 97.3 | 97.0 | 102.0 |
| 内蒙古 | Inner Mongolia | 112.1 | 132.6 | 116.8 | 112.8 | 100.8 | 100.9 | 98.1 | 96.8 | 106.5 |
| 辽　宁 | Liaoning | 121.2 | 149.9 | 118.2 | 114.2 | 104.8 | 103.1 | 99.3 | 99.1 | 103.9 |
| 吉　林 | Jilin | 127.1 | 173.9 | 113.9 | 113.8 | 102.4 | 103.9 | 96.6 | 100.5 | 106.8 |
| 黑龙江 | Heilongjiang | 112.9 | 139.6 | 117.6 | 112.7 | 104.2 | 104.4 | 98.6 | 98.2 | 108.6 |
| 上　海 | Shanghai | 109.6 | 129.2 | 121.6 | 113.3 | 97.6 | 98.6 | 94.1 | 97.1 | 107.1 |
| 江　苏 | Jiangsu | 110.3 | 125.8 | 120.1 | 117.6 | 104.3 | 98.0 | 91.5 | 94.4 | 107.1 |
| 浙　江 | Zhejiang | 106.3 | 126.4 | 124.8 | 119.2 | 101.5 | 96.5 | 92.6 | 96.2 | 107.2 |
| 安　徽 | Anhui | 113.9 | 128.8 | 122.3 | 117.9 | 109.9 | 101.7 | 96.0 | 94.5 | 102.6 |
| 福　建 | Fujian | 109.3 | 129.6 | 115.2 | 119.6 | 104.3 | 98.6 | 92.5 | 97.9 | 112.4 |
| 江　西 | Jiangxi |  | 129.4 | 123.4 | 114.7 | 105.8 | 100.4 | 95.4 | 96.9 | 101.2 |
| 山　东 | Shandong | 111.0 | 134.7 | 120.1 | 113.2 | 105.7 | 100.6 | 93.4 | 93.4 | 104.7 |
| 河　南 | Henan | 110.0 | 133.0 | 122.0 | 114.1 | 105.3 | 100.7 | 94.8 | 94.3 | 105.1 |
| 湖　北 | Hubei | 110.2 | 135.5 | 116.6 | 118.2 | 108.4 | 101.5 | 95.2 | 95.6 | 105.6 |
| 湖　南 | Hunan | 116.2 | 139.7 | 119.6 | 117.6 | 105.9 | 100.1 | 94.8 | 96.2 | 106.7 |
| 广　东 | Guangdong |  | 134.3 | 121.1 | 118.7 | 104.6 | 97.3 | 91.4 | 97.8 | 110.9 |
| 广　西 | Guangxi | 105.2 | 141.7 | 117.8 | 112.9 | 103.4 | 99.3 | 95.3 | 93.6 | 100.9 |
| 海　南 | Hainan |  |  |  |  |  |  |  |  |  |
| 重　庆 | Chongqing | 123.8 | 124.5 | 124.6 | 111.6 | 106.3 | 100.1 | 95.1 | 96.9 | 105.6 |
| 四　川 | Sichuan | 112.5 | 137.2 | 119.1 | 113.5 | 106.1 | 101.6 | 95.3 | 96.8 | 101.7 |
| 贵　州 | Guizhou | 113.5 | 144.6 | 115.0 | 114.9 | 108.1 | 101.9 | 95.7 | 97.0 | 102.9 |
| 云　南 | Yunnan | 115.2 | 138.1 | 110.3 | 113.2 | 110.3 | 102.9 | 100.7 | 98.8 | 101.5 |
| 西　藏 | Tibet |  |  |  |  |  |  |  |  |  |
| 陕　西 | Shaanxi | 111.5 | 138.4 | 115.6 | 114.3 | 109.1 | 106.8 | 97.1 | 95.5 | 100.0 |
| 甘　肃 | Gansu | 122.2 | 139.4 | 118.3 | 113.7 | 107.4 | 102.2 | 96.4 | 98.3 | 111.8 |
| 青　海 | Qinghai | 105.3 | 138.9 | 112.3 | 110.2 | 108.3 | 110.7 | 101.3 | 99.1 | 98.9 |
| 宁　夏 | Ningxia |  |  |  |  |  | 103.5 | 101.1 | 97.0 | 105.8 |
| 新　疆 | Xinjiang | 121.1 | 136.4 | 110.9 | 116.8 | 107.0 | 104.5 | 95.6 | 98.2 | 115.2 |

表 5-6 续表 1　**Continued**

| 省(区、市) | Region | 2001 | 2002 | 2003 | 2004 | 2005 | 2006 | 2007 | 2008 | 2009 | 2010 |
|---|---|---|---|---|---|---|---|---|---|---|---|
| **全　国** | **Nation** | **99.8** | **97.7** | **104.8** | **111.4** | **108.3** | **106.0** | **104.4** | **110.5** | **103.0** | **109.5** |
| 北　京 | Beijing | 100.5 | 97.1 | 104.7 | 114.2 | 111.4 | 105.5 | 105.0 | 115.8 | 107.5 | 106.8 |
| 天　津 | Tianjin | 98.8 | 95.9 | 108.7 | 115.4 | 104.9 | 104.7 | 105.7 | 112.9 | 102.3 | 112.3 |
| 河　北 | Hebei | 101.0 | 97.3 | 109.4 | 118.4 | 107.0 | 105.0 | 107.8 | 115.9 | 102.9 | 112.8 |
| 山　西 | Shanxi | 101.8 | 102.6 | 107.8 | 114.5 | 108.2 | 102.6 | 105.3 | 118.3 | 97.1 | 111.5 |
| 内蒙古 | Inner Mongolia | 101.3 | 99.9 | 102.9 | 109.2 | 109.9 | 105.9 | 104.8 | 111.7 | 99.6 | 106.4 |
| 辽　宁 | Liaoning | 99.9 | 98.3 | 105.1 | 112.1 | 108.1 | 104.2 | 104.8 | 111.5 | 100.2 | 109.9 |
| 吉　林 | Jilin | 101.8 | 97.8 | 104.8 | 110.5 | 107.0 | 103.8 | 105.2 | 111.3 | 103.1 | 107.7 |
| 黑龙江 | Heilongjiang | 99.5 | 99.3 | 107.6 | 115.2 | 111.8 | 105.6 | 105.0 | 114.1 | 105.6 | 108.2 |
| 上　海 | Shanghai | 98.7 | 97.7 | 106.4 | 116.4 | 106.8 | 104.8 | 104.1 | 110.3 | 89.8 | 111.2 |
| 江　苏 | Jiangsu | 99.5 | 98.6 | 106.5 | 116.3 | 107.6 | 106.4 | 105.0 | 115.0 | 104.4 | 112.1 |
| 浙　江 | Zhejiang | 99.6 | 97.5 | 105.8 | 113.4 | 105.4 | 105.6 | 105.3 | 110.6 | 103.9 | 110.9 |
| 安　徽 | Anhui | 101.2 | 98.2 | 106.7 | 115.0 | 107.1 | 103.9 | 105.1 | 112.4 | 101.1 | 113.3 |
| 福　建 | Fujian | 96.7 | 97.6 | 106.3 | 113.3 | 108.1 | 103.9 | 104.3 | 110.2 | 103.7 | 110.0 |
| 江　西 | Jiangxi | 99.3 | 98.6 | 106.5 | 114.5 | 110.0 | 108.6 | 107.9 | 114.2 | 100.5 | 114.2 |
| 山　东 | Shandong | 100.0 | 98.7 | 105.7 | 113.4 | 105.9 | 104.3 | 104.8 | 113.1 | 104.2 | 110.3 |
| 河　南 | Henan | 101.9 | 97.6 | 107.8 | 115.7 | 108.3 | 105.3 | 106.4 | 111.9 | 104.9 | 111.4 |
| 湖　北 | Hubei | 100.2 | 97.7 | 108.2 | 113.1 | 107.0 | 104.9 | 104.5 | 110.9 | 104.4 | 111.3 |
| 湖　南 | Hunan | 101.1 | 99.3 | 106.7 | 114.4 | 109.4 | 106.5 | 106.1 | 112.0 | 101.6 | 112.6 |
| 广　东 | Guangdong | 99.1 | 96.3 | 104.1 | 110.7 | 105.0 | 103.6 | 103.3 | 107.9 | 100.3 | 107.6 |
| 广　西 | Guangxi | 103.7 | 95.6 | 101.2 | 116.3 | 108.2 | 111.4 | 106.1 | 110.6 | 108.5 | 113.0 |
| 海　南 | Hainan |  | 101.5 | 102.2 | 105.9 | 104.2 | 101.5 | 105.0 | 111.6 | 94.3 | 113.1 |
| 重　庆 | Chongqing | 99.5 | 99.2 | 104.9 | 110.3 | 108.2 | 104.8 | 106.2 | 112.2 | 102.2 | 107.9 |
| 四　川 | Sichuan | 98.5 | 97.6 | 101.7 | 112.0 | 109.3 | 104.3 | 105.7 | 112.4 | 102.4 | 109.1 |
| 贵　州 | Guizhou | 100.2 | 97.6 | 106.0 | 109.6 | 107.4 | 107.3 | 107.5 | 112.5 | 100.1 | 111.7 |
| 云　南 | Yunnan | 99.4 | 99.1 | 102.7 | 113.0 | 106.5 | 107.6 | 108.2 | 111.6 | 101.5 | 109.0 |
| 西　藏 | Tibet |  |  |  |  |  |  |  |  |  |  |
| 陕　西 | Shaanxi | 100.5 | 98.8 | 104.8 | 110.4 | 107.5 | 106.7 | 106.3 | 111.2 | 102.2 | 108.7 |
| 甘　肃 | Gansu | 101.4 | 98.4 | 105.6 | 112.5 | 109.9 | 108.8 | 104.3 | 110.2 | 104.0 | 110.3 |
| 青　海 | Qinghai | 99.1 | 102.8 | 101.8 | 108.5 | 105.3 | 102.8 | 104.4 | 110.4 | 100.5 | 109.5 |
| 宁　夏 | Ningxia | 102.5 | 97.8 | 106.8 | 117.3 | 109.7 | 108.5 | 107.1 | 121.8 | 100.0 | 117.5 |
| 新　疆 | Xinjiang | 98.9 | 94.9 | 114.8 | 118.2 | 110.7 | 111.1 | 103.8 | 117.8 | 115.1 | 116.3 |

表 5-6 续表 2　Continued

| 省(区、市) | Region | 2011 | 2012 | 2013 | 2014 | 2015 | 2016 | 2017 | 2018 | 2019 | 2020 | 2021 |
|---|---|---|---|---|---|---|---|---|---|---|---|---|
| **全　国** | **Nation** | **106.0** | **98.2** | **98.0** | **97.8** | **93.9** | **98.0** | **108.1** | **104.1** | **99.3** | **97.7** | **111.0** |
| 北　京 | Beijing | 102.3 | 98.7 | 97.8 | 98.8 | 93.7 | 98.5 | 104.4 | 100.8 | 99.6 | 99.5 | 103.7 |
| 天　津 | Tianjin | 103.8 | 97.1 | 97.4 | 97.1 | 92.4 | 98.3 | 111.1 | 106.2 | 98.8 | 96.9 | 114.7 |
| 河　北 | Hebei | 107.7 | 96.2 | 97.6 | 95.6 | 90.3 | 98.3 | 114.5 | 104.0 | 102.1 | 98.4 | 119.8 |
| 山　西 | Shanxi | 107.5 | 98.1 | 95.5 | 96.2 | 93.1 | 98.1 | 115.2 | 105.5 | 101.1 | 97.2 | 116.3 |
| 内蒙古 | Inner Mongolia | 107.8 | 102.0 | 99.3 | 98.4 | 95.9 | 97.4 | 106.3 | 102.4 | 101.1 | 99.5 | 128.0 |
| 辽　宁 | Liaoning | 106.5 | 99.0 | 98.5 | 98.0 | 93.5 | 97.9 | 108.0 | 104.5 | 100.8 | 98.2 | 115.0 |
| 吉　林 | Jilin | 105.4 | 99.3 | 99.4 | 99.2 | 96.6 | 97.8 | 103.4 | 103.5 | 99.2 | 98.7 | 106.2 |
| 黑龙江 | Heilongjiang | 112.0 | 98.8 | 98.7 | 97.6 | 88.2 | 96.0 | 110.2 | 109.0 | 100.3 | 95.1 | 110.5 |
| 上　海 | Shanghai | 107.5 | 94.7 | 96.5 | 95.9 | 90.6 | 97.7 | 108.9 | 105.2 | 98.7 | 96.9 | 107.3 |
| 江　苏 | Jiangsu | 106.2 | 95.8 | 97.1 | 97.0 | 92.1 | 98.0 | 109.7 | 104.6 | 97.2 | 96.5 | 113.8 |
| 浙　江 | Zhejiang | 105.0 | 96.7 | 97.7 | 98.2 | 94.5 | 97.8 | 109.6 | 105.1 | 97.1 | 95.9 | 114.5 |
| 安　徽 | Anhui | 108.3 | 98.2 | 96.9 | 97.2 | 93.5 | 98.4 | 109.2 | 105.3 | 99.9 | 98.5 | 111.5 |
| 福　建 | Fujian | 103.9 | 97.7 | 98.4 | 98.3 | 96.1 | 98.0 | 105.3 | 102.8 | 99.0 | 98.6 | 109.2 |
| 江　西 | Jiangxi | 111.3 | 98.3 | 98.4 | 98.4 | 93.6 | 97.7 | 107.2 | 103.2 | 98.2 | 97.0 | 112.3 |
| 山　东 | Shandong | 106.0 | 99.2 | 98.4 | 98.2 | 95.0 | 98.0 | 107.3 | 103.6 | 99.2 | 97.5 | 109.5 |
| 河　南 | Henan | 107.2 | 99.2 | 99.3 | 98.4 | 95.4 | 99.2 | 107.3 | 104.0 | 101.2 | 99.4 | 109.5 |
| 湖　北 | Hubei | 106.6 | 98.9 | 98.2 | 97.8 | 92.8 | 98.3 | 108.3 | 104.8 | 99.3 | 98.4 | 108.5 |
| 湖　南 | Hunan | 108.5 | 100.1 | 98.4 | 97.9 | 94.5 | 98.0 | 107.2 | 103.5 | 100.2 | 98.9 | 108.1 |
| 广　东 | Guangdong | 103.7 | 99.5 | 98.2 | 98.8 | 95.3 | 98.0 | 105.3 | 102.5 | 99.2 | 97.4 | 108.0 |
| 广　西 | Guangxi | 108.5 | 99.2 | 98.9 | 98.2 | 95.7 | 98.3 | 106.5 | 103.4 | 99.5 | 98.5 | 110.7 |
| 海　南 | Hainan | 108.8 | 99.6 | 97.0 | 99.0 | 88.5 | 94.8 | 112.4 | 110.8 | 103.1 | 92.0 | 116.5 |
| 重　庆 | Chongqing | 107.3 | 99.5 | 97.6 | 98.1 | 97.1 | 98.4 | 104.4 | 102.5 | 100.1 | 99.9 | 107.2 |
| 四　川 | Sichuan | 105.4 | 100.0 | 99.2 | 98.7 | 96.7 | 98.8 | 108.3 | 105.3 | 100.6 | 98.1 | 107.5 |
| 贵　州 | Guizhou | 104.7 | 102.3 | 96.4 | 98.6 | 97.5 | 98.5 | 109.7 | 103.4 | 99.4 | 98.6 | 112.0 |
| 云　南 | Yunnan | 104.3 | 99.3 | 98.8 | 99.0 | 96.9 | 95.9 | 106.2 | 104.4 | 99.0 | 97.3 | 108.9 |
| 西　藏 | Tibet | | | | | | | | | | | |
| 陕　西 | Shaanxi | 107.2 | 100.0 | 99.3 | 98.5 | 95.2 | 95.9 | 106.4 | 104.2 | 100.3 | 97.6 | 116.3 |
| 甘　肃 | Gansu | 111.0 | 98.7 | 97.8 | 97.6 | 87.0 | 94.6 | 115.5 | 109.8 | 99.0 | 94.1 | 118.1 |
| 青　海 | Qinghai | 107.4 | 98.6 | 98.8 | 97.6 | 97.7 | 96.2 | 108.0 | 104.5 | 98.2 | 96.1 | 111.5 |
| 宁　夏 | Ningxia | 109.5 | 99.5 | 97.0 | 97.0 | 92.1 | 96.9 | 112.9 | 106.5 | 97.5 | 94.7 | 120.8 |
| 新　疆 | Xinjiang | 114.8 | 97.9 | 97.8 | 97.5 | 84.3 | 95.5 | 112.8 | 109.2 | 100.0 | 93.4 | 115.0 |

# 主要统计指标解释

### ■居民消费价格指数

居民消费价格指数是度量一组代表性消费商品及服务项目价格水平随着时间而变动的相对数,反映居民家庭购买的消费品及服务价格水平的变动情况。它是宏观经济分析和决策、价格总水平监测和调控以及国民经济核算的重要指标。其按年度计算的变动率通常被用来作为反映通货膨胀或紧缩程度的指标。

### ■商品零售价格指数

商品零售价格指数是反映一定时期内城乡商品零售价格变动趋势和程度的相对数。商品零售价格的变动直接影响城乡居民的生活支出和国家的财政收入,影响居民购买力和市场供需的平衡,影响消费与积累的比例关系。因此,该指数可以从一个侧面对上述经济活动进行观察和分析。

### ■工业生产者出厂价格指数

是反映一定时期内全部工业产品出厂价格的变动趋势和程度的统计指标,包括工业企业售给本企业以外所有单位的各种产品和直接售给居民用于生活消费的产品,可用于扣除工业总产值及增加值中价格变动因素的影响。

### ■工业生产者购进价格指数

是反映工业企业作为生产投入,从物资交易市场和能源、原材料生产企业购买原材料、燃料和动力产品的价格变动趋势和程度的统计指标,可用于扣除工业企业物质消耗成本中价格变动因素的影响。

# Explanatory Notes on Main Statistical Indicators

## ■Consumer Price Index

It is an index that reflects the time-based change of prices of a group of representative consumption commodities and services. It is an important reference factor for macro-economic analysis and strategy, monitoring and adjustment of overall price level and the national economic budgeting. The year-on-year change of the index is often a norm reflecting the inflation or deflation.

## ■Retail Price Index

It reflects the trend and degree of change in retail prices of commodities during a given period. The change in retail prices of commodities directly affect the living expenditure of urban and rural residents, government revenue, purchasing power of residents and the equilibrium of market supply and demand, and the ratio of consumption to accumulation. Therefore, the retail price indices are useful to analyse the changes of the above economic activities.

## ■Producer Price Index for Industrial Products

Producer Price Index for Industrial Products reflects the trend and degree of changes in general sales prices of all industrial products during a given period, including sales of industrial products by an industrial enterprise to all units outside this enterprise, as well as sales of consumer goods to residents. It can be used to remove the impact of price changes on gross output value and value-added of the industrial sector.

## ■Purchasing Price Index for Industrial Producers

Purchasing Price Index for Industrial Producers reflects the trend and degree of changes in prices paid by industrial enterprises when they purchase productive inputs such as raw materials, fuels and power from the market or from other enterprises during a given period. It can be used to measure the real consumption of inputs of industrial enterprises by removing the impact of price changes.

# Chapter 6
# 第六篇



# 长三角主要经济发展指标特篇

# SPECIAL CHAPTER ON ECONOMIC DEVELOPMENT INDICATORS IN THREE PROVINCES AND ONE CITY OF THE YANGTZE RIVER DELTA

# 简要说明

**本篇章主要内容和资料来源**

一、本篇资料主要包括长三角三省一市主要经济发展指标、各项价格指数变动情况和居民收支调查等民生数据。

二、本篇资料数据主要由国家统计局;上海市统计局、江苏省统计局、浙江省统计局、安徽省统计局;国家统计局上海调查总队、国家统计局江苏调查总队、国家统计局浙江调查总队、国家统计局安徽调查总队提供。

# BRIEF INTRODUCTION

**Main Contents and Sources of Data**

I. This chapter consists of three indicators in three Provinces and one City of the Yangtze River Delta: statistics on economic development and price indices, statistics on income, expenditure and living conditions of residents survey and other people's livelihood surveys.

II. Data in this chapter come from National Bureau of Statistics of China, National Bureau of Statistics of Shanghai, National Bureau of Statistics of Jiangsu, National Bureau of Statistics of Zhejiang, National Bureau of Statistics of Anhui, NBS Survey Office in Shanghai, NBS Survey Office in Jiangsu, NBS Survey Office in Zhejiang and NBS Survey Office in Anhui.

# 长三角地区行政区划
# Administrative Districts of the Yangtze River Delta

**表 6-1**

| 省(市)名 | Province (City) | 个 数 Number | 辖市(区)名称 Administrative Districts |
|---|---|---|---|
| 上海市 | Shanghai | 16 | 浦东新区、黄浦区、徐汇区、长宁区、静安区、普陀区、虹口区、杨浦区、闵行区、宝山区、嘉定区、金山区、松江区、青浦区、奉贤区、崇明区 |
| 江苏省 | Jiangsu | 13 | 南京市、无锡市、徐州市、常州市、苏州市、南通市、连云港市、淮安市、盐城市、扬州市、镇江市、泰州市、宿迁市 |
| 浙江省 | Zhejiang | 11 | 杭州市、宁波市、温州市、嘉兴市、湖州市、绍兴市、金华市、衢州市、舟山市、台州市、丽水市 |
| 安徽省 | Anhui | 16 | 合肥市、芜湖市、蚌埠市、淮南市、马鞍山市、淮北市、铜陵市、安庆市、黄山市、滁州市、阜阳市、宿州市、六安市、亳州市、池州市、宣城市 |

# 长三角三省一市主要指标(2019)

表 6-2

| 指 标 | Indicators | 单 位 Unit | 上 海 Shanghai | |
|---|---|---|---|---|
| | | | 绝对量 Absolute Value | 增长(%) Growth Rate (%) |
| 行政区域面积 | Administrative Area | 平方公里 square kilometer | 6 341 | |
| 年末常住人口 | Year-end Resident Population | 万人 10 000 persons | 2 428.14 | 0.2 |
| 地区生产总值 | Gross Regional Product | 亿元 100 million yuan | 38 155.32 | 6.0 |
| 第一产业 | Primary Industry | 亿元 100 million yuan | 103.88 | -5.0 |
| 第二产业 | Secondary Industry | 亿元 100 million yuan | 10 299.16 | 0.5 |
| 第三产业 | Tertiary Industry | 亿元 100 million yuan | 27 752.28 | 8.2 |
| 规模以上工业增加值 | Industrial Added Value above the Set Scale | 亿元 100 million yuan | | 0.4 |
| 规模以上工业利润总额 | Industrial Profit above the Set Scale | 亿元 100 million yuan | 2 906.25 | -13.7 |
| 社会消费品零售总额 | Total Retail Sales of Consumer Goods | 亿元 100 million yuan | 13 497.21 | 6.5 |
| 固定资产投资总额 | Investment in Fixed Assets | 亿元 100 million yuan | | 5.1 |
| 工 业 | Industry | 亿元 100 million yuan | | 11.3 |
| 房地产开发 | Investment in Real Estate | 亿元 100 million yuan | | 4.9 |
| 地方一般公共预算收入 | Local General Budgetary Revenue | 亿元 100 million yuan | 7 165.10 | 0.8 |
| 地方一般公共预算支出 | Local General Budgetary Expenditure | 亿元 100 million yuan | 8 179.28 | -2.1 |
| 进出口总额 | Total Value of Foreign Trade Imports and Exports | 亿元 100 million yuan | 34 046.82 | 0.1 |
| 进 口 | Imports | 亿元 100 million yuan | 20 325.91 | -0.1 |
| 出 口 | Exports | 亿元 100 million yuan | 13 720.91 | 0.4 |
| 全体居民人均可支配收入 | Per Capita Annual Disposable Income of Residents | 元 yuan | 69 442 | 8.2 |
| 城镇常住居民人均可支配收入 | Per Capita Annual Disposable Income of Urban Households | 元 yuan | 73 615 | 8.2 |
| 农村常住居民人均可支配收入 | Per Capita Annual Disposable Income of Rural Household | 元 yuan | 33 195 | 9.3 |
| 全体居民人均消费支出 | Per Capita Consumption Expenditure of Citywide Households | 元 yuan | 45 605 | 5.2 |
| 城镇常住居民人均消费支出 | Per Capita Consumption Expenditure of Urban Households | 元 yuan | 48 272 | 4.9 |
| 农村常住居民人均消费支出 | Per Capita Consumption Expenditure of Rural Households | 元 yuan | 22 449 | 12.4 |
| 居民消费价格指数 | Residents Consumer Price Indices | 上年同期=100 preceding year=100 | 102.5 | |
| 商品零售价格指数 | Retail Price Indices | 上年同期=100 preceding year=100 | 100.4 | |
| 工业生产者出厂价格指数 | Producer Price Indices for Industrial Products | 上年同期=100 preceding year=100 | 98.8 | |
| 工业生产者购进价格指数 | Purchasing Price Indices for Industrial Producers | 上年同期=100 preceding year=100 | 98.7 | |
| 全社会用电量 | Electricity Power Consumption | 亿千瓦时 100 million kwh | 1 568.58 | 0.1 |
| 工 业 | Industry | 亿千瓦时 100 million kwh | 748.39 | -4.1 |

# Major Indicators in Three Provinces and One City of the Yangtze River Delta(2019)

| 江　苏 Jiangsu | | 浙　江 Zhejiang | | 安　徽 Anhui | |
|---|---|---|---|---|---|
| 绝对量 Absolute Value | 增长(%) Growth Rate (%) | 绝对量 Absolute Value | 增长(%) Growth Rate (%) | 绝对量 Absolute Value | 增长(%) Growth Rate (%) |
| 107 217 | | 105 585 | | 140 100 | |
| 8 070.00 | 0.2 | 5 850.00 | 2.0 | 6 365.90 | 0.7 |
| 99 631.52 | 6.1 | 62 351.74 | 6.8 | 37 114.00 | 7.5 |
| 4 296.28 | 1.3 | 2 097.38 | 2.0 | 2 915.70 | 3.2 |
| 44 270.51 | 5.9 | 26 566.60 | 5.9 | 15 337.90 | 8.0 |
| 51 064.73 | 6.6 | 33 687.76 | 7.8 | 18 860.40 | 7.7 |
| | 6.2 | | 6.6 | | 7.3 |
| 6 733.77 | -5.4 | 4 759.47 | 5.4 | 2 159.60 | 3.7 |
| 35 291.19 | 6.2 | 27 176.41 | 8.7 | 13 377.70 | 10.6 |
| | 5.1 | | 10.1 | | 9.2 |
| | 3.9 | | 9.7 | | 8.7 |
| | 9.4 | | 7.4 | | 11.7 |
| 8 802.36 | 2.0 | 7 048.00 | 6.8 | 3 182.50 | 4.4 |
| 12 573.62 | 7.9 | 10 052.99 | 16.5 | 7 391.00 | 12.5 |
| 43 379.73 | -1.0 | 30 831.90 | 8.1 | 4 737.30 | 14.4 |
| 16 171.10 | -5.7 | 7 762.13 | 5.8 | 1 952.75 | 11.2 |
| 27 208.63 | 2.1 | 23 069.77 | 9.0 | 2 784.55 | 16.7 |
| 41 400 | 8.7 | 49 899 | 8.9 | 26 415 | 10.1 |
| 51 056 | 8.2 | 60 182 | 8.3 | 37 540 | 9.1 |
| 22 675 | 8.8 | 29 876 | 9.4 | 15 416 | 10.1 |
| 26 697 | 6.8 | 32 026 | 8.7 | 19 137 | 12.3 |
| 31 329 | 6.3 | 37 508 | 8.4 | 23 782 | 10.5 |
| 17 716 | 6.9 | 21 352 | 8.3 | 14 546 | 14.1 |
| 103.1 | | 102.9 | | 102.7 | |
| 102.6 | | 102.5 | | 101.9 | |
| 98.9 | | 98.9 | | 100.3 | |
| 97.2 | | 97.1 | | 99.9 | |
| 6 264.36 | 2.2 | 4 706.22 | 3.8 | 2 300.70 | 7.8 |
| 4 453.35 | 1.3 | 3 243.50 | 2.1 | 1 459.60 | 6.4 |

# 长三角三省一市主要指标(2020)

表 6-3

| 指　标 | Indicators | 单　位　Unit | 上　海　Shanghai | |
|---|---|---|---|---|
| | | | 绝对量 Absolute Value | 增长(%) Growth Rate (%) |
| 行政区域面积 | Administrative Area | 平方公里 square kilometer | 6 341 | |
| 年末常住人口 | Year-end Resident Population | 万人 10 000 persons | 2 488.36 | |
| 地区生产总值 | Gross Regional Product | 亿元 100 million yuan | 38 700.58 | 1.7 |
| 第一产业 | Primary Industry | 亿元 100 million yuan | 103.57 | -8.2 |
| 第二产业 | Secondary Industry | 亿元 100 million yuan | 10 289.47 | 1.3 |
| 第三产业 | Tertiary Industry | 亿元 100 million yuan | 28 307.54 | 1.8 |
| 规模以上工业增加值 | Industrial Added Value above the Set Scale | 亿元 100 million yuan | | 1.7 |
| 规模以上工业利润总额 | Industrial Profit above the Set Scale | 亿元 100 million yuan | 2 831.81 | -2.3 |
| 社会消费品零售总额 | Total Retail Sales of Consumer Goods | 亿元 100 million yuan | 15 932.50 | 0.5 |
| 固定资产投资总额 | Investment in Fixed Assets | 亿元 100 million yuan | | 10.3 |
| 工　业 | Industry | 亿元 100 million yuan | | 15.9 |
| 房地产开发 | Investment in Real Estate | 亿元 100 million yuan | | 11.0 |
| 地方一般公共预算收入 | Local General Budgetary Revenue | 亿元 100 million yuan | 7 046.30 | -1.7 |
| 地方一般公共预算支出 | Local General Budgetary Expenditure | 亿元 100 million yuan | 8 102.11 | -0.9 |
| 进出口总额 | Total Value of Foreign Trade Imports and Exports | 亿元 100 million yuan | 34 828.47 | 2.3 |
| 进　口 | Imports | 亿元 100 million yuan | 21 103.11 | 3.8 |
| 出　口 | Exports | 亿元 100 million yuan | 13 725.36 | 0.0 |
| 全体居民人均可支配收入 | Per Capita Annual Disposable Income of Residents | 元 yuan | 72 232 | 4.0 |
| 城镇常住居民人均可支配收入 | Per Capita Annual Disposable Income of Urban Households | 元 yuan | 76 437 | 3.8 |
| 农村常住居民人均可支配收入 | Per Capita Annual Disposable Income of Rural Household | 元 yuan | 34 911 | 5.2 |
| 全体居民人均消费支出 | Per Capita Consumption Expenditure of Citywide Households | 元 yuan | 42 536 | -6.7 |
| 城镇常住居民人均消费支出 | Per Capita Consumption Expenditure of Urban Households | 元 yuan | 44 839 | -7.1 |
| 农村常住居民人均消费支出 | Per Capita Consumption Expenditure of Rural Households | 元 yuan | 22 095 | -1.6 |
| 居民消费价格指数 | Residents Consumer Price Indices | 上年同期=100 preceding year=100 | 101.7 | |
| 商品零售价格指数 | Retail Price Indices | 上年同期=100 preceding year=100 | 100.9 | |
| 工业生产者出厂价格指数 | Producer Price Indices for Industrial Products | 上年同期=100 preceding year=100 | 98.3 | |
| 工业生产者购进价格指数 | Purchasing Price Indices for Industrial Producers | 上年同期=100 preceding year=100 | 96.9 | |
| 全社会用电量 | Electricity Power Consumption | 亿千瓦时 100 million kwh | 1 575.96 | 0.5 |
| 工　业 | Industry | 亿千瓦时 100 million kwh | 769.46 | 2.8 |

# Major Indicators in Three Provinces and One City of the Yangtze River Delta(2020)

| 江　苏 Jiangsu | | 浙　江 Zhejiang | | 安　徽 Anhui | |
|---|---|---|---|---|---|
| 绝对量 Absolute Value | 增长(%) Growth Rate (%) | 绝对量 Absolute Value | 增长(%) Growth Rate (%) | 绝对量 Absolute Value | 增长(%) Growth Rate (%) |
| 107 217 | | 105 585 | | 140 140 | |
| 8 477.26 | | 6 468.00 | | 6 105.00 | |
| 102 718.98 | 3.7 | 64 613.34 | 3.6 | 38 680.63 | 3.9 |
| 4 536.72 | 1.7 | 2 169.23 | 1.3 | 3 184.68 | 2.2 |
| 44 226.43 | 3.7 | 26 413.95 | 3.1 | 15 671.69 | 5.2 |
| 53 955.83 | 3.8 | 36 031.16 | 4.1 | 19 824.26 | 2.8 |
| | 6.1 | | 5.4 | | 6.0 |
| 7 622.80 | 10.1 | 5 544.59 | 14.7 | 2 294.21 | 5.1 |
| 37 086.06 | -1.6 | 26 629.81 | -2.6 | 18 333.69 | 2.6 |
| | 0.3 | | 5.4 | | 5.1 |
| | -5.2 | | 6.7 | | -4.3 |
| | 9.7 | | 6.8 | | 5.6 |
| 9 058.99 | 2.9 | 7 248.00 | 2.8 | 3 215.96 | 1.0 |
| 13 682.47 | 8.8 | 10 081.87 | 0.3 | 7 470.96 | 1.1 |
| 44 500.50 | 2.6 | 33 807.99 | 9.6 | 5 406.37 | 14.1 |
| 17 056.21 | 5.5 | 8 627.85 | 11.2 | 2 245.09 | 15.0 |
| 27 444.30 | 0.9 | 25 180.14 | 9.1 | 3 161.28 | 13.5 |
| 43 390 | 4.8 | 52 397 | 5.0 | 28 103 | 6.4 |
| 53 102 | 4.0 | 62 699 | 4.2 | 39 442 | 5.1 |
| 24 198 | 6.7 | 31 930 | 6.9 | 16 620 | 7.8 |
| 26 225 | -1.8 | 31 295 | -2.3 | 18 877 | -1.4 |
| 30 882 | -1.4 | 36 197 | -3.5 | 22 683 | -4.6 |
| 17 022 | -3.9 | 21 555 | 1.0 | 15 024 | 3.3 |
| 102.5 | | 102.3 | | 102.7 | |
| 101.8 | | 101.2 | | 101.6 | |
| 97.8 | | 96.9 | | 99.1 | |
| 96.5 | | 95.9 | | 98.5 | |
| 6 373.71 | 1.7 | 4 829.68 | 2.6 | 2 427.50 | 5.5 |
| 4 523.11 | 1.6 | 3 300.37 | 1.8 | 1 550.22 | 6.2 |

# 长三角三省一市主要指标(2021)

表 6-4

| 指　标 | Indicators | 单　位　Unit | 上　海　Shanghai 绝对量 Absolute Value | 上　海　Shanghai 增长(%) Growth Rate (%) |
|---|---|---|---|---|
| 行政区域面积 | Administrative Area | 平方公里 square kilometer | 6 341 | |
| 年末常住人口 | Year-end Resident Population | 万人 10 000 persons | 2 489.43 | |
| 地区生产总值 | Gross Regional Product | 亿元 100 million yuan | 43 214.85 | 8.1 |
| 第一产业 | Primary Industry | 亿元 100 million yuan | 99.97 | -6.5 |
| 第二产业 | Secondary Industry | 亿元 100 million yuan | 11 449.32 | 9.4 |
| 第三产业 | Tertiary Industry | 亿元 100 million yuan | 31 665.56 | 7.6 |
| 规模以上工业增加值 | Industrial Added Value above the Set Scale | 亿元 100 million yuan | | 11.0 |
| 规模以上工业利润总额 | Industrial Profit above the Set Scale | 亿元 100 million yuan | 3 052.33 | 6.3 |
| 社会消费品零售总额 | Total Retail Sales of Consumer Goods | 亿元 100 million yuan | 18 079.25 | 13.5 |
| 固定资产投资总额 | Investment in Fixed Assets | 亿元 100 million yuan | | 8.1 |
| 工　业 | Industry | 亿元 100 million yuan | | 8.2 |
| 房地产开发 | Investment in Real Estate | 亿元 100 million yuan | | 7.2 |
| 地方一般公共预算收入 | Local General Budgetary Revenue | 亿元 100 million yuan | 7 771.80 | 10.3 |
| 地方一般公共预算支出 | Local General Budgetary Expenditure | 亿元 100 million yuan | 8 430.86 | 4.1 |
| 进出口总额 | Total Value of Foreign Trade Imports and Exports | 亿元 100 million yuan | 40 610.35 | 16.5 |
| 进　口 | Imports | 亿元 100 million yuan | 24 891.68 | 17.7 |
| 出　口 | Exports | 亿元 100 million yuan | 15 718.67 | 14.6 |
| 居民人均可支配收入 | Per Capita Annual Disposable Income of Residents | 元 yuan | 78 027 | 8.0 |
| 城镇居民人均可支配收入 | Per Capita Annual Disposable Income of Urban Households | 元 yuan | 82 429 | 7.8 |
| 农业居民人均可支配收入 | Per Capita Annual Disposable Income of Rural Household | 元 yuan | 38 521 | 10.3 |
| 全体居民人均消费支出 | Per Capita Consumption Expenditure of Citywide Households | 元 yuan | 48 879 | 14.9 |
| 城镇常住居民人均消费支出 | Per Capita Consumption Expenditure of Urban Households | 元 yuan | 51 295 | 14.4 |
| 农村常住居民人均消费支出 | Per Capita Consumption Expenditure of Rural Households | 元 yuan | 27 205 | 23.1 |
| 居民消费价格指数 | Residents Consumer Price Indices | 上年同期=100 preceding year=100 | 101.2 | |
| 商品零售价格指数 | Retail Price Indices | 上年同期=100 preceding year=100 | 101.3 | |
| 工业生产者出厂价格指数 | Producer Price Indices for Industrial Products | 上年同期=100 preceding year=100 | 102.1 | |
| 工业生产者购进价格指数 | Purchasing Price Indices for Industrial Producers | 上年同期=100 preceding year=100 | 107.3 | |
| 全社会用电量 | Electricity Power Consumption | 亿千瓦时 100 million kwh | 1 749.62 | 11.0 |
| 工　业 | Industry | 亿千瓦时 100 million kwh | 851.49 | 10.7 |

# Major Indicators in Three Provinces and one City of the Yangtze River Delta(2021)

| 江　苏　Jiangsu | | 浙　江　Zhejiang | | 安　徽　Anhui | |
|---|---|---|---|---|---|
| 绝对量 Absolute Value | 增长(%) Growth Rate (%) | 绝对量 Absolute Value | 增长(%) Growth Rate (%) | 绝对量 Absolute Value | 增长(%) Growth Rate (%) |
| 107 217 | | 105 585 | | 140 140 | |
| 8 505.40 | | 6 540.00 | | 6 113.00 | |
| 116 364.20 | 8.6 | 73 515.76 | 8.5 | 42 959.18 | 8.3 |
| 4 722.42 | 3.1 | 2 209.09 | 2.2 | 3 360.59 | 7.4 |
| 51 775.39 | 10.1 | 31 188.57 | 10.2 | 17 613.19 | 7.9 |
| 59 866.39 | 7.7 | 40 118.10 | 7.6 | 21 985.39 | 8.7 |
| | 12.8 | | 12.9 | | 8.9 |
| 9 358.13 | 25.7 | 6 789.00 | 21.0 | 2 669.89 | 13.6 |
| 42 702.65 | 15.1 | 29 210.54 | 9.7 | 21 471.16 | 17.1 |
| | 5.8 | | 10.8 | | 9.4 |
| | 12.1 | | 17.8 | | 13.5 |
| | 2.3 | | 8.5 | | 3.1 |
| 10 015.16 | 10.6 | 8 262.57 | 14.0 | 3 498.19 | 8.8 |
| 14 585.96 | 6.6 | 11 016.87 | 9.3 | 7 592.14 | 1.6 |
| 52 130.59 | 17.1 | 41 429.00 | 22.4 | 6 920.21 | 26.9 |
| 19 598.26 | 14.9 | 11 308.00 | 30.3 | 2 825.43 | 23.4 |
| 32 532.33 | 18.6 | 30 121.00 | 19.7 | 4 094.78 | 29.5 |
| 47 498 | 9.5 | 57 541 | 9.8 | 30 904 | 10.0 |
| 57 743 | 8.7 | 68 487 | 9.2 | 43 009 | 9.0 |
| 26 791 | 10.7 | 35 247 | 10.4 | 18 368 | 10.5 |
| 31 451 | 19.9 | 36 668 | 17.2 | 21 911 | 16.1 |
| 36 558 | 18.4 | 42 193 | 16.6 | 26 495 | 16.8 |
| 21 130 | 24.1 | 25 415 | 17.9 | 17 163 | 14.2 |
| 101.6 | | 101.5 | | 100.9 | |
| 102.3 | | 102.2 | | 101.6 | |
| 106.3 | | 106.3 | | 107.7 | |
| 113.8 | | 114.5 | | 111.5 | |
| 7 101.16 | 11.4 | 5 514.11 | 14.2 | 2 715.47 | 11.9 |
| 4 979.99 | 10.1 | 3 767.51 | 14.2 | 1 721.30 | 11.0 |

# 主要统计指标解释

### ■人口数

人口数为每年12月31日的年末总人口。根据统计口径的不同,分为户籍人口和常住人口。户籍人口是指在公安部门办理了户籍登记的人口。常住人口是指实际上经常居住在一个地方(住所)的人口,一般都以在其住所居住半年以上者为常住人口。

### ■生产总值(原国内生产总值)

指按市场价格计算的一个国家(或地区)所有常住单位在一定时期内生产活动的最终成果。生产总值有三种表现形态,即价值形态、收入形态和产品形态。从价值形态看,它是所有常住单位在一定时期内所生产的全部货物和服务价值超过同期投入的全部非固定资产货物和服务价值的差额,即所有常住单位的增加值之和;从收入形态看,它是所有常住单位在一定时期内所创造并分配给常住单位和非常住单位的初次收入之和;从产品形态看,它是所有常住单位在一定时期内最终使用的货物和服务减去货物和服务的进口价值。在实际核算中,生产总值有三种计算方法,即生产法、收入法和支出法。三种方法分别从不同的方面反映生产总值及其构成。根据国务院和国家统计局有关我国GDP核算和数据发布制度的规定,上海国内生产总值自2004年起更名为“上海市生产总值”,简称“上海市GDP”。

### ■社会消费品零售总额

指企业(单位、个体户)通过交易直接售给个人、社会集团非生产、非经营用的实物商品金额,以及提供餐饮服务所取得的收入金额。个人包括城乡居民和入境人员,社会集团包括机关、社会团体、部队、学校、企事业单位、居委会或村委会等。

### ■全社会固定资产投资

固定资产投资是国民经济再生产活动的一个重要部分。固定资产投资额是以货币形式表现的在一定时期内建造和购置固定资产的工作量以及与此有关的费用总称。它是反映固定资产投资规模、结构和发展速度的综合性指标。按照现行国家统计制度,全社会固定资产投资包括建设项目投资、房地产开发投资和农户投资。

### ■一般公共预算收入

一般公共预算收入是指根据现行财政管理体制规定,划归地方财政的税收收入和非税收入。

### ■一般公共预算支出

一般公共预算支出是指按照现行中央政府与地方政府事权的划分,经地方人大批准,用于保障地方经济社会发展的各项财政支出。主要包括一般公共服务,公共安全,教育,科学技术,文化体育与传媒,社会保障和就业,卫生健康支出,环境保护,城乡社区,农林水事务,交通运输等支出。

**■进出口总额**

指海关统计中按经营单位即进出口企业在海关注册地的行政区域口径统计的数据，它反映的是行政辖区内各类具有进出口经营权企业（外贸企业）的进出口。

**■居民可支配收入（城镇/农村常住居民）**

指居民可用于最终消费支出和储蓄的总和，即居民可用于自由支配的收入。既包括现金收入，也包括实物收入。按照收入的来源，可支配收入包含四项，分别为：工资性收入、经营净收入、财产净收入和转移净收入。

**■居民消费支出（城镇/农村常住居民）**

指居民用于满足家庭日常生活消费需要的全部支出，既包括现金消费支出，也包括实物消费支出。消费支出可划分为食品烟酒、衣着、居住、生活用品及服务、交通通信、教育文化娱乐、医疗保健以及其他用品及服务八大类。

**■居民消费价格指数**

指度量一组代表性消费商品及服务项目价格水平随着时间而变动的相对数，反映居民家庭购买的消费品及服务价格水平的变动情况。它是宏观经济分析和决策、价格总水平监测和调控以及国民经济核算的重要指标。其按年度计算的变动率通常被用来作为反映通货膨胀或紧缩程度的指标。

现行的居民消费价格指数按用途分为八个大类，包括食品烟酒、衣着、居住、生活用品及服务、交通和通信、教育文化和娱乐、医疗保健、其他用品和服务。

**■商品零售价格指数**

是反映一定时期内城乡商品零售价格变动趋势和程度的相对数。商品零售价格的变动直接影响城乡居民的生活支出和国家的财政收入，影响居民购买力和市场供需的平衡，影响消费与积累的比例关系。因此，该指数可以从一个侧面对上述经济活动进行观察和分析。

**■工业生产者出厂价格指数**

是反映一定时期内全部工业产品出厂价格的变动趋势和程度的统计指标，包括工业企业售给本企业以外所有单位的各种产品和直接售给居民用于生活消费的产品，可用于扣除工业总产值及增加值中价格变动因素的影响。

**■工业生产者购进价格指数**

是反映工业企业作为生产投入，从物资交易市场和能源、原材料生产企业购买原材料、燃料和动力产品的价格变动趋势和程度的统计指标，可用于扣除工业企业物质消耗成本中价格变动因素的影响。

# Explanatory Notes on Main Statistical Indicators

## ■Population

Population refers to the total population by December 31 every year. According to different statistical approaches, there are two definitions of population named as population with registered residence and population with permanent residence. The former refers to the population with registration in the police while the latter refers to the population that actually reside in a place (residence) permanently, usually longer than half a year.

## ■Gross Regional Product(former Gross Domestic Product)

Gross Regional Product refers to the final products at market prices by (of) all resident units of a country (or region) during a certain period of time. Gross product is expressed in three different forms, i.e value, income, and products respectively. The form of value refers to the total value of all products and services produced by all resident units during a certain period of time minus the total value of input of non-fixed-assets products and services or the summation of the value-added of all resident units; the form of income includes all the income items produced by all resident units and distributed primarily to all resident and non-resident units; the form of product refers to all final goods and services minus the value of imports of goods and services. In the practice of national accounting, it is calculated by three approaches, i.e. product approach, income approach, and expenditure approach, respectively, to reflect Gross Product and its composition of different aspects. According to the regulations of GDP national accounting and data release issued by the State Council and National Bureau of Statistics, since 2004 Shanghai Gross Domestic Product has been renamed as Shanghai Gross Product Value, for short Shanghai GDP.

## ■Total Retail Sales of Consumer Goods

Total Retail Sales of Consumer Goods refer to the revenue received by enterprises (units, self-employed individuals) through direct sales of non-production and non-business physical commodities to individuals and social institutions, and revenue from providing catering services. Individuals include rural and urban households, population from abroad, social institutions include government agencies, social organizations, military units, schools, institutions, neighbourhood (village) committees, etc.

## ■Total Investment in Fixed Assets

Investment in Fixed Assets constitutes an important portion of the national economic reproduction. Fixed assets investment is a general term for both the work volume of production and purchase of fixed assets and relevant expenditure, in the form of currency, during a certain period. It is a comprehensive indicator of scale, structure and development speed of fixed assets investment. As stipulated in the current national statistics regulations, the social fixed assets investment includes the investment into infrastructure and reformation, real estate development, urban and rural collective economic bodies, private house construction in urban and rural areas and other economic bodies.

## ■General Budgetary Revenue

General Budgetary Revenue refers to the tax revenue and non-tax revenue collected by the local government as defined by the finance management system.

## ■General Budgetary Expenditure

General Budgetary Expenditure refers to the fiscal expenditure demarcated on the basis of the classification of the affairs administration rights between the central government and local government. It is approved by the local people's congress and used for the development of local economy and society. Local fiscal expenditure mainly includes the expenditure for general public services, public security, education, science and technology, culture, sport and media, social safety and employment, health expenditure, environment protection, urban and rural community affairs, agriculture, forestry and water conservancy and transportation, etc.

## ■Total Value of Foreign Trade Imports and Exports

Total Value of Foreign Trade Imports and Exports is offered by Customs authorities, covering the operation units, or the enterprises involved in import and export, that have registered in the administrative regions where the Customs operate. It reflects the import and export of all the enterprises with import and export rights (foreign trade enterprises) under the administration Municipality.

## ■Disposable Income of Households (usual resident households in urban/rural areas)

It refers to the income of households for purpose of final expenditure and savings. It includes income both in cash and in kind. By sources of income, disposable income includes four categories: income from wages and salaries, net business income, net income from properties and net income from transfer.

## ■Consumption Expenditure of Households (usual resident households in urban/rural areas)

It refers to all expenditure of households for living expenditure to satisfy family daily living. It includes expenditure in cash and in kind. It includes eight categories: food, tobacco and liquor; clothing; residence; household facilities, articles and services; transportation and communications; education, culture and recreation; health care and medical services, and miscellaneous goods and services.

## ■Consumer Price Index

It is an index that reflects the time–based change of prices of a group of representative consumption commodities and services. It is an important reference factor for macro–economic analysis and strategy, monitoring and adjustment of overall price level and the national economic budgeting. The year–on–year change of the index is often a norm reflecting the inflation or deflation.

The current CPI covers eight categories of goods and services: Food, Cigarettes and Liquors, Clothing, Housing, Living Articles and Services, Transportation and Communication, Education, Culture and Recreation, Medical and Health Services, and Other Articles and Services.

## ■Retail Price Index

It reflects the trend and degree of change in retail prices of commodities during a given period. The change in retail prices of commodities directly affect the living expenditure of urban and rural residents, government revenue, purchasing power of residents and the equilibrium of market supply and demand, and the ratio of consumption to accumulation. Therefore, the retail price indices are useful to analyze the changes of the above economic activities.

## ■Producer Price Index for Industrial Products

Producer Price Index for Industrial Products reflects the trend and degree of changes in general sales prices of all industrial products during a given period, including sales of industrial products by an industrial enterprise to all units outside this enterprise, as well as sales of consumer goods to residents. It can be used to remove the impact of price changes on gross output value and value–added of the industrial sector.

## ■Purchasing Price Index for Industrial Producers

Purchasing Price Index for Industrial Producers reflects the trend and degree of changes in prices paid by industrial enterprises when they purchase productive inputs such as raw materials, fuels and power from the market or from other enterprises during a given period. It can be used to measure the real consumption of inputs of industrial enterprises by removing the impact of price changes.